GW01279116

➡ **GUIDES PRATIQUES** ➡

500 lettres pour *tous les jours*

LAROUSSE

21 RUE DU MONTPARNASSE 75283 PARIS CEDEX 06

Cet ouvrage a été réalisé avec le concours
de Thérèse de Cherisey et Véronique Kempf pour le texte

COORDINATION ÉDITORIALE : Roselyne Messager

DIRECTION ARTISTIQUE : Emmanuel Chaspoul

LECTURE-CORRECTION : Madeleine Biaujeaud

FABRICATION : Claudine Vanlathem

RÉALISATION : Incidences

© **Larousse / VUEF, 2002 pour la présente édition**
© Larousse pour la première édition, 1996

Toute reproduction ou représentation intégrale ou partielle, par quelque procédé que ce soit, du texte et/ou de la nomenclature contenus dans le présent ouvrage, et qui sont la propriété de l'Éditeur, est strictement interdite.

Distributeur exclusif au Canada : Messageries ADP, 1751 Richardson, Montréal (Québec).

ISBN 2035602742

sommaire

Bien écrire

- 11 **La présentation de la lettre**
- 18 **L'enveloppe**
- 23 **La rédaction de la lettre**
- 26 **Comment commencer une lettre et la terminer**
- 30 **Formules d'appel et de politesse**
- 44 **Cartes de visite**
- 49 **Télécopieur ou fax**
- 50 **Carte postale**

Vie familiale

La famille et ses proches

- 58 **Anniversaire**
- 59 **Cérémonies religieuses de l'enfance et de l'adolescence**
- 63 **Décès**
- 64 **Condoléances**
- 69 **Démarches à accomplir après un décès**
- 72 **Fiançailles**
- 74 **Maladie, accident**
- 77 **Mariage**
- 85 **Naissance et adoption**
- 87 **Remerciements**
- 89 **Rendez-vous**
- 90 **Séparation, divorce**
- 95 **Vœux de Nouvel An**

Enfance et scolarité

- 100 **Crèches et nourrices**
- 101 **Foyer d'hébergement**
- 101 **Gardes d'enfants, aides familiales**
- 103 **Loisirs (centres de)**
- 105 **Orientation scolaire**
- 105 **Psychologue scolaire**
- 106 **Bourse, aide financière**
- 107 **Examens**
- 108 **Inscriptions**
- 111 **Excuses et dispenses**
- 113 **Exposés, dossiers**
- 114 **Lettres aux enseignants**
- 116 **Cours particuliers**
- 118 **Lettres au chef d'établissement**
- 119 **Enseignement à distance**
- 120 **Stages pour collégiens**
- 121 **Vacances (centres et organismes de)**

Travail et emploi

Emploi, formation

- 131 **Apprentissage**
- 132 **Recherche d'emploi**
- 133 **Curriculum vitae**
- 138 **Modèles de Curriculum vitae**
- 148 **Lettre de candidature**
- 150 **Modèles de lettres de candidature**
- 155 **Recherche de stage**
- 156 **Modèles de demandes de stage**
- 165 **Recommandation**

Relations du travail

- 170 **Certificat de travail**
- 171 **Congés pour motifs personnels**
- 176 **Contrat à durée déterminée**
- 176 **Déclaration de maternité**
- 177 **Démission**
- 179 **Horaires et conditions de travail**
- 180 **Inspection du travail, conseil de prud'hommes**
- 183 **Licenciement**
- 185 **Mutation**
- 186 **Promotion**
- 186 **Reçu pour solde de tout compte**
- 188 **Réintégration, réembauchage**
- 191 **Salaire**

Vie pratique

Logement - Propriété

- 199 **Construction/Rénovation**
- 203 **Copropriété**
- 205 **Déménagements**
- 208 **Location**
- 217 **Vente/Achat**
- 222 **Voisinage**

Achats - Réclamations

- 228 **Achat : annulation**
- 229 **Achat : réclamation**
- 230 **Article reçu mais non commandé**
- 231 **Demande d'indemnisation à un commerçant**
- 233 **Demande d'indemnisation à un transporteur**

Automobile

- 237 **Achat, vente : formalités**
- 238 **Achat, vente : réclamations**
- 239 **Assurances**
- 243 **Contraventions**
- 244 **Réparations**

Vacances, loisirs

- 246 **Demande d'autorisation**
- 247 **Demande de documentation**
- 248 **Locations saisonnières**
- 251 **Réclamations**
- 253 **Réservations, annulations**

Organismes sociaux

- 259 **Allocations chômage**
- 260 **Allocations familiales et assurance maladie**
- 263 **Allocations de retraite**
- 266 **Maison de retraite**
- 267 **Réclamations pour retard de versement**
- 268 **Demande d'immatriculation comme employeur**

Administration

- 271 **Adoption**
- 275 **Certificat de domicile**
- 275 **Élections**
- 276 **Enquête publique**
- 276 **Pétition**
- 277 **État civil**

Justice / Recours

- 282 **Aide judiciaire**
- 283 **Avocats, notaires**
- 287 **Défense du consommateur**
- 288 **Demandes d'indemnisation**
- 289 **Recours aux élus**

Argent et assurances

Argent, crédit, banque

- 297 **Relations avec les banques et autres organismes financiers**
- 304 **Prêts et dons entre particuliers**

Assurances

- 312 **Déclaration de sinistre**
- 315 **Demande d'assurance**
- 315 **Demande d'informations**
- 316 **Modification de contrat**
- 317 **Relances, contestations**
- 319 **Résiliation d'une assurance**

Impôts

- 324 **Demande de délai de paiement**
- 325 **Demande de remise ou d'exonération d'impôts**
- 327 **Demande de renseignements**
- 328 **Réclamations**

Langue française

Difficultés de la langue française

331   **Quelques fautes courantes à éviter**

336   **Quelques mots souvent mal orthographiés**

Index

340   **Index alphabétique**

bien écrire

page **11**   **La présentation de la lettre**
page **18**   **L'enveloppe**
page **26**   **La rédaction de la lettre**
page **26**   **Comment commencer une lettre et la terminer**
page **30**   **Formules d'appel et de politesse**
page **44**   **Cartes de visite**
page **49**   **Télécopieur ou fax**
page **50**   **Carte postale**

La présentation de la lettre

La qualité du papier, l'écriture et la mise en page contribuent à donner au destinataire de la lettre une première impression, favorable ou défavorable.

Le papier

Le papier doit être uni (ni ligné ni quadrillé), de bonne qualité, mat, (suffisamment épais, minimum 80 grammes) et surtout impeccable : ni taché ni froissé.

• Pour la correspondance officielle, administrative ou d'affaires, où la sobriété s'impose, on choisira de préférence du papier blanc de format standard (21 x 29,7). Pour les lettres courtes, il est également admis d'utiliser du papier de format « mémo » (21 x 14,8).

• Pour la correspondance privée, on pourra adopter un papier de format standard, légèrement teinté (bleu clair, ivoire, gris pâle...). Mais les beaux papiers et les enveloppes aux couleurs insolites seront réservés aux intimes. On peut également utiliser des cartes blanches qui permettent d'écrire brièvement sans être aussi succinct que sur une carte de visite.

Quant aux papiers et aux cartes parfumés, ils sont généralement considérés comme étant de mauvais goût.

• Pour personnaliser son papier à lettres, on peut faire graver ou imprimer son adresse et son numéro de téléphone en haut à gauche, ou au centre de la feuille. Les conventions veulent que l'on n'indique pas son nom et son prénom, sauf pour les relations professionnelles. Mais, aujourd'hui, les usages s'assouplissent.

• Si votre courrier comprend plusieurs pages, seule la première sera personnalisée, et vous n'oublierez pas de numéroter vos feuillets à partir du deuxième.

• Naguère, le papier et les enveloppes de deuil étaient traditionnellement entourés d'un filet noir ou gris, mais c'est là un usage en voie de disparition.

L'écriture

Le minimum de politesse consiste à écrire lisiblement. Et sans ratures. Certains devront pour cela recopier leurs lettres... plusieurs fois s'il le faut. Les corrections ne sont admissibles que dans le courrier aux proches. Encore faut-il ne pas en abuser. C'est pourquoi il est souvent préférable d'envoyer une lettre dactylographiée (sans fautes de frappe !) plutôt qu'une longue lettre manuscrite impossible à déchiffrer.

En revanche, pour adresser un message de félicitations ou de condoléances et pour tout le courrier dans lequel vous voulez manifester vos sentiments, écrivez à la main. C'est beaucoup plus personnel.

• Employez un stylo à plume, un stylo-feutre fin de bonne qualité (sa pointe ne doit pas s'écraser), un « roller » à pointe métal, etc. Mais ni un crayon mine de plomb ni un de ces stylos à bille dont l'encre risque de « baver » et de tacher.

• Pour les lettres officielles, tenez-vous-en à l'encre noire, voire bleu nuit ou bleue (mais, au cas où votre courrier devrait pouvoir servir de preuve dans une affaire, n'utilisez pas l'encre bleue car elle est effaçable).

• Pour la correspondance familiale, rien ne vous empêche d'utiliser du bleu des mers du Sud, du brun, du violet ou du vert, mais n'oubliez pas que les couleurs trop pâles ou trop vives sont plus fatigantes pour les yeux.

Le courrier dactylographié

Si vous tapez votre courrier, à la machine ou sur ordinateur, choisissez, si possible, un type de caractère agréable à lire (Élite, Pica, Geneva, Times, Helvetica, Palatino, etc.) et d'une taille suffisante (corps 12 ou 10).

Pour rendre plus chaleureuse votre lettre, vous pouvez la terminer par une formule écrite à la main. En tout cas, la signature doit toujours être manuscrite.

La mise en page générale

Le premier principe, valable pour toute correspondance, est de respecter une mise en page aérée. Occuper tout l'espace de la feuille peut donner au destinataire un sentiment d'étouffement, comme si on voulait l'assaillir de paroles. Mais laisser trop de blancs tout autour de son texte peut laisser penser que l'on fait preuve d'une trop grande timidité.

• En pratique, mieux vaut laisser une marge relativement large à gauche (environ 2 à 4 centimètres selon le format de la feuille), et des marges suffisantes à droite et en bas (environ 1 à 3 centimètres). Une lettre dactylographiée doit respecter des marges plus larges qu'une lettre manuscrite.

• Le tiers supérieur de la page est consacré aux mentions annexes, telles que adresse et date. Le texte à proprement parler ne doit commencer qu'au deuxième tiers de la page. Cet usage est considéré comme un signe de respect envers la personne à qui l'on s'adresse.

• Il faut ensuite laisser une ligne de blanc entre « Cher Monsieur », par exemple, et la suite du texte, puis un blanc entre les paragraphes. Pour bien faire ressortir ceux-ci, vous pouvez aussi commencer votre texte par un alinéa au début de chaque paragraphe.

• Si vous écrivez à la main, efforcez-vous de conserver une écriture régulière et horizontale et évitez de couper trop souvent les mots en fin de ligne.

• Si vous dactylographiez votre lettre, vous pourrez justifier le texte des deux côtés, c'est-à-dire avoir une marge parfaitement rectiligne à gauche et à droite.

• Si votre lettre comporte plusieurs pages, ne finissez pas en laissant la dernière page à peine entamée. Elle doit comporter au moins cinq ou six lignes (couvrant au moins le tiers ou la moitié de la feuille) avant la signature.

• La signature se place au milieu ou à droite, quelques lignes au-dessous du texte pour bien se détacher, mais pas trop bas.

Mise en page des mentions annexes du courrier d'affaires

• *Sur la partie supérieure gauche de la lettre*, on indiquera les coordonnées de l'expéditeur, en disposant les différents éléments les uns au-dessous des autres et en les séparant par un blanc :
– prénom et nom
– numéro et rue

– éventuellement localité
– code postal et bureau distributeur
– éventuellement numéros de téléphone et de fax.

Détachées des indications précédentes figureront éventuellement des mentions particulières telles que « Recommandé avec avis de réception », qui peut s'abréger en « RAR », « Confidentiel » ainsi que l'objet de la lettre ou les références du dossier.

> **Confidentiel**
> Objet : communication du dossier médical
> de François Durand
> **Recommandé AR**

• *Sur la partie supérieure droite de la lettre*, et de haut en bas, en les séparant par un blanc, on indiquera les coordonnées du destinataire :
– nom et/ou fonction, éventuellement précédé de « À l'attention de » si la lettre s'adresse à une personne précise et non à un service (mais vous pouvez aussi bien faire figurer cette mention en haut et à gauche de votre lettre)

Paris, le 25 novembre 2000

Monsieur Pierre DURAND
Société CHAMPION
105, avenue du Port
13352 Marseille

À l'attention de Madame Claude Lebon

Madame,
   Nous avons bien reçu votre lettre

– nom de l'établissement
– numéro et rue
– éventuellement localité
– code postal et bureau distributeur
– lieu d'origine et date de la lettre (jour, mois et année).
Attention : on ne met pas de majuscule aux jours et aux mois.

- *En bas à gauche de la lettre et placée plus bas que la signature,* on ajoutera éventuellement la mention :
– PJ (pièces jointes), pour indiquer le nombre ou le nom des documents joints.
PJ : extrait de casier judiciaire, fiche d'état civil
PJ : 2
- PS (post-scriptum, signifiant en latin « écrit après ») pour préciser un détail oublié. Le post-scriptum ne doit jamais dépasser deux lignes, ni traiter un aspect essentiel de la lettre. Mieux vaut d'ailleurs éviter de l'utiliser.
- NB (nota bene, terme latin signifiant « notez bien »), note mise en marge ou en bas d'un texte pour attirer l'attention sur une remarque importante.

Comment signer ?

On signe, toujours à la main, de son prénom (Françoise) ou de son prénom suivi de son nom de famille (Françoise Durand), ou de son initiale suivie de son nom (F. Durand), ou de son prénom suivi de son nom de jeune fille et de son nom marital (Françoise Durand-Marchand).

Si vous écrivez à quelqu'un qui vous appelle par votre prénom sans être véritablement l'un de vos proches, et qui risque de connaître plusieurs Jean, Pierre, Claude ou Michèle, vous pouvez signer de votre prénom suivi de l'initiale de votre nom de famille. Mais on n'inverse jamais le prénom et le nom (Durand Françoise). Et on ne fait jamais précéder sa signature de « Monsieur », « Madame », « Mademoiselle », « Veuf » ou « Veuve ».

Pour les lettres d'affaires ou si la signature est illisible, on inscrit son nom en dessous, de préférence en capitales.

Présentation type de lettre manuscrite écrite à une relation

Madame Ariane Baudon
18, rue Bellefontaine
1003 Lausanne
Tél. : (41-21) 320 90 95

Paris, le jeudi 11 mai 2000

Chère Madame,

La conférence que vous avez donnée cet après-midi sur le Japon m'a vivement intéressée. Vous avez notamment mentionné un ouvrage sur l'histoire et la culture des bonsaïs qui a l'air tout à fait passionnant. Auriez-vous l'amabilité de m'en donner les références exactes afin que je puisse me le procurer ?

Avec mes remerciements, je vous prie d'agréer, Chère Madame, l'expression de mon meilleur souvenir.

[signature]
A. Baudon

Présentation type de lettre manuscrite écrite à un intime

Paris, vendredi soir 15 mai

Chère Anne,

Ta visite de cet après-midi m'a beaucoup touchée et je voulais t'en remercier sans tarder.

J'ai été très heureuse de pouvoir discuter avec toi de ce projet. Il me paraît, réflexion faite, vraiment très intéressant.

Tiens-moi au courant. À bientôt.

Je t'embrasse.

Marie-Laurence

Présentation type de lettre dactylographiée

François Renard
6, rue des Vosges
La Haute Laye
88400 Gérardmer

> À l'attention de
> Monsieur Torrent
> Agence Les Sables
> 5, rue du Marché
> Saint-Jean-de-Monts

Lettre recommandée
avec avis de réception

> Gérardmer, le 5 juin 2002

Objet : réservation de la villa « Mon rêve »

Monsieur,

    Suite à notre entretien téléphonique du 4 juin, je vous confirme ma réservation de la villa « Mon rêve », 5, rue Blanche, à Saint-Jean-de-Monts, pour la période du 15 au 30 juillet 2000.
    J'ai bien noté que cette villa se trouve à 300 m de la mer et à 500 m des principaux commerçants. « Mon rêve » comporte un salon, une salle à manger, trois chambres dotées chacune de deux lits jumeaux et la cuisine est équipée d'un lave-vaisselle.
    Comme convenu, je vous réglerai la somme de 762 euros à la réservation et de 2 440 euros à la remise des clés.
    Veuillez agréer, Monsieur, l'expression de mes sentiments distingués.

> *[signature]*
> François Renard

PJ : un chèque de 762 euros, n° 458 796 54 sur le Crédit des Vosges.

> Chaque paragraphe commence par un alinéa (un retrait). La signature est à droite.

BIEN ÉCRIRE

L'enveloppe

Le format de l'enveloppe, la rédaction du nom et de l'adresse répondent en partie à des règles édictées par les services postaux. Mais cela n'empêche pas que la qualité du papier, l'écriture, la disposition, l'orthographe contribuent à donner une première impression favorable ou défavorable à celui qui reçoit votre courrier.

Choix de l'enveloppe

L'enveloppe doit toujours être assortie à la couleur, au format et à la qualité du papier. On ne glisse pas une lettre de format 21 x 14,8 dans une grande enveloppe rectangulaire, ni une feuille de papier vergé bleu dans une enveloppe blanche.
• Les enveloppes préimprimées (où est indiqué l'emplacement du code postal) sont pratiques pour les services postaux, mais leur qualité ordinaire les fera réserver au courrier courant. Les enveloppes « à fenêtre », en usage pour le courrier commercial ou d'affaires, supposent de veiller à ce que l'adresse de la première page de la lettre soit bien centrée dans la « fenêtre » de l'enveloppe.
• Si vous voulez que votre courrier donne une impression de raffinement, vous glisserez votre lettre dans une enveloppe doublée. C'est plus chic et cela évite que des indiscrets puissent déchiffrer l'écriture par transparence.

Présentation de l'enveloppe

La présentation de l'enveloppe doit respecter des règles précises édictées par La Poste et concernant notamment l'emplacement de l'adresse, du code postal, etc.
• L'adresse du destinataire doit se situer en bas à droite de l'enveloppe, le timbre en haut à droite. Le haut du coin gauche est à la disposition de l'expéditeur pour y placer des indications supplémentaires telles que son cachet ou les mentions « faire suivre », « personnel », etc. Au dos de l'enveloppe, tout en haut, l'expéditeur pourra indiquer son

adresse afin que le courrier lui revienne s'il n'atteint pas son destinataire.
- La mise en page de l'adresse sur l'enveloppe doit donner un sentiment d'harmonie et d'équilibre : des marges suffisantes doivent être laissées libres tout autour. Et, si vous la rédigez à la main, veillez à votre écriture : elle doit être régulière, suivre des lignes horizontales et surtout être parfaitement lisible.
- Si votre enveloppe colle mal, mettre du Scotch pour la fermer manque totalement d'élégance. N'en utilisez surtout pas pour une correspondance mondaine ou pour envoyer votre CV à un éventuel futur employeur !

Rédaction de l'adresse

La rédaction complète de l'adresse ne doit pas dépasser six lignes. Les informations doivent être ordonnées en allant du particulier au général, c'est-à-dire en partant du nom du destinataire pour arriver au code postal et au nom du bureau distributeur, voire à la désignation du pays. Le code postal doit être composé en capitales et ne comporter ni accent ni ponctuation. Ainsi, on ne mettra pas de traits d'union au nom composé d'une localité.

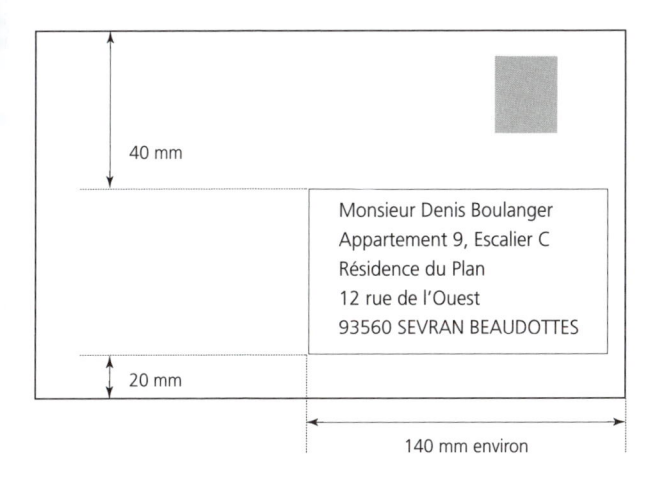

```
40 mm

                        Monsieur Denis Boulanger
                        Appartement 9, Escalier C
                        Résidence du Plan
                        12 rue de l'Ouest
                        93560 SEVRAN BEAUDOTTES

20 mm

        140 mm environ
```

Pour les pays étrangers, conformez-vous aux indications données par vos correspondants, mais n'oubliez pas de toujours écrire le nom du pays en français.

> Madame Francine Liber
> Directrice des ressources humaines
> EDIMEDIA
>
> 5 boulevard du Versant Nord
> G1N 4G2 SAINTE FOY QUEBEC
> CANADA

- Veillez à respecter scrupuleusement l'orthographe du nom du destinataire. Rien n'est plus agaçant que de voir son nom écorché.
- Écrivez l'appellation en entier : Monsieur, Madame, Mademoiselle, Docteur, Maître, etc. Les abréviations sont considérées comme moins polies et tolérées seulement pour le courrier administratif. Mais, si vous les employez, faites-le correctement :

Monsieur : *M.* et non pas *Mr* (abréviation anglaise)
Messieurs : *MM.* et non pas *Mrs*
Madame : Mme
Mademoiselle : Mlle
Docteur : D^r
Maître, Maîtres : M^e, M^{es}.

- Écrivez :

Monsieur et Madame Jean Belon (sans inverser l'ordre) pour un couple marié.

Madame Jean Belon pour une femme mariée.

Madame Françoise Renon pour une femme divorcée. La tradition veut que l'on ne désigne les femmes par leur propre prénom que lorsqu'elles sont divorcées ou dans le cadre professionnel. Mais c'est là encore un usage en voie de disparition.

Monsieur François Belon
Madame [ou Mademoiselle] *Isabelle Renon* pour un couple non marié.
- Placez toujours le prénom avant le nom :
Monsieur Pierre Durand (et non pas Monsieur Durand Pierre, usage que vous laisserez aux administrations).
- Écrivez en majuscules le nom du bureau distributeur et éventuellement celui du destinataire ainsi que, pour les lettres d'affaires, celui de l'établissement dans lequel il travaille.
- En ce qui concerne l'adresse proprement dite, ne mettez pas de virgule entre le numéro de la rue et son nom. Pas de traits d'union aux noms composés. Et employez le moins d'abréviations possible sauf :
Avenue : *Av.* ; Boulevard : *Bd* ; Faubourg : *Fg* ;
Saint : *St* ; Saints : *Sts* ; Sainte : *Ste* ; Saintes : *Stes*.
- Autres abréviations utiles :
Compagnie : *Cie* ; Établissements : *Éts* ; Société : *Sté*.
- Si vous n'envoyez pas votre courrier par la poste mais que vous le portiez directement à l'adresse de son destinataire, il est d'usage de ne pas indiquer son adresse sur l'enveloppe mais la mention : EV, qui signifie « En ville », écrite en gros et au centre de l'espace disponible au-dessous du nom.

Monsieur Pierre DURAND
EV

- Si votre destinataire habite temporairement chez un tiers, vous lui adresserez son courrier aux bons soins ou c/o (*care of* en anglais) de la personne qui l'héberge. La formule « chez » est aussi claire mais moins élégante.

Monsieur Pierre DURAND
c/o Madame Annie CHARPENTIER
15 rue Blanche
57325 METZ

Monsieur Pierre DURAND
Aux bons soins de Mme CHARPENTIER
15 rue Blanche
57325 METZ

Usages et délicatesse

• N'attendez pas pour écrire ou pour répondre

Si vous désirez remercier quelqu'un pour un service rendu, témoigner votre sympathie à un ami en deuil ou souffrant, féliciter une amie pour son nouveau-né, ne remettez pas toujours la tâche au lendemain. Tout autant que le contenu de votre lettre, l'important est la rapidité avec laquelle vous l'adressez. Ce qui, en outre, vous évitera d'oublier même de l'écrire.

Attendre plus de huit jours pour répondre à une lettre risque de paraître de l'indifférence ou de l'impolitesse. S'il vous manque des informations pour répondre à une question posée dans le courrier reçu, vous pouvez toujours envoyer un petit mot rapide, du genre : « Juste un petit mot pour te dire que j'ai bien reçu ta lettre et que j'y répondrai plus longuement dès que j'aurai réuni les informations nécessaires... »

• Timbre pour la réponse

On n'envoie pas de timbres pour la réponse à ses proches (au risque de les blesser). Si votre correspondant est vraiment dans la gêne, vous pouvez toutefois lui adresser un « joli » timbre en lui demandant de bien vouloir l'utiliser afin qu'il vous parvienne oblitéré pour votre collection. En revanche, mieux vaut joindre une enveloppe timbrée à votre adresse si vous écrivez à une association, à un office de tourisme, à une mairie, etc.

• Lettre remise de la main à la main

Si l'on demande à un ami ou à une relation de poster ou d'aller déposer une lettre, il est d'usage de la lui donner non close. C'est une preuve de confiance. La courtoisie veut alors que celui à qui l'on confie la lettre la cachette aussitôt devant l'expéditeur. C'est là un usage délicat et de bonne éducation, mais qui n'est plus guère pratiqué. Et, bien entendu, vous fermerez vous-même une lettre confiée à un coursier.

La rédaction de la lettre

Pour bien rédiger une lettre, commencez par réfléchir à ce que vous voulez dire et aux rapports que vous voulez établir ou entretenir avec votre destinataire. S'il s'agit d'une lettre à un correspondant très cher, donnez libre cours à votre spontanéité. Mais, si vous adressez un témoignage de sympathie à une personne que vous connaissez moins bien, il vous faudra à la fois laisser parler votre cœur et respecter les codes de politesse. Si vous répondez à un courrier, relisez-le afin d'être sûr de l'avoir bien compris ou de ne pas demander des précisions qu'on vous a déjà données. Si vous êtes en litige avec la personne ou l'organisme auxquels vous écrivez, vous pourrez adopter un ton ferme, voire menaçant, mais qui devra toujours rester courtois, sans quoi vos arguments perdraient tout leur poids...

Quel que soit le propos de la lettre, mieux vaut souvent commencer par rédiger un plan ou un brouillon. Vérifiez soigneusement la grammaire et l'orthographe, y compris les accents, la ponctuation et l'emploi des majuscules. Efforcez-vous d'alléger et de rendre plus vivant votre style en mettant à profit les quelques conseils, simples, donnés à la page suivante. Et relisez toujours attentivement votre lettre avant de la glisser dans l'enveloppe. S'il s'agit d'un courrier d'affaires, gardez-en toujours un double (brouillon, photocopie ou fichier sur votre ordinateur...). Si vous envoyez un courrier par télécopieur, sachez qu'il vaut mieux le confirmer par lettre.

Évitez de commencer par « je »

Dans la mesure du possible, il faut éviter de commencer sa lettre par « Je » et ne pas abuser des « Je » en début de phrase afin de ne pas donner l'impression de vous mettre sans cesse en avant. Respectez en particulier cet usage dans vos lettres de candidature ou lorsque vous vous adressez à des personnes respectueuses des conventions.

Avec un peu d'entraînement, il n'est pas très difficile de tourner la difficulté.

Quelques conseils, simples, pour améliorer votre style

• **Faites des phrases courtes.** Au-delà d'une vingtaine de mots, le lecteur risque de perdre le sens du message.

• **Éliminez les formules inutiles :** « il est intéressant de noter que... », « en l'état actuel des choses... », « il faut souligner que... », « ainsi donc », « par la présente », etc.

... ou ampoulées : « j'ai l'honneur de solliciter de votre bienveillance ». Écrivez plutôt : « pouvez-vous avoir l'amabilité de... ».

• **Évitez les tournures négatives**
– vous n'êtes pas sans savoir que / vous savez sans doute
– il n'a pas voulu accepter / il a refusé de
– il n'en fallait guère plus pour / c'était assez pour

• **Préférez les formes actives aux tournures passives :**
– il est défendu par de nombreuses personnes / de nombreuses personnes le défendent
– les travaux ont été achevés / les travaux se sont achevés

• **Éliminez les pléonasmes** (répétition d'une même idée) : incessamment sous peu ; car en effet ; et puis ensuite ; collaborer ensemble ; préparer d'avance ; descendre en bas ; ces deux alternatives ; panacée universelle, etc.

• Plutôt que	écrivez
J'ai bien reçu votre lettre	Votre lettre m'est bien parvenue
Je vous envoie en réponse à votre lettre	En réponse à votre lettre, je vous envoie
J'ai tardé à vous écrire	Voici longtemps que je voulais vous écrire
Je souhaiterais recevoir	Pouvez-vous avoir l'amabilité de me faire parvenir
J'ignore ce que vous pensez de ma proposition	Dans l'ignorance de votre réaction à ma proposition

... et pour le rendre plus vivant

- **Évitez les répétitions :** aidez-vous d'un dictionnaire des synonymes ou d'un dictionnaire des idées suggérées par les mots. Ne tombez pas non plus dans l'excès contraire, surtout lorsqu'il s'agit d'une lettre d'affaires, où la rigueur prime.

- **Ne vous contentez pas de généralités, illustrez votre propos :**
au lieu de dire seulement « c'est une jeune fille parfaite », décrivez quelques-unes de ses qualités : « elle est toujours souriante, serviable, dynamique ».

- **Cherchez le mot juste :**
avoir des nouvelles de quelqu'un / recevoir des nouvelles
avoir des idées / exprimer, professer des idées
faire un discours / prononcer un discours
faire la Grèce / visiter la Grèce, voyager en Grèce
réunir un dossier / établir, constituer un dossier.

- **Remplacez les « que » et les « qui », les « dont » et les « auxquels »**
(c'est-à-dire les propositions relatives) par des adjectifs, des noms, des participes ou des infinitifs :
– une action qui est digne de louanges / une action louable
– un fait dont les conséquences sont imprévisibles / un fait aux conséquences imprévisibles
– la vie qu'a menée cet homme / la vie menée par cet homme
– il y a des gens qui / certaines personnes
– avant que je ne me décide / avant de me décider
– le mur qui sépare / le mur séparatif

- **Usez avec modération des participes présents.** Ils alourdissent le style. Préférez-leur les participes passés ou les adjectifs :
– ayant été déçue par ta réponse / déçue par ta réponse
– ayant la certitude / sûr de
– n'ayant pas entendu parler de / ignorant de ...

Comment commencer une lettre et la terminer

Les formules types pour commencer et terminer une lettre sont très nombreuses. Il est parfois difficile de savoir laquelle d'entre elles employer vis-à-vis de telle ou telle personne. D'autant qu'elles ont souvent un caractère désuet et purement conventionnel.
La tendance actuelle va vers la simplification. Mais il peut être utile de connaître les règles, les nuances et certains cas particuliers.

Comment commencer une lettre

• Vous ne connaissez pas du tout votre correspondant, vous ignorez même s'il s'agit d'un homme ou d'une femme, commencez par :
Monsieur (jamais *Monsieur Dupont*)
Messieurs
Monsieur, Madame.

• Vous connaissez mal votre correspondant, ou bien vous le connaissez un peu et vous voulez lui marquer votre respect car il est très âgé ou d'un rang supérieur. Commencez par :
Monsieur
Madame (femme mariée ou divorcée, mère célibataire, femme non mariée d'un certain âge)
Mademoiselle (jeune fille).

• Vous connaissez un peu votre correspondant, vous voulez lui marquer une certaine estime, vous pouvez choisir de commencer par :
Cher Monsieur
Chère Madame
Chère Mademoiselle
Cher ami, chère amie (à la fois proche et distant).

- Votre correspondant est un parent, un ami ou une relation de travail que vous appelez par son prénom, commencez par :
Cher Pierre, Mon cher Pierre
Chère Marie, Ma chère Marie
Mon cher ami, ma chère amie.
- Votre correspondant est un collègue, vous pouvez commencer par :
Cher confrère, mon cher confrère, chère consœur (entre professions libérales)
Cher collègue, cher [chère] collègue et ami[e] (entre fonctionnaires).
Pour les proches, libre à vous de choisir par quelle formule commencer : « *Chère tante Odile* » ou « *Ma chère tante Odile* ».

Fautes à éviter
- N'écrivez pas « *Cher Monsieur Dupont* » (en France on ne met jamais le nom propre après Monsieur, Madame ou Mademoiselle) mais plutôt « *Mon cher Dupont* ».
- N'écrivez pas « *Chers Monsieur et Madame* » mais
Cher Monsieur,
Chère Madame.
- N'écrivez pas « *Mon cher Monsieur* », « *Ma chère Madame* » ni « *Ma chère Mademoiselle* ».

Comment terminer une lettre
La formule de politesse à utiliser pour terminer sa lettre, juste avant la signature, dépend des relations qu'on a avec son correspondant. Mais on reprend toujours dans la formule de politesse la formule d'appel utilisée au début de la lettre.

Chère Madame,
....
....

Je vous prie de croire, Chère Madame, à mon meilleur souvenir.

- **Pour exprimer le respect et/ou le dévouement à une personne d'un rang élevé,** vous pouvez terminer par :
– Je vous prie d'agréer *[de bien vouloir agréer, daignez agréer]*, Monsieur *[Madame]*, l'expression de ma *[très]* haute considération.
– Je vous prie d'agréer, Monsieur *[Madame]*, l'expression de mon *[très]* profond respect.
– Veuillez agréer *[Agréez]*, Monsieur *[Madame]*, l'expression de mon respectueux *[sincère]* dévouement.
– Je vous prie d'accepter *[de bien vouloir accepter]*, Monsieur *[Madame]*, l'expression de mes sentiments déférents *[respectueux]* et dévoués *[de mes sentiments fidèlement dévoués, de mes sentiments dévoués]* (de la part d'un homme à un homme ou d'une femme à une femme).

- **Pour exprimer le respect à une personne d'un rang supérieur ou plus âgée que vous,** vous pouvez terminer par :
– Veuillez croire, Monsieur *[Madame]*, en l'expression de mes sentiments très respectueux (de la part d'un homme à un homme ou d'une femme à une femme).
– Veuillez agréer, cher *[chère]* Monsieur *[Madame]*, l'expression de mes sentiments *[très]* respectueux.
– Je vous prie d'agréer *[Veuillez agréer]*, Madame, l'expression de mes *[respectueux]* hommages (d'un homme à une femme seulement).

- **Pour exprimer un certain respect à un supérieur ou à une relation d'affaires,** vous pouvez terminer par :
– Veuillez agréer, Monsieur *[Madame, Docteur, Monsieur le Docteur, Madame le Docteur, Maître...]*, l'expression de ma considération distinguée.
– Je vous prie d'agréer, Monsieur *[Madame]*, l'expression de mon respectueux souvenir.
– Veuillez agréer, Monsieur *[Madame]*, l'expression de mes sentiments distingués.

- **Pour exprimer votre reconnaissance,** terminez par :
– Veuillez agréer *[Je vous prie d'agréer]*, Monsieur *[Madame]*, l'expression de ma respectueuse *[profonde]* reconnaissance *[gratitude]*.
– Croyez, Monsieur *[Madame]*, à toute ma *[sincère]* reconnaissance *[gratitude]*.

• **Pour écrire une lettre de condoléances, ou un témoignage de sympathie,** vous pouvez terminer par :
– Veuillez agréer *[Je vous prie d'agréer]*, Monsieur *[Madame]*, l'expression de mes très sincères condoléances (décès).
– Je vous prie d'agréer *[Veuillez agréer]*, Monsieur *[Madame]*, l'expression de mes sentiments *[profondément]* attristés *[affligés]* (décès).
– Veuillez agréer, *[cher, chère]* Monsieur *[Madame]*, l'expression de ma *[très]* respectueuse sympathie (maladie, décès).
– Veuillez agréer *[Agréez]*, cher *[chère]* Monsieur *[Madame]*, l'expression de ma très amicale sympathie (maladie, décès).

• **Pour terminer une lettre d'affaires par une formule neutre,** vous pouvez écrire :
– Veuillez agréer *[recevoir]*, Monsieur, *[l'expression de]* mes salutations distinguées *[les meilleures]* (d'un homme à un homme).
– Veuillez agréer, Madame, mes respectueuses salutations (d'un homme à une femme).
– Recevez, Monsieur, mes salutations distinguées (d'une femme à un homme).
– Veuillez agréer, Madame, mes salutations distinguées (d'une femme à une femme).

• **Pour écrire à un égal avec qui vous avez des relations un peu formelles mais amicales,** vous pouvez terminer par :
– Veuillez agréer, cher *[chère]* Monsieur *[Madame]*, l'expression de mes sentiments *[les plus]* cordiaux *[l'expression de mon fidèle souvenir]*.
– Croyez, cher *[chère]* Claude, à mon amical souvenir *[à mon meilleur souvenir, à ma très sincère amitié]*.

• **Pour écrire à des personnes avec qui vous avez des relations de travail ou d'affaires relativement informelles, ou à des intimes,** vous pouvez terminer votre lettre par ces formules brèves et familières qui n'obligent pas à reprendre la formule d'appel :
– Sentiments distingués *[dévoués, amicaux, cordiaux, les plus cordiaux...]*.
– Sincèrement vôtre, bien amicalement.
– Avec mon meilleur souvenir *[toute ma sympathie, toute mon amitié]*.

Formules d'appel et de politesse - Cas particuliers

Destinataire	Sur l'enveloppe	Formule d'appel
Chefs d'État, souverains, prétendants au trône		
Chef d'État	*Monsieur le Président de la République française*	*Monsieur le Président de la République,*
	Madame la Présidente de la République...	*Madame la Présidente de la République,*
Roi [Reine]	*À sa Majesté Royale, le Roi [la Reine] de...*	*Sire [Madame],*
Prince [Princesse] de familles régnantes	*À son Altesse Royale, le Prince Albert [la Princesse Anne] de...*	*Monseigneur [Madame],*
Grand maître de l'Ordre souverain de Malte	*À son Altesse Éminentissime, Monseigneur le grand maître de l'Ordre souverain de Malte.*	*Monseigneur,*

Formule finale

J'ai l'honneur [Daignez agréer], Monsieur [Madame] le [la] Président[e] de la République, de vous prier d'agréer l'expression de ma très haute considération.

Daignez agréer, Madame la Présidente de la République, l'expression de mes très respectueux hommages (de la part d'un homme).

Daignez agréer, Madame la Présidente de la République, l'expression de mes très respectueux sentiments (de la part d'une femme).

C'est avec un profond respect que j'ai l'honneur de me déclarer, Sire [Madame], de Votre Majesté le [la] très humble et très obéissant[e] fidèle serviteur [servante].
ou la formule en usage en Belgique
Je prie le Roi [la Reine] de bien vouloir agréer l'expression de mon profond respect.

Daigne, Monseigneur [Madame], [Votre Altesse], agréer l'expression de ma très respectueuse considération [de mon profond et respectueux dévouement]
ou *Votre Altesse Royale voudra bien agréer l'expression de mon profond respect [ou l'hommage de mon profond respect si on s'adresse à une femme].*

Daignez, Votre Altesse, agréer l'expression de ma respectueuse considération.

Faut-il féminiser les titres, les grades, les noms de fonction ?
Au Canada, la féminisation est acceptée, mais la France est en plein débat.
L'usage veut que l'on écrive Madame le Proviseur, Madame le Principal, Madame le Ministre, mais les femmes appartenant au gouvernement ont relancé la polémique.
.../...

Destinataire	Sur l'enveloppe	Formule d'appel
Membres de l'Académie, artistes		
	Monsieur [*Madame*] *Dominique Coupat*	*Maître,*
Membres du corps diplomatique		
Ambassadeur [femme ambassadeur]	*Son Excellence Monsieur* [*Madame*] *Claude Dupont Ambassadeur de France en Belgique*	*Monsieur* [*Madame*] *l'Ambassadeur,*
Épouse d'un ambassadeur	*Madame l'Ambassadrice* ou *Son Excellence Monsieur l'Ambassadeur de France et Madame Dupont*	*Madame l'Ambassadrice,*
Membres du corps enseignant		
Professeur de faculté	*Monsieur* [*Madame*] *le Professeur*	*Monsieur* [*Madame*] *le Professeur,*
Doyen d'université	*Monsieur* [*Madame*] *le Doyen*	*Monsieur* [*Madame*] *le Doyen,*
Recteur d'université	*Monsieur* [*Madame*] *le Recteur*	*Monsieur* [*Madame*] *le Recteur,*
Inspecteur d'académie	*Monsieur* [*Madame*] *l'Inspecteur de l'académie de...*	*Monsieur* [*Madame*] *l'Inspecteur de l'académie,*

Formule finale

*Je vous prie d'agréer, Maître, l'expression
de ma respectueuse considération.*

*Je vous prie d'agréer, Monsieur [Madame] l'Ambassadeur,
les assurances de mes sentiments respectueux.
Je vous prie d'agréer, Monsieur [Madame] l'Ambassadeur,
l'expression de ma très haute considération.
J'ai l'honneur, Monsieur [Madame] l'Ambassadeur,
de présenter à Votre Excellence l'expression
de ma très haute considération.*

*Je vous prie d'agréer, Madame l'Ambassadrice, l'expression
de mes hommages respectueux (de la part d'un homme).
Je vous prie d'agréer, Madame l'Ambassadrice,
l'expression de mes très respectueux sentiments
(de la part d'une femme).*

*Je vous prie d'agréer, Monsieur [Madame] le Professeur
[le Recteur...], l'expression de ma considération distinguée
[de mes respectueux sentiments...].*

> .../...
> Vous écrirez donc Madame le Député, Madame le Sénateur…, sauf si la dame qui occupe l'une de ces fonctions affiche qu'elle souhaite se faire appeler madame la …

BIEN ÉCRIRE

Destinataire	Sur l'enveloppe	Formule d'appel
Membres du corps enseignant		
Directeur d'un établissement scolaire	*Monsieur* [Madame] *le Proviseur*	*Monsieur* [Madame] *le Proviseur,*
	Monsieur [Madame] *le Principal*	*Monsieur* [Madame] *le Principal,*
	Monsieur [Madame] *le Directeur,* [ou *la Directrice*]	*Monsieur* [Madame] *le Directeur,* [ou *la Directrice*]
Professeur	Monsieur [Madame]	*Monsieur* [Madame]
Membres de la noblesse		
Prince [Princesse] Duc [Duchesse]	*Prince* [et Princesse François] *de Grâce* *Duc* [et Duchesse Pierre] *de La Tour*	Prince, Princesse, Monsieur le Duc, Madame la Duchesse,
Marquis [Marquise], Comte [Comtesse], Vicomte [Vicomtesse], Baron [Baronne]	*Marquis* [et Marquise Jean] *de Noble* *Comte* [et Comtesse Louis] *du Verger* *Général* comte de Camp* *Colonel et Baronne Arnaud de La Plaine*	Monsieur [Madame], Mon cher Marquis [Mon cher Comte, Mon cher Vicomte...], Cher Monsieur, Chère Madame,
Membres des professions libérales		
Avocat (homme ou femme)	*Maître Dominique Barrot*	*Maître, Cher Maître,*
Médecin (homme ou femme)	*Docteur Dominique Santot*	*Docteur, Cher Docteur,*

Formule finale

Je vous prie d'agréer, Madame, [Monsieur] *le Principal, l'expression de ma considération distinguée* [de mes sentiments respectueux].

Je vous prie d'agréer, Monsieur [Madame], *l'expression de mes respectueux sentiments* [de toute ma reconnaissance].

Je vous prie d'agréer, Prince [Monsieur le Duc], *l'expression de ma respectueuse considération* [de mon meilleur souvenir...]. La formule varie selon les relations entre les correspondants.

Veuillez agréer [Recevez], *Maître* [Cher Maître, Docteur], *l'expression de ma considération distinguée.* La formule peut varier selon les relations entre les correspondants.

BIEN ÉCRIRE

Destinataire	Sur l'enveloppe	Formule d'appel
Militaires gradés		
Général	*Le Général François Dupond*	*Mon Général,* (si c'est un homme qui écrit) *Général,* (si c'est une femme qui écrit, ou si le général est une femme)
Épouse d'un militaire gradé	*Madame François Dupond*	*Madame,*
Colonel	*Monsieur* [*Madame*] *le Colonel Claude Armais*	*Mon Colonel,* (si c'est un homme qui écrit à un colonel masculin *Colonel,* (si c'est une femme qui écrit, ou si le colonel est une femme)
Commandant	*Commandant Dominique Durand*	*Mon Commandant,* (si c'est un homme qui écrit à un homme) *Commandant,* (si c'est une femme qui écrit, ou ou si le commandant est une femme)
Officiers ministériels		
Notaire, commissaire-priseur, huissier	*Maître Cardon*	*Maître, Cher Maître,*
Agent de change	*Monsieur Randopis Agent de change*	*Monsieur,*

Formule finale

Je vous prie d'agréer, [Mon] *Général, l'expression de ma haute considération.*

Je vous prie d'agréer, Madame, l'expression de mes hommages respectueux (venant d'un homme) [l'expression de mes sentiments respectueux (venant d'une femme)].

Veuillez agréer, [Mon] *Colonel, l'expression de mes respectueux sentiments* [l'expression de ma considération].

Je vous prie d'agréer, [Mon] *Commandant, l'expression de ma considération distinguée* [mes salutations distinguées].

* Seuls les généraux conservent le titre avec le grade.

Veuillez agréer [Recevez], *Maître* [Cher Maître, Monsieur], *l'expression de ma considération distinguée.* La formule peut varier selon les relations entre les correspondants.

Destinataire	Sur l'enveloppe	Formule d'appel
Personnalités politiques, administratives et judiciaires		
Premier ministre [ancien Premier ministre]	*Monsieur le Premier ministre* [*Madame le Premier ministre*]	*Monsieur le Premier ministre* [*Madame le Premier ministre*],
Ministre, secrétaire d'État [ancien ministre, ancien secrétaire d'État]	*Monsieur Dubois Ministre de l'Économie Madame Dubois Ministre des Droits de la femme*	*Monsieur* [*Madame*] *le Ministre*,
Ministre de la Justice	*Monsieur* [*Madame*] *le Garde des Sceaux*	*Monsieur* [*Madame*] *le Garde des Sceaux*,
Procureur de la République	*Monsieur le Procureur de la République*	*Monsieur le Procureur de la République*,
Président et vice-président [anciens président et vice-président] du Sénat, de l'Assemblée nationale, du Conseil d'État, etc.	*Monsieur* [*Madame*] *Dominique Durand Président*[*e*] *de l'Assemblée nationale*	*Monsieur* [*Madame*] *le* [*la*] *Président*[*e*],
Sénateur, député, préfet, sous-préfet, maire	*Monsieur* [*Madame*] *Claude Dubois Sénateur* [*Député, Préfet, Sous-Préfet, Maire*] *de Loire-Atlantique* [*de Savenay*]	*Monsieur* [*Madame*] *le Sénateur* [*le Député, le Préfet, le Sous-Préfet, le Maire*],

Formule finale

Je vous prie de bien vouloir agréer, Monsieur [Madame] le Premier ministre, l'expression de ma très haute considération.

Je vous prie de bien vouloir agréer, Monsieur [Madame] le Ministre, l'expression de ma très haute considération.

Je vous prie de bien vouloir agréer, Monsieur [Madame] le Garde des Sceaux, l'expression de ma très haute considération.

Je vous prie d'agréer, Monsieur le Procureur de la République, l'expression de ma respectueuse considération.

Je vous prie de bien vouloir agréer, Monsieur [Madame] le [la] Président[e], l'expression de ma haute considération.

Je vous prie de bien vouloir agréer, Monsieur [Madame] le Sénateur [le Député, le Préfet, le Sous-Préfet, le Maire], l'expression de ma haute considération.

Destinataire	Sur l'enveloppe	Formule d'appel
Personnalités politiques, administratives et judiciaires		
Conseiller général, conseiller municipal, adjoint au maire	*Monsieur François Dupont Conseiller général de Mayenne [conseiller municipal, adjoint au maire de Seiches]*	*Monsieur le Conseiller général* [le conseiller, l'adjoint],
	Madame Anne Dupont Conseillère générale de Mayenne [conseillère municipale, adjointe au maire de Seiches]	*Madame la Conseillère générale* [la conseillère, l'adjointe],
Premier Président de la Cour de cassation, de la Cour des comptes, des cours d'appel	*Monsieur [Madame] Claude Dupont Premier Président de la Cour des comptes*	*Monsieur le Premier Président,*
Personnalités religieuses		
Pape	*À Sa Sainteté le Pape*	*Très Saint Père,*
Cardinal	*À Son Éminence le Cardinal Dubois Archevêque [Évêque] de…*	*Éminence, Monsieur le Cardinal,*

Formule finale

Je vous prie de bien vouloir agréer, Monsieur le Conseiller général [le conseiller, l'adjoint], *l'expression de ma haute considération* [de ma considération distinguée].

Je vous prie de bien vouloir agréer, Madame la Conseillère générale [la conseillère, l'adjointe], *l'expression de ma haute considération* [de ma considération distinguée].

Je vous prie de bien vouloir agréer, Monsieur [Madame] *le Premier Président, l'expression de ma haute considération.*

Un catholique commencera sa lettre par : « *Très Saint Père, humblement prosterné aux pieds de Votre Sainteté et implorant la faveur de sa bénédiction apostolique...* » puis il exposera sa requête. À la fin de la lettre, il n'emploiera pas de formule de politesse mais terminera par « *Et que Dieu...* » en marquant des points de suspension.
Un non-catholique emploiera une formule finale du genre :
Daigne, Très Saint Père, Votre Sainteté agréer l'expression de ma très respectueuse considération.

Daigne Votre Éminence agréer l'expression de ma très respectueuse considération [de mon très profond respect].

Destinataire	Sur l'enveloppe	Formule d'appel
Personnalités religieuses		
Nonce apostolique	*À Son Excellence Monseigneur Dubois, nonce apostolique*	*Monseigneur, [Monsieur le Nonce,]*
Archevêque et évêque	*À Son Excellence Monseigneur Dubois*	*Monsieur l'Évêque Monseigneur,*
Supérieur(e) d'une communauté religieuse	*Révérend Père Dubois Révérende Mère Dubois*	*Mon Très Révérend Père, Ma Très Révérende Mère,*
Religieux	*Père [Mère, Frère, Sœur] Dominique Durand*	*Mon Père, Ma Mère, Mon Très Cher Frère, Ma Sœur,*
Abbé, aumônier	*Monsieur l'Abbé Dupont*	*Monsieur l'Abbé,*
Abbesse	*Révérendissime Mère Dominique Durand Abbesse de…*	*Révérendissime Mère,*
Pasteur, rabbin, imam	*Monsieur [Madame] le Pasteur Claude Marchand Monsieur le Rabbin David Goldstein Monsieur l'Imam Ahmed Hocine*	*Monsieur [Madame] le Pasteur, Monsieur le Rabbin, Monsieur l'Imam,*

Formule finale

J'ai l'honneur, Monseigneur [Monsieur le Nonce], *de présenter à Votre Excellence l'assurance de ma très haute considération* [de ma respectueuse considération].

Daigne Votre Excellence agréer l'expression de ma très respectueuse considération.

Je vous prie d'agréer, Mon Très Révérend Père [Ma Très Révérende Mère], *l'expression de mes sentiments respectueux* [de mon respectueux souvenir].

Je vous prie d'agréer, Mon Père [Ma Mère], *l'expression de mes sentiments respectueux* [de mon respectueux souvenir]. La formule finale peut varier selon les relations entre les correspondants.

Je vous prie d'agréer, Monsieur l'Abbé, l'expression de mes sentiments respectueux [de mon respectueux souvenir]. La formule finale peut varier selon les relations entre les correspondants.

Veuillez agréer, Révérendissime Mère, l'assurance de mes très respectueux sentiments.

Je vous prie d'agréer, Monsieur le Pasteur [le Rabbin, l'Imam], *l'expression de mes sentiments respectueux* [de mon respectueux souvenir]. La formule finale peut varier selon les relations entre les correspondants.

Cartes de visite

La carte de visite, autrefois soumise à des règles très strictes, tolère maintenant davantage de fantaisie.
Elle sert à donner son nom et son adresse à une personne que l'on rencontre, à faire connaître sa nouvelle adresse en cas de déménagement, à accompagner un cadeau ou un envoi, à adresser un court message de félicitations, de condoléances, de vœux ou de remerciements... Si vous n'avez pas de carte de visite imprimée à votre nom, vous pouvez toujours utiliser à la place un carton ou un bristol sur lequel vous écrivez votre nom à la main. Les hommes et les femmes qui travaillent ont généralement une carte privée et une carte professionnelle.

Papier et format

Le papier classique est le bristol blanc. Pour pouvoir rédiger facilement, mieux vaut un format de l'ordre de 12,8 x 8 cm ou de 15,5 x 11 cm. Pour les cartes professionnelles qui s'échangent souvent sans correspondance, on utilise fréquemment un format de 5,5 x 9,5 cm, voire encore plus petit.
Les papiers de couleur, ou autres fantaisies, sont plutôt réservés aux usages entre intimes ou aux professionnels des milieux créatifs.

Impression et caractères

Les cartes les plus élégantes ont longtemps été les cartes gravées. Mais on utilise aussi aujourd'hui beaucoup les cartes en relief et moins les cartes imprimées. Méfiez-vous des distributeurs automatiques de cartes imprimées, dont les résultats sont généralement de mauvaise qualité.
Le caractère habituellement utilisé est le romain, dont les lettres droites sont plus simples et plus faciles à lire que les caractères anglais calligraphiés ou que les caractères gothiques. Mais il est possible de panacher ces différents caractères sur la même carte.

Cartes privées

Le nom figure en haut à gauche ou au milieu de la carte. L'adresse et le téléphone sont indiqués à droite et à gauche, en haut ou en bas de la carte.

Un homme indique son prénom et son nom : Paul Durand. Une femme célibataire indique son prénom et son nom sans les faire précéder de Mademoiselle, sauf si elle est âgée :

Isabelle Dubois

25, rue de Lourmel   Tél. : 01 43 41 35 27
75015 Paris

Une femme mariée indique le prénom et le nom de famille de son mari, précédés de Madame.

4, rue de l'Académie
80120 Amiens

Madame Paul Durand

Une femme divorcée indique son prénom et son nom de jeune fille, précédés de Madame.

Madame Isabelle Dubois

Tél. : (41-22) 340 25 12   3, place du Puits
1225 Chêne Bourgige

Une femme divorcée, si elle a conservé l'usage du nom de son mari, peut indiquer les deux noms, juxtaposés par un trait d'union.

> Madame Isabelle Dubois-Durand
>
> 19 rue du Montparnasse
> 75006 Paris

Un ménage indique M. et Mme en abréviation (jamais Mme avant M.), suivis du prénom et du nom du mari.

> **M. et Mme Paul Durand**
>
> 674, place Publique   Tél. : (1-514) 689 14 00
> H7X IGI Laval - Québec

Quant aux couples vivant maritalement, ils peuvent innover, car la tradition n'avait pas prévu leur cas. Si chacun a sa propre carte de visite, ils peuvent les joindre ensemble dans une même enveloppe. Rien ne les empêche non plus de se faire faire une carte de visite à leurs deux noms ou d'ajouter le nom de l'un sur la carte de l'autre.

Usages :

- La tradition voulait qu'une femme ou une jeune fille n'indique jamais son adresse et son numéro de téléphone sur sa carte de visite. Mais l'usage en est maintenant devenu courant.
- Sur une carte de visite privée, on ne fait généralement pas figurer ses décorations (même sous forme de symboles).

Les seuls titres admis sont : de l'Académie française et Membre de l'Institut.
• Seuls certains grades et titres s'indiquent avec le nom : le grade des officiers supérieurs, les titres civils d'un rang élevé (le titre de docteur ne se mentionne en France que pour les docteurs en médecine), les titres nobiliaires.

Colonel et Madame Alain Marchand
Docteur et Madame Jean Dubois
Professeur et Madame Alain Durand
Cte et Ctesse Pierre des Roches
Capitaine de vaisseau Claude Dupont

• Si une femme mariée utilise une carte « M. et Mme » pour écrire en son nom seul, elle barrera en diagonale la mention « M. et ». De même, une jeune fille peut utiliser la carte de ses parents en barrant toutes les mentions précédant le nom de famille et en les remplaçant par son prénom.

Cartes professionnelles

On indique :
• son prénom et son nom,
• éventuellement son principal titre universitaire et/ou la fonction qu'on occupe,
• le nom (éventuellement le logo), l'adresse complète, le numéro de téléphone, celui du fax et éventuellement l'adresse e-mail de l'entreprise.

Sur une carte professionnelle, les femmes ne sont pas obligées d'ajouter la mention Madame, mais cela évite l'ambiguïté quand elles ont un prénom mixte (Dominique, Claude, Camille, etc.).

Béatrice Durand
Sous-directeur

Banque de l'Ouest	Tél. : 02 40 52 98 28
3, rue de Paris	Fax : 02 40 52 96 26
44005 Nantes	E-mail : béadurand@wanadoo.fr

Rédaction

Une carte de visite se rédige à la troisième personne et ne se signe pas.

> Madame Pierre Dubois
>
> *adresse ses très vives félicitations à Madame Jean Paquet pour le mariage de sa fille Anne. Elle la remercie vivement de son aimable invitation à laquelle elle sera très heureuse de se rendre et la prie de croire à son fidèle souvenir.*

Mais rien ne vous empêche d'utiliser la carte de visite comme un carton de correspondance, en barrant en diagonale votre nom.

> Isabelle Dubois
>
> *Merci de ton invitation je viendrai avec un grand plaisir*

Télécopieur ou fax

Si vous adressez une lettre par télécopieur (le terme anglo-saxon fax est couramment employé), n'oubliez pas de mentionner le nom du destinataire et le nombre de pages expédiées. Indiquez également clairement :
- votre nom,
- votre numéro de fax pour une éventuelle réponse,
- votre numéro de téléphone au cas où le fax arriverait incomplet, illisible ou à un mauvais destinataire par suite d'erreur.

Présentation de fax par un particulier

FAX
Destinataire : Anne Blanchot **Date :** 21 septembre 2000
Fax : (32-41) 43 54 50 **Pages :** 3 y compris celle-ci
Expéditeur : Julie Durand
Fax : (33-1) 46 24 58 50
Tél. : (33-1) 46 24 30 12

Chère Anne,

Voici ci-joint, comme convenu, mon CV. Merci de bien vouloir le transmettre à ton directeur.

En quelques mots, je te rappelle mes objectifs. Après avoir travaillé pendant trois ans au service marketing de Transfer, en tant que chef de produit Johnie Fer, j'aimerais mettre mon expérience au service d'autres grandes sociétés de secteurs différents de celui de la mode.

Contribuer au développement européen et international de produits nouveaux, comme ceux de Régina, serait pour moi passionnant. Sans parler du plaisir que j'aurais à venir habiter Liège, ce qui nous permettrait de nous voir plus souvent...

Merci encore pour ton aide.
Je t'embrasse.

Julie

BIEN ÉCRIRE

Carte postale

Comment la choisir

Choisissez la carte en fonction des goûts du destinataire. Évitez les cartes « humoristiques » et de mauvais goût, mais, si vous y tenez, mettez-les sous enveloppe.

Comment l'écrire

Associée à l'idée de vacances et de voyages, la carte postale porte un bref message familial ou amical. Chacun décrira avec originalité ou avec son cœur ce qu'il a vu. (La carte postale n'est pas faite pour fournir la preuve qu'on a visité l'Acropole ou fait un voyage au Népal.)

Éliminez le style télégraphique et les formules passe-partout (merveilleux voyage, voyage inoubliable, meilleur souvenir...). Vous avez toute la place nécessaire pour faire de vraies phrases. Même si votre carte ne comporte que quelques lignes, n'omettez pas la formule finale, même brève (bien à toi, amicalement, je pense à toi...).

N'oubliez pas que l'employé de la poste, la gardienne peuvent lire la carte, évitez donc toute confidence personnelle ou mettez-la sous enveloppe. De toute façon, mettez sous enveloppe la carte postale que vous enverrez à un correspondant auquel vous devez des égards.

Enfin, essayez d'éviter les envois par « fournées » et la veille de votre retour.

vie familiale

page **53**   **La famille et ses proches**
page **97**   **Enfance et scolarité**

La famille et ses proches

58 Anniversaire
- 58 Carte d'anniversaire accompagnant un chèque
- 58 Remerciements pour un cadeau d'anniversaire
- 58 Remerciements pour un cadeau sous forme de chèque

59 Cérémonies religieuses de l'enfance et de l'adolescence
- 59 Demande de parrainage
- 59 Acceptation d'assumer le rôle de parrain
- 60 Refus d'accepter le rôle de parrain
- 60 Remerciements à une amie ayant accepté d'être marraine
- 61 Invitations à un baptême
- 61 Invitation à une circoncision
- 62 Invitation par les parents à la profession de foi de leur enfant
- 62 Faire-part et invitation à une bar-mitsva

63 Décès
- 63 Annonce d'un décès à un parent
- 63 Annonce d'un décès à un ami du défunt

64 Condoléances
- 64 Télégrammes à envoyer à l'annonce d'un décès
- 64 Télégramme pour s'excuser de ne pouvoir assister aux obsèques
- 64 Carte pour accompagner des fleurs
- 65 Carte de condoléances
- 65 Condoléances adressées sur carte de visite
- 65 Lettre à une amie venant de perdre son mari
- 66 Lettre à un ami dont le fils s'est suicidé
- 66 Lettre collective de condoléances à un patron
- 67 Lettre collective de condoléances au conjoint d'une collègue de travail
- 67 Remerciements après condoléances par carte de visite
- 67 Remerciements par lettre

69 Démarches à accomplir après un décès
- 69 Demande de fermeture du compte du défunt
- 69 Demande de prise en charge des frais d'obsèques sur le compte du défunt
- 69 Lettre au propriétaire
- 70 Lettre à un organisme de crédit
- 70 Lettre aux organismes sociaux auxquels était affilié le défunt
- 71 Demande de versement d'une prime d'assurance-décès
- 71 Demande de versement d'une pension de réversion
- 72 Demande du testament au notaire

72 Fiançailles
- 72 Faire-part de fiançailles
- 73 Invitation aux fiançailles par les familles
- 73 Invitation à une réception par les fiancés
- 73 Félicitations et réponse à une invitation aux fiançailles par carte de visite

74 Maladie, accident
- 74 Lettre à un ami gravement malade
- 74 Lettre à une amie accidentée
- 75 Mot à des relations dont l'enfant a été accidenté
- 75 Lettre à un médecin pour lui demander de renouveler une ordonnance
- 75 Demande à un médecin de communiquer son dossier à un autre médecin
- 76 Demande à l'hôpital de communiquer son dossier médical à son médecin traitant
- 76 Remerciements à un médecin

77 Mariage
- 77 Faire-part de mariage par les parents
- 78 Faire-part de mariage par les futurs mariés et par leurs parents
- 79 Faire-part de mariage par les futurs mariés
- 79 Faire-part de mariage par les mariés
- 79 Faire-part de mariage par les enfants des mariés
- 80 Invitation par les parents à la réception de mariage

- 80 Invitation par les futurs mariés à une réception pour leur mariage
- 81 Invitation à l'occasion d'un remariage
- 81 Félicitations pour un mariage auquel on n'est pas invité
- 81 Félicitations et réponse à une invitation pour un mariage
- 82 Lettre de félicitations pour un mariage et acceptation de l'invitation
- 82 Lettre de félicitations pour un mariage et excuses de ne pouvoir venir
- 83 Télégramme à envoyer le jour du mariage
- 83 Carte accompagnant des fleurs ou un cadeau pour un mariage
- 83 Carte de remerciements pour un cadeau de mariage
- 83 Lettre de remerciements pour un cadeau de mariage
- 84 Remerciements pour un cadeau de mariage sous forme de chèque
- 84 Remerciements pour une présence à un mariage

85 Naissance et adoption
- 85 Annonce d'une naissance par lettre
- 85 Félicitations pour une adoption
- 86 Cartes de félicitations pour une naissance
- 86 Lettres de félicitations pour une naissance

87 Remerciements
- 87 Remerciements pour un entretien accordé
- 87 Remerciements pour un séjour chez des amis
- 87 Lettre de « château »
- 88 Remerciements pour un dîner
- 88 Remerciements pour un cadeau de naissance

89 Rendez-vous
- 89 Confirmation d'un point de rencontre
- 89 Annulation d'un rendez-vous
- 89 Excuses pour un rendez-vous oublié
- 90 Excuses pour un rendez-vous manqué

90 Séparation, divorce

- 90 Lettre d'intention de divorcer
- 91 Lettre de séparation
- 91 Réclamation pour non-respect du droit de visite
- 92 Demande d'intervention d'un avocat pour faire respecter le droit de visite
- 92 Réclamation du paiement de la pension alimentaire
- 93 Relance pour un retard de paiement de la pension alimentaire
- 93 Lettre à un huissier pour obtenir le paiement de la pension alimentaire
- 94 Demande de révision de la pension alimentaire

95 Vœux de Nouvel An

- 95 Cartes de vœux
- 95 Vœux à une amie vivant au loin
- 96 Vœux à un ami au chômage
- 96 Remerciements pour des vœux

Téléphoner ou écrire ?

Nombre d'annonces d'événements, heureux ou non, tels que maternité, fiançailles, séparation, divorce, etc., se font de vive voix ou par téléphone. Il est assez rare aujourd'hui qu'une jeune fille, ou une jeune femme, écrive à ses parents ou à ses grands-parents pour leur annoncer qu'elle se fiance ou qu'elle attend un bébé... On n'envoie pas non plus de faire-part pour annoncer une séparation ou un divorce.

En revanche, si vous apprenez qu'un accident est survenu à un*[e]* ami*[e]* ou qu'il *[elle]* est atteint*[e]* d'une maladie grave, écrire un petit mot est plus chaleureux et dérange beaucoup moins qu'un appel téléphonique.

De même, en cas de décès, il vaut infiniment mieux envoyer un télégramme ou une lettre que téléphoner aux personnes affligées. Et, même si votre ami*[e]* qui a perdu son enfant ou sa mère vous l'annonce de vive voix, lui écrire ensuite une lettre vous permettra de trouver des mots plus justes, qu'il *[elle]* pourra relire dans ses moments de profond chagrin.

Pour annoncer une naissance ou surtout un mariage, le faire-part est toujours en usage. Mais sa rédaction est de plus en plus libre. Certains se contentent de faire paraître un avis dans le carnet de leur quotidien habituel.

Pour féliciter quelqu'un d'un événement heureux ou pour remercier après une invitation, on utilise souvent le téléphone, mais un petit mot fera, là encore, plus plaisir. Et, si vous y mettez une note un peu personnelle, votre ami*[e]* pourra même le garder en souvenir.

Anniversaire

Carte d'anniversaire accompagnant un chèque

Mon cher Julien,
Au lieu de te choisir un cadeau qui ne t'aurait peut-être pas fait plaisir, je préfère t'envoyer ce chèque. Je suis sûr que tu auras une bonne idée pour l'utiliser !

C'est un petit témoignage de ma grande affection. Je te souhaite un très joyeux anniversaire !

Tendrement.

Remerciements pour un cadeau d'anniversaire

Ma chère Martine,
Quelle merveilleuse surprise et quelle délicieuse attention !

J'ai été très touchée que tu penses à mon anniversaire, d'autant plus qu'à mon âge on néglige souvent de le fêter.

Je compte venir à Bruxelles en décembre et j'espère que nous pourrons alors passer une soirée ensemble.

Je t'embrasse très fort.

Remerciements pour un cadeau sous forme de chèque

Cher Parrain,
Merci mille fois pour ta générosité. Je vais enfin pouvoir m'offrir la mini-chaîne pour laquelle j'économisais depuis plusieurs mois.

J'espère que tu viendras bientôt à la maison pour que je te la montre et te la fasse écouter.

Je t'embrasse très fort et te remercie encore.

Cérémonies religieuses de l'enfance et de l'adolescence

Demande de parrainage

Cher François,
Nous avons vivement regretté, Martine et moi, de ne pas te voir dimanche dernier. Nous avions en effet une demande à te faire..., mais peut-être est-ce mieux de la faire par écrit pour te laisser le temps de réfléchir avant de nous répondre.

Accepterais-tu d'être le parrain de notre futur enfant ?

Selon nous, le rôle d'un parrain est d'accompagner l'enfant sur le plan religieux, mais également de créer avec lui des liens privilégiés – différents de ceux qu'il peut avoir avec ses parents – pour le suivre dans sa vie personnelle. Nous avons pensé à toi en raison de ton optimisme, de ton ouverture d'esprit et de ta générosité.

Mais être parrain est une responsabilité, demande du temps, et nous comprendrions très bien que tes nombreuses charges t'empêchent de l'assumer.

Nous t'embrassons, ainsi que Diane.

> Laisser une possibilité de refus est plus élégant.

Acceptation d'assumer le rôle de parrain

Cher Paul, chère Martine,
J'ai été très touché que vous pensiez à moi pour être le parrain de Stéphane. Cela me fait d'autant plus plaisir que je ne l'ai encore jamais été. Je m'imagine déjà en promenade avec mon filleul.

Je pense, tout comme vous, que le rôle du parrain est très important. En effet, le parrain établit avec son filleul une relation d'adulte à enfant, mais d'une nature différente de celle que l'enfant peut avoir avec ses parents, surtout quand il est jeune. Mon rôle ne sera pas de le punir ou de lui apprendre à manger proprement j'ai déjà suffisamment de mal avec mes propres enfants ! –, mais je voudrais qu'il trouve en moi un ami dans toutes les circonstances de sa vie.

Je suis donc ravi de devenir le parrain de Stéphane, en espérant que je serai à la hauteur de cette responsabilité... Ce sera une occasion pour que nos deux familles se voient plus souvent.

Je vous embrasse affectueusement.

Refus d'accepter le rôle de parrain

Cher Paul, chère Martine,
Votre lettre m'a beaucoup touché, et je vous remercie pour cette marque de confiance. Mais elle m'a aussi plongé dans l'embarras, car il est vrai que je ne suis pas très disponible.

Après avoir bien réfléchi, il me semble que je ne peux pas accepter d'assumer le rôle de parrain. Je suis beaucoup trop occupé *[beaucoup trop souvent à l'étranger]* pour accompagner votre enfant. J'ai déjà le sentiment de ne pas accorder suffisamment de temps aux miens !

J'espère que vous comprendrez les raisons de mon refus : je ne voudrais surtout pas que Stéphane ait un parrain fantôme. De toute façon, cela ne m'empêchera pas de l'aimer tout autant et de le voir chaque fois que possible !

Je vous embrasse bien affectueusement.

Remerciements à une amie ayant accepté d'être marraine

Chère Florence,
Juste un petit mot pour te dire combien nous avons été touchés que tu acceptes avec autant d'enthousiasme d'être la marraine de Pierre. Nous avons aussi beaucoup apprécié le sérieux avec lequel tu envisageais cette responsabilité. Nous nous réjouissons pour Pierre et nous te remercions de tout cœur.

Bien affectueusement.

Invitations à un baptême

M. et Mme Pierre MOULIN
recevront quelques amis à l'occasion du
baptême de leur fils

Antoine

le 12 avril à 16 h 30

15, allée Marie-Jeanne
92240 Malakoff R.S.V.P.

Thierry GENET et Marie POTIER
seront heureux de vous recevoir à l'occasion du baptême
de leur fille

Hélène

le samedi 6 juin
de 17 à 19 heures

35, rue Barbier
72000 Le Mans R.S.V.P.

Invitation à une circoncision

M. et Mme David Stern
recevront la famille et les amis proches
à l'occasion de la circoncision de leur fils

Samuel

le dimanche 4 février à 17 heures

15, boulevard Arago
75013 Paris R.S.V.P.

La mention R.S.V.P. signifie « Réponse s'il vous plaît »

Si l'on n'invite que la famille et un petit nombre d'amis, comme c'est généralement le cas, on peut rédiger l'invitation à la main sur une carte de visite. Sinon, on la fera imprimer.

Cérémonies religieuses

VIE FAMILIALE

Invitation par les parents à la profession de foi de leur enfant

M. et Mme MÉNARD
ont le plaisir de vous annoncer
que leur fille

Isabelle

fera sa profession de foi
le dimanche 18 juin 2000.
Messe à 10 heures
à l'église Saint-Jacques de Montgeron.
Nous serons heureux de nous réunir autour d'elle
à l'issue de la cérémonie religieuse.

4, rue du Puits, 91230 Montgeron *R.S.V.P.*

Faire-part et invitation à une bar-mitsva

Madame Maurice GOLDBERG
Madame André ARIRI
ont la joie de vous faire part de la bar-mitsva
de leur petit-fils et fils

Jérémie-Maurice

et vous prient d'assister à la mise des tefillin
le jeudi 4 mai 2000 à 8 heures à la synagogue
14, rue de la Croix-de-l'Épinette - 93260 Les Lilas

8, villa Moderne - 93260 Les Lilas   Tél. : 01 43 78 96 31

> On dit « Bar-mitsva » pour un garçon et « Bat-mitsva » pour une fille. Mais le passage à la majorité religieuse d'une fille ne donne généralement lieu qu'à une fête intime.

Décès

Annonce d'un décès à un parent

Chère tante Odile,
Papa s'est éteint ce matin. Il semblait enfin apaisé. Ses terribles souffrances, ses angoisses, qui lui faisaient tour à tour appeler la mort et la craindre, sont désormais terminées. Il a, je crois, trouvé la paix dans ses dernières heures.

Mais qu'allons-nous faire sans lui ? Quel vide son absence va-t-elle laisser ? Nous avons, maman et moi, passé tant de jours et de nuits à ses côtés... Heureusement, la présence de mes frères est un grand soutien pour nous deux.

Une fois l'enterrement terminé (je te préviendrai dès que nous aurons fixé la date), Yves emmènera maman passer quelques jours chez lui. La tendresse de ses petits-enfants la réconfortera.

Quant à moi, avant de reprendre mon travail j'aimerais bien venir passer une petite semaine chez toi. Qu'en penses-tu ?

Je t'embrasse avec toute mon affection.

Annonce d'un décès à un ami du défunt

Cher Patrick,
C'est une bien affreuse nouvelle que j'ai à vous annoncer : Fabien était parti en planche à voile afin de s'entraîner pour les régates et il a disparu en mer. Comment, lui qui était si prudent et si sportif, a-t-il pu se noyer ? Cela reste encore un mystère. Mais on a retrouvé sa planche fracassée sur les rochers et, par la suite, son corps échoué sur la plage.

Nous n'arrivons pas à croire qu'il n'ouvrira plus jamais la porte à sa façon un peu brutale en nous appelant de sa voix forte. Nous étions si heureux à chacun de ses retours !

Les obsèques auront lieu mardi 12 mai à 10 heures dans la petite chapelle de Notre-Dame-de-la-Palud, à Bénodet.

[L'enterrement aura lieu mardi 12 mai à 10 heures au cimetière du Tréport.]

Si vous pouviez venir, nous en serions très touchés. Fabien nous parlait si souvent de vous, de votre amitié, de votre passion commune pour l'océan…

Croyez, cher Patrick, à notre affectueux souvenir.

Condoléances

Télégrammes à envoyer à l'annonce d'un décès

Suis de tout cœur avec toi et partage ta douleur. Très tendrement.
Amandine.

Tout le personnel de la Société Fashion présente à Madame Altman ses respectueuses condoléances.

Prenons part à votre peine et vous embrassons avec toute notre affection.
Françoise et Paul.

> Adresser un télégramme le jour même en marque d'affection n'empêche pas d'écrire par la suite une lettre plus longue.

Télégramme pour s'excuser de ne pouvoir assister aux obsèques

Retenu*[e]* à Marseille, suis désolé*[e]* de ne pouvoir être avec vous mardi. Mais je m'associerai par la pensée *[et la prière]* à toute votre famille. Étienne Rouault.

Carte pour accompagner des fleurs

Nicolas et Élodie DROILLET
Avec leur profonde sympathie

Carte de condoléances

Anne DESBOIS

Regrettant de ne pouvoir être avec vous aujourd'hui, je partage votre peine avec toute mon affection *[et m'associe à vos prières...]*.
Anne

Condoléances adressées sur carte de visite

Madame Fabrice PERCHOT

prie Madame BOUTET de croire à sa respectueuse sympathie à l'occasion du deuil qui la touche.

Monsieur François FREGNIE

apprenant la triste nouvelle, prend part à votre peine et vous redit sa profonde amitié.

Didier MARTENOT

Mon travail me retenant à Marseille, je ne pourrai être des vôtres demain. Mais je serai présent de cœur avec vous *[et prierai pour ton frère, et pour chacun de vous]*.
Crois à ma très vive sympathie et à ma profonde affection.

Lettre à une amie venant de perdre son mari

Chère Anne,
C'est avec beaucoup de peine que nous venons d'apprendre la perte qui te touche et te sépare de celui dont tu as partagé la vie. Nous imaginons ta douleur et ta solitude, et nous venons te dire combien nous pensons à toi et à tes enfants. Tu sais quel souvenir nous gardons du temps où nous passions nos vacances ensemble, de l'amitié qui nous liait, de Frédéric, toujours si gai et si chaleureux.

Si vous rédigez votre carte de visite à la première personne et que vous la signez, barrez en diagonale votre nom sur la carte.

Ne spécifiez jamais sur l'enveloppe « veuf » ou « veuve ». C'est une formule réservée à l'administration.

Nous ne l'oublierons pas et nous avons beaucoup regretté de ne pas pouvoir être auprès de toi le jour de son enterrement.

Je t'embrasse bien tristement.

Lettre à un ami dont le fils s'est suicidé

Cher Stéphane,
Philippe a choisi de quitter la vie... Lui qui, enfant, était si gai, si communicatif ! Quelle épreuve pour toi et pour Marie ! Je me souviens avec émotion, comme si c'était hier, de ce Noël à Quimper où il nous avait tous fait rire par ses chansons mimées...

[Tu sais combien nous avons essayé de combattre à tes côtés, à ses côtés, depuis des années... Mais il était malade et ne supportait pas de vivre ainsi diminué...]

Votre amour et l'affection de ses amis n'ont pas pu le retenir. Mais qui d'entre nous, à la suite d'une grande épreuve, ne connaît pas un jour le désir de cesser d'être ? Philippe a fait ce choix : c'est une décision personnelle dont tu ne dois pas te sentir responsable.

Cependant, je comprends ta tristesse face à notre incapacité à tous d'aider les autres à surmonter totalement leurs souffrances.

Sache que tu peux compter sur ma présence aussi souvent que tu le souhaiteras et sur mon affection toujours.

Je t'embrasse de tout cœur et partage ta douleur.

Lettre collective de condoléances à un patron

Cher Monsieur,
Nous avons tous été bouleversés en apprenant le décès accidentel de votre fille. Nous tenons à vous dire combien nous prenons part à votre peine et vous prions de transmettre à votre femme nos plus sincères condoléances.

Veuillez croire, cher Monsieur, à notre profonde sympathie.

Lettre collective de condoléances au conjoint d'une collègue de travail

Cher Monsieur,
Le deuil qui vous touche nous affecte tous. *[C'est avec beaucoup de tristesse que nous avons appris le décès de votre femme.]*

Tout le monde dans le service appréciait Françoise pour son efficacité et l'aimait pour son inlassable patience et sa grande gentillesse. Elle nous manquera beaucoup et nous ne l'oublierons pas.

Croyez, cher Monsieur, que nous sommes de tout cœur avec vous et avec vos enfants.

Remerciements après condoléances par carte de visite

Marie et François BELLEFOND

Merci, chère Isabelle, de nous avoir ainsi témoigné ta sympathie et ton amitié. François et moi y avons été très sensibles et ta présence nous a apporté beaucoup de réconfort.

> Évitez les adjectifs trop conventionnels (cruels, douloureux) qui ravivent la peine.

Remerciements par lettre

Merci, cher Philippe, de l'affection que tu nous as si chaleureusement témoignée.

Matthieu nous manque tellement. Sa disparition a été si brutale que nous n'arrivons pas à y croire.

Merci de ton télégramme, de ta présence à nos côtés. Le soutien que tu nous apportes à Pierre et à moi nous est d'un très grand réconfort. Et nous savons que, avec tous ses amis, tu nous aideras à conserver vivant le souvenir de notre cher Matthieu.

Bien amicalement.

Organismes à prévenir en cas de décès d'un proche parent

Avertissez par lettre, éventuellement recommandée, accompagnée d'un extrait de l'acte de décès :
- l'**employeur** si le défunt était encore en activité.
- les **organismes sociaux** auxquels le défunt était affilié : Sécurité sociale, mutuelle, caisse de chômage, caisse(s) de retraite, etc. Certains versent une participation aux frais d'obsèques, des allocations décès au conjoint survivant, une pension de réversion au conjoint ou d'autres prestations.
- les **compagnies d'assurances** auprès desquelles le défunt avait souscrit un contrat : décès, assurance automobile, multirisque habitation, multirisque professionnelle, etc. (pour les modèles de lettres, voir aussi le chapitre assurances).
- les **organismes financiers** dans lesquels le défunt possédait un compte : banque, caisse d'épargne et/ou La Poste.
- les **organismes de crédit** auprès desquels il avait éventuellement contracté un emprunt.
- le **propriétaire** si le défunt était locataire en titre de son logement.
- le **notaire** si vous voulez qu'il se charge de régler la succession et qu'il prépare à votre place la déclaration de succession qui devra être déposée auprès des services fiscaux.

Démarches à accomplir après un décès

Demande de fermeture du compte du défunt

Madame,
J'ai le regret de vous informer du décès de mon père, Paul Derain, qui demeurait 4, rue Foch, 42000 Saint-Étienne.

Veuillez donc fermer son compte n° 8999 956 488 Y ouvert dans votre agence.

Le notaire chargé de la succession, Maître Cardon, 12, rue des Gloriettes (75019 Paris), prendra contact avec vous.

Veuillez agréer, Madame, l'expression de ma considération distinguée.

À adresser avec un extrait d'acte de décès en recommandé avec avis de réception à la banque, La Poste, etc. où le défunt avait un compte.

Demande de prise en charge des frais d'obsèques sur le compte du défunt

Madame,
Je vous ai informée, le 14 octobre, du décès, le 12 octobre dernier, de ma mère, Anne Arnaud, titulaire du compte n° 8999 956 488 Y dans votre agence.

Le dernier relevé de compte indiquant un solde largement créditeur, je vous prie de bien vouloir débloquer la somme de 3 050 euros pour régler les frais d'obsèques.

Vous trouverez ci-jointe la facture des pompes funèbres.

Veuillez agréer, Madame, l'expression de ma considération distinguée.

La banque peut débloquer une certaine somme pour les frais d'obsèques.

Lettre au propriétaire

Monsieur,
Mon père, Jean Bert, étant décédé (ci-joint l'extrait d'acte de décès), je vous donne congé de l'appartement qu'il vous

louait 5, rue du Nord, pour le 30 mai. Je n'ai pas encore retrouvé le bail.

Recevez, Monsieur, l'expression de mes sentiments distingués.

Lettre à un organisme de crédit

Monsieur,

J'ai le regret de vous informer du décès, le 4 novembre dernier, de mon fils, Monsieur Alain Terrasse, demeurant 5, rue des Petits-Pas à Agen (47000).

Celui-ci avait fait auprès de votre agence un emprunt pour l'achat de son appartement.

Le contrat de crédit prévoyait la prise en charge des mensualités de remboursement en cas de décès. Vous voudrez donc bien veiller à ce que les mensualités de remboursement ne soient plus exigées.

Vous trouverez ci-joints un extrait de l'acte de décès et les références du contrat.

Veuillez agréer, Monsieur, l'expression de mes sentiments distingués.

> À envoyer en recommandé avec avis de réception.

Lettre aux organismes sociaux auxquels était affilié le défunt

Monsieur,

J'ai le regret de vous informer du décès, le 19 juillet dernier, de mon mari, Monsieur Paul Vanel, demeurant 16, rue du Puits à Béziers (34500), affilié sous le numéro 2 52 03 63 115 107.

Je vous serais reconnaissante de bien vouloir m'indiquer si votre caisse assure le versement d'un capital décès et/ou d'une allocation obsèques et, le cas échéant, de m'adresser les imprimés permettant de le*[s]* percevoir. *[Je vous remercie de bien vouloir me verser le capital décès prévu par votre réglementation.]*

Vous trouverez ci-joints un extrait de l'acte de décès et une fiche familiale d'état civil.

Dans l'attente de votre réponse, je vous prie d'agréer, Monsieur, l'expression de mes sentiments distingués.

Demande de versement d'une prime d'assurance-décès

Monsieur,

J'ai le regret de vous informer du décès, le 19 juillet, à la suite d'un accident de voiture, de ma compagne, Séverine Ruidael, demeurant 3, avenue des Pins à Champigny-sur-Marne (94500).

Elle avait contracté auprès de votre compagnie une assurance-décès *[une assurance-vie]* à mon bénéfice. Je vous serais donc reconnaissant de bien vouloir me verser la prime prévue par le contrat.

[Je vous serais reconnaissant de bien vouloir m'indiquer si elle avait conclu auprès de votre compagnie un contrat d'assurance-décès et, le cas échéant, quel en est le bénéficiaire et quelles sont les formalités à accomplir pour obtenir le versement de ladite prime ?]

Vous trouverez ci-joint un extrait de l'acte de décès.

Dans l'attente de votre réponse, je vous prie d'agréer, Monsieur, l'expression de mes sentiments distingués.

Demande de versement d'une pension de réversion

Monsieur,

Mon mari *[mon ex-mari]*, Monsieur Alain Champion, demeurant 10, boulevard de la Mer à La Baule (44500), est décédé le 4 mai. Il était retraité depuis le 1er février 1992 et affilié à votre caisse de retraite sous le n° 1 33 04 44 109 101.

Pouvez-vous m'indiquer quelles sont les conditions de versement de la pension de réversion et m'adresser les imprimés nécessaires pour en faire la demande ?

Vous trouverez ci-joints un extrait de l'acte de décès ainsi qu'une fiche familiale d'état civil.

À envoyer en recommandé avec avis de réception.

À adresser en recommandé avec avis de réception à la compagnie d'assurances du défunt.

À adresser en recommandé avec avis de réception à la [aux] caisse[s] de retraite du défunt.

Veuillez agréer, Monsieur, l'assurance de ma considération distinguée.

Demande du testament au notaire

Maître,

J'ai le regret de vous faire part du décès, le 14 septembre dernier, de ma mère, Madame Lucie Ducas, demeurant 26, rue du Petit-Chêne à Lausanne (1002).

Elle avait, je crois, rédigé un testament que nous n'avons pas retrouvé à son domicile. Pouvez-vous me dire si elle l'avait déposé à votre étude ? De toute façon, puis-je vous demander de bien vouloir me fixer un rendez-vous à votre étude le plus tôt possible et pouvez-vous avoir l'amabilité de vous charger de régler sa succession ?

Vous trouverez ci-joints un extrait d'acte de décès ainsi qu'une fiche familiale d'état civil.

Dans l'attente de votre réponse, je vous prie d'agréer, Maître, l'assurance de ma considération distinguée.

Fiançailles

Faire-part de fiançailles

Corinne et Romain
ont la joie de vous annoncer leurs fiançailles

Corinne CHEREAU
12, rue des Prés
89000 Auxerre

Romain MORGAIN
7, boulevard Diderot
89000 Auxerre

Invitation aux fiançailles par les familles

Monsieur et Madame Henri Sousse
Monsieur et Madame André Weber
recevront à l'occasion des fiançailles
de leurs enfants

Carine et Édouard

le 5 mai à 18 heures
salle Prévert
4, rue des Lys

85, avenue de Choisy 75013 Paris
3, rue du Paradis 91320 Wissous   R.S.V.P.

> La mention R.S.V.P. signifie : « réponse s'il vous plaît ».

Invitation à une réception par les fiancés

Corinne et Romain
vous attendent pour faire la fête
en l'honneur de leurs fiançailles

le samedi 18 novembre 2000,
de 20 heures à l'aube,
au
15, boulevard de la Bastille 75011 Paris

R.S.V.P. 01 43 25 78 96 (laissez le message sur le répondeur)

> Quand ce sont les fiancés qui invitent leurs amis, ils laissent souvent libre cours à leur fantaisie dans la rédaction et la présentation de l'invitation.

Félicitations et réponse à une invitation aux fiançailles par carte de visite

Christine PICARD

adresse toutes ses félicitations et ses vœux de bonheur à Nicolas et Anne-Sophie. Elle remercie vivement Madame Bonnot de son invitation à laquelle elle sera très heureuse de se rendre et d'avoir ainsi l'occasion de faire la connaissance d'Anne-Sophie.

Maladie, accident

Lettre à un ami gravement malade

Cher Hervé,

L'absence de nouvelles de ta part, malgré les messages laissés sur ton répondeur, m'a, un temps, laissé penser que tu n'avais plus envie de me voir. Mais Laurent m'a appris que tu étais malade et que tu avais dû être hospitalisé à plusieurs reprises.

C'est pourquoi je voulais te donner un signe d'amitié tout particulièrement en ce moment. Même si nous nous sommes peu vus ces derniers temps, j'ai gardé un souvenir formidable de l'époque où nous travaillions ensemble avec une telle complicité !

Si tu as envie que je vienne te voir, que je t'apporte des livres ou des cassettes, ou que je t'emmène en voiture, si tu le peux, passer une journée à la campagne, dis-le-moi. Cela me ferait très plaisir que nous nous revoyions. Mais je préfère que ce soit toi qui m'appelles afin de ne pas te déranger.

À très bientôt, j'espère.

Amitiés.

Lettre à une amie accidentée

Chère Laurence,

Nous avons appris avec émotion ton accident et la longue opération que tu as dû subir. Nous pensons beaucoup à toi et souhaitons que tu n'aies pas trop de mal à te rétablir.

Comme je l'ai déjà dit à Jacques au téléphone, si nous pouvons t'aider, d'une façon ou d'une autre (en prenant les enfants à la maison, en faisant tes courses, etc.), n'hésite pas à nous le dire.

Appelle-moi, si tu le veux, dès que tu te sentiras mieux

pour que je vienne vite te voir. D'ici là, fais-nous savoir par Jacques quels sont les services que nous pouvons te rendre.

Nous t'embrassons avec toute notre affection.

Mot à des relations dont l'enfant a été accidenté

Chère Françoise, cher Sébastien,
Nous avons été bouleversés quand Laure nous a appris l'accident de Grégoire. Nous pensons de tout cœur à vous et formons des vœux pour que votre petit garçon se rétablisse rapidement.

Croyez à notre sympathie et à notre amical souvenir.

Lettre à un médecin pour lui demander de renouveler une ordonnance

Cher Docteur,
Pourriez-vous avoir l'amabilité de renouveler l'ordonnance pour le *(nom du médicament)*. Il ne m'en reste en effet qu'une demi-boîte et je ne pourrai venir vous revoir qu'en septembre, car je reste à la campagne durant tout le mois d'août.

Vous en remerciant à l'avance, je vous prie d'agréer, cher Docteur, l'expression de ma considération.

Joignez une enveloppe timbrée à votre adresse.

Demande à un médecin de communiquer son dossier à un autre médecin

Docteur,
Pour des raisons personnelles, j'ai souhaité consulter le docteur Maréchal, 10, rue Blanche, 38000 Grenoble.

Pourriez-vous avoir l'amabilité de lui transmettre celles de mes radiographies que vous avez conservées et les photocopies des résultats de toutes mes analyses (car je les

À envoyer en recommandé avec avis de réception.

ai moi-même égarés, mais vous devez probablement en avoir un double).

Vous en remerciant d'avance, je vous prie d'agréer, Docteur, l'expression de mes sentiments distingués.

Demande à l'hôpital de communiquer son dossier médical à son médecin traitant

Monsieur le Directeur,
Pouvez-vous, je vous prie, faire adresser une copie de mon dossier médical à mon médecin traitant, le docteur André Perrin, 5, rue des Carmes, 29125 Loctudy.

J'ai été hospitalisé*[e]* dans votre établissement du 5 au 15 novembre 1995 dans le service de neurochirurgie du professeur Recherche.

Vous remerciant de bien vouloir communiquer au plus vite ce dossier à mon médecin, je vous prie d'agréer, Monsieur le Directeur, l'assurance de ma considération distinguée.

Remerciements à un médecin

Cher Docteur,
Merci d'avoir bien voulu me recevoir après vos heures de consultation. J'étais en effet très inquiète au sujet de cette « boule » que j'avais découverte.

J'ai pris dès aujourd'hui rendez-vous pour les examens que vous m'avez prescrits, mais je suis déjà rassurée puisque vous m'avez dit que, de toute façon, ce n'était pas grave. S'il fallait enlever cette boule, j'ai toute confiance en vous pour m'indiquer un bon chirurgien.

Merci encore de votre écoute et de votre gentillesse.
Croyez, cher Docteur, à mon meilleur souvenir.

Mariage

Faire-part de mariage par les parents

Madame Jean-Pierre Lemonier
Monsieur et Madame Henri Lemonier
Monsieur et Madame François Beauchêne

sont heureux de vous faire part du mariage
de leur petit-fils et fils, Franck,
interne des hôpitaux, avec
Mademoiselle Anne Laporte

et vous prient d'assister ou de vous
unir d'intention à la messe de mariage qui sera
célébrée par le Père Oliver le
samedi 14 octobre 2000, à 15 heures, en l'église
Saint-Michel, à Saint-Michel-sur-Orge

84, avenue de Gaulle 69005 Lyon
9, place des Ormes 76000 Rouen

> Ce faire-part se présente sur une double feuille de papier pliée en deux dans le sens de la hauteur. Chaque famille annonce le mariage de son enfant au recto de l'une des feuilles. Le faire-part est ensuite plié de telle sorte qu'apparaisse en premier le nom de la famille qui informe ses amis.

Faire-part de mariage par les parents

Monsieur et Madame   Madame Annie Moreau
Jean Bernout   Monsieur et Madame
Madame Odile Bernout   André Monod
Monsieur Pierre Weber   Madame Patrice Duvivier

ont la joie de vous annoncer le mariage
de leurs petits-enfants et enfants

Marie et Antoine

La bénédiction nuptiale leur sera donnée
le samedi 29 juillet 2000, à 16 h 30,
au temple de Mialet

Un vin d'honneur sera offert après la cérémonie à la maison des
fêtes de Mialet, 5, place des Cévennes.

52, avenue Spinoza,   12, rue Traversière,
94470 Boissy-Saint-Léger   30140 Mialet

> Sur ce type de faire-part, les deux familles se présentent l'une en face de l'autre soit sur un grand carton, soit à l'intérieur d'une double feuille de beau papier.

Faire-part de mariage par les parents

Madame Judith Benkeser Madame Ina Goldstein
Monsieur Samuel Tardi Madame Anne Jacob
Madame Laure Benkeser Madame Julie Barnoud

ont le plaisir de se joindre à

Lise et Fabrice

pour vous faire part de leur mariage
et vous convient à la bénédiction nuptiale,
qui aura lieu le dimanche 7 mai 2000, à 15 heures,
en la synagogue des Lilas
14, rue de la Lande 93260 Les Lilas

5, rue des Berges *18, square des Épinettes*
93260 Les Lilas *83000 Draguignan*

> Sur ce type de faire-part, les deux familles se présentent l'une en face de l'autre soit sur un grand carton, soit à l'intérieur d'une double feuille de beau papier.

Faire-part de mariage par les futurs mariés et par leurs parents

Marie et Pierre

*sont heureux de vous faire part
de leur mariage qui sera célébré
le samedi 15 octobre*

Madame Jean Simon Madame Anne Gruz
Madame François Terrin Monsieur Paul Tor

Marie et Pierre

*vous invitent à partager leur joie
au cours de la messe de mariage qui sera célébrée
le samedi 14 octobre 2000, à 16 h 30,
en l'église de Rhode-Saint-Genèse (1640 Belgique)*

7, rue des Plantes
75014 Paris adresse des futurs mariés
Avenue des Chênes 48 *3, rue du Ruisseau*
1640 Rhode-Saint-Genèse (Belgique) *91330 Yerres*

> L'annonce par les futurs mariés se trouve au recto d'une double feuille à l'intérieur de laquelle les deux familles font part du mariage de leurs enfants.

Faire-part de mariage par les futurs mariés

Sandra Pascaud et Alain Fernet
vous invitent à assister à leur mariage,
célébré le vendredi 17 novembre 2000,
à 15 h 30,
à la mairie de Saumur

3, rue de la Cavalerie   *5, rue des Lices*
49400 Saumur   *49000 Angers*

Faire-part de mariage par les mariés

Christophe et Nathalie
sont heureux de vous faire part de leur mariage
qui a eu lieu dans la plus stricte intimité
le 8 janvier 2000

Christophe Dupar   *Nathalie-Duchemin-Dupar*
15, rue Copernic
37240 Bournan

> Les faire-part s'envoient environ six semaines à l'avance.

Faire-part de mariage par les enfants des mariés

Pierre, Marine et Natacha
sont heureux de vous faire part du
mariage de leurs parents

Christine et Philippe Dubois-Rivière

qui a eu lieu dans l'intimité le 15 avril 2000

Ils vous invitent à venir vous réjouir avec eux
autour d'un grand pique-nique
le samedi 6 mai à 12 h 30
à la Petite-Ferme

R.S.V.P.

La Petite-Ferme,
53150 Cénéré   *Tél. : 05 56 87 95 24*

VIE FAMILIALE

Invitation par les parents à la réception de mariage

Madame Pierre DURAND
Madame Françoise DUPONT

recevront à l'occasion du mariage de

Corinne et Jean

le samedi 4 mars 2000 à partir de 18 heures
salle Mermoz
5, place Bellecour, Lyon 2^e

Réponse souhaitée avant le 20 février

> Au dos du carton d'invitation, on donnera des indications précises permettant d'accéder à « La Grange ».

Invitation par les parents à la réception de mariage

Madame Jean-Pierre Giraud
Madame Jacques Normand

recevront à La Grange
à l'issue
de la cérémonie religieuse

Dîner placé à 20 heures   *Réponse souhaitée avant le 1er juin*

Invitation par les futurs mariés à une réception pour leur mariage

Marie DUNON et Yves RENOU

vous attendent après leur mariage,
le 2 décembre 2000,
de 17 à 24 heures,
au Sabrina,
6, rue Corneille
86600 Lusignan

Merci de répondre avant le 20 novembre
5, rue des Planches 86600 Lusignan

> Si l'invitation est jointe au faire-part, il n'est pas indispensable de mentionner à nouveau votre adresse pour la réponse.

Invitation à l'occasion d'un remariage

Michel REGNIER et Sophie DEBON

recevront à l'occasion de leur mariage
le samedi 22 juillet 2000 à partir de 17 heures,
au Nemours, 12, rue de la Marne 51250 Faguières

4, place de la Mairie
51100 Châlons-en-Champagne

Réponse souhaitée
avant le 25 juillet

Félicitations pour un mariage auquel on n'est pas invité

Monsieur et Madame Daniel MARCHAND
adressent à Madame Rocher leurs vives félicitations
pour le mariage de Nicolas et souhaitent aux jeunes mariés
beaucoup de bonheur.

Madame Anne ROSIER
adresse à Paul et Nathalie toutes ses félicitations
et ses vœux de bonheur.

Paul LETAILLEUR
Avec toutes mes félicitations pour le mariage de ta fille
et tous mes vœux pour les futurs mariés.

Félicitations et réponse à une invitation pour un mariage

Monsieur et Madame Jérôme Drapier

adressent leurs très vives félicitations
à Monsieur et Madame Rouget. Ils les remercient
de leur invitation à laquelle ils seront ravis
de se rendre et d'avoir ainsi l'occasion de présenter
tous leurs vœux de bonheur aux jeunes mariés.

Sandrine et Jean-Michel Pottier
remercient vivement Madame Marchand de son aimable invitation à laquelle ils seront désolés de ne pouvoir se rendre, étant déjà retenus ce jour-là. Ils la prient de bien vouloir les excuser et de transmettre leurs meilleurs vœux aux jeunes mariés.

Valérie Boulanger
Félicitations, ma chère Claire ! Je me fais une joie de venir t'embrasser le jour du mariage de ta fille et serai ravie d'assister au dîner auquel tu m'as si gentiment invitée. Tous mes vœux à Charlotte et Patrick.

Lettre de félicitations pour un mariage et acceptation de l'invitation

Chère Hélène,
Cher Thierry,
Merci mille fois pour votre invitation au mariage de Denis, auquel je viendrai avec grand plaisir. Embrassez-le pour moi en lui souhaitant beaucoup de bonheur.

Je me réjouis de cette occasion de vous revoir et vous embrasse bien affectueusement.

Lettre de félicitations pour un mariage et excuses de ne pouvoir venir

Chère Corinne,
Tu sais combien j'aurais aimé être avec vous en ce jour de fête, mais des raisons professionnelles m'en empêchent. J'ai envisagé toutes les solutions, mais ce n'est vraiment pas possible. Je penserai particulièrement à toi le 14 décembre et serai de tout cœur avec vous tous. Félicite ton futur mari d'avoir fait un si bon choix !

Embrasse-le pour moi en attendant que j'aie le plaisir de faire sa connaissance. Avec toute mon affection.

Télégramme à envoyer
le jour du mariage

Tous nos vœux de bonheur à vous deux. Marianne et Jean.
ou bien
Suis de tout cœur avec vous. Meilleurs vœux de bonheur à Fabrice et Alice. Mamie.

Carte accompagnant des fleurs
ou un cadeau pour un mariage

Monsieur et Madame Jean-Pierre TARDIEU
Avec leurs meilleurs vœux de bonheur.

Julie ROQUE
Avec toute mon affection et mes vœux de bonheur.

Carte de remerciements
pour un cadeau de mariage

M. et Mme Didier ROUX
remercient vivement Madame Beaujon pour ces jolis verres à whisky qui leur ont fait très plaisir et la prient d'agréer l'expression de leurs respectueux sentiments.

Lettre de remerciements
pour un cadeau de mariage

Cher Monsieur,
La corbeille de fleurs que vous nous avez envoyée le jour de notre mariage était vraiment magnifique. Elle a fait l'admiration de tous et, aujourd'hui, nous avons encore le plaisir d'en profiter dans notre petit appartement.

Nous vous en remercions de tout cœur et vous prions d'agréer l'expression de notre respectueux souvenir.

Si vous assistez au mariage, il peut suffire de joindre une simple carte de visite à vos fleurs ou à votre cadeau.

Remerciements pour un cadeau de mariage sous forme de chèque

Cher Grand-Père,

Merci pour ton cadeau si généreux... Cette somme nous a permis de faire un voyage fabuleux. Nous ne connaissions l'Espagne ni l'un ni l'autre et avons découvert l'Andalousie en amoureux.

Dominique a pris quantité de photos que nous sommes impatients de te montrer dès que nous pourrons venir te voir, sans doute à la fin du mois.

Dominique se joint à moi pour t'embrasser avec toute notre affection.

Remerciements pour une présence à un mariage

Chère Mamie,

François et moi tenons à te dire combien nous avons été heureux de ta présence à notre mariage. Le voyage a dû être très fatigant pour toi, mais c'était formidable de t'avoir avec nous.

Je t'envoie quelques photos en souvenir, dont une de nous trois devant la mairie.

Merci encore d'être venue.

Je t'embrasse très tendrement.

Naissance et adoption

Annonce d'une naissance par lettre

Chère tante Charlotte,
Romain est né hier matin, à l'aube... Il est arrivé à la date prévue et pesait 3,400 kg. Il a plein de cheveux, des yeux plutôt grands, mais il est un peu tôt pour dire à qui il ressemble. *[Il a encore le visage un peu fripé et rouge, mais pour moi c'est le plus beau bébé du monde...].* Je suis encore à la maternité pour quelques jours et en profite pour me reposer avant le retour à la maison.

Quant à Amaury, il est déjà fou de son fils.
J'espère que nous pourrons bientôt te présenter Romain.
Je t'embrasse bien affectueusement.

> Exprimez-vous avec naturel avec des formules qui viennent du cœur.

Félicitations pour une adoption

Chère Audrey, cher Luc,
Quelle joie d'apprendre qu'une petite fille est entrée dans votre vie, comme vous le désiriez tant ! Nous nous réjouissons de tout cœur avec vous et sommes impatients de venir vous voir tous les trois.

Bien amicalement.

Cher Alexis et chère Ariane,
Quelle famille ! Bravo !
Vous voilà cinq maintenant ! Qui aurait dit il y a sept ans que vous étiez partis pour fonder une famille nombreuse ? Les deux aînées doivent être ravies d'avoir un petit frère à dorloter.

Nous nous réjouissons beaucoup de venir fêter avec vous l'arrivée d'Emmanuel.
À très bientôt. Nous vous embrassons tous les cinq.

VIE FAMILIALE

Cartes de félicitations pour une naissance

Monsieur et Madame Antoine FERNET
félicitent les heureux parents. Ils adressent tous leurs vœux de bonheur à la petite Julie et de rapide rétablissement à sa maman.

Gérard MONESTIER
adresse à Madame Ricot ses félicitations pour la naissance de sa fille Marine et lui présente tous ses vœux de bonheur.

Ariane GACHET
Félicitations ! Je me réjouis avec vous de l'arrivée d'Arthur et vous souhaite beaucoup de bonheur.
Ariane

> Une carte de visite se rédige habituellement à la troisième personne.

Lettres de félicitations pour une naissance

Ma chère Florence,
   Tu dois être si heureuse de pouvoir enfin serrer ton bébé entre tes bras !
   Je savais que tu devais bientôt accoucher et j'attendais la nouvelle avec impatience. Merci de m'avoir prévenue si vite.
   J'espère pouvoir venir te voir la semaine prochaine afin de faire la connaissance de Christine : je m'en réjouis déjà.
   Je t'embrasse tendrement ainsi que Jacques.

Chère Marie,
Voilà le trio formé avec l'arrivée de Xavier ! Anne et Sophie doivent être ravies d'avoir un petit frère.
   J'imagine votre joie à Matthieu et à toi et je vous félicite tous les deux.
   Je t'appellerai pour venir te voir dès que possible. D'ici là, je t'embrasse avec toute mon affection. Embrasse pour moi ton bébé.

Remerciements

Remerciements pour un entretien accordé

Cher Monsieur,
Merci infiniment d'avoir accepté de me recevoir. Grâce à votre exposé sur la situation actuelle du petit commerce et à vos réponses à toutes mes questions, j'ai maintenant une vision plus claire de ce que je pourrai entreprendre.

Si vous le permettez, je vous rappellerai d'ici à quelques mois pour vous tenir au courant de l'évolution de mon projet.

En vous remerciant encore, je vous prie d'agréer, cher Monsieur, l'expression de mon respectueux souvenir.

Remerciements pour un séjour chez des amis

Chère Hélène, cher Pierre,
J'ai été très heureuse de découvrir enfin votre maison, dont vous m'aviez tant parlé : vous avez su la rendre très confortable tout en préservant son charme. Ce séjour a été pour moi une vraie détente. Les promenades dans la forêt et les dîners au coin du feu resteront des souvenirs inoubliables.

Bien à vous,

Lettre de « château »

Chère Laure, Cher Patrice,
Ce week-end était formidable ! Nous n'oublierons pas la balade en vélo, le grand pique-nique sur la plage et les parties de pétanque à l'apéritif ! Vos amis étaient très sympathiques et drôles. Vous avez vraiment l'art de mettre tout le monde à l'aise et d'accueillir chaleureusement vos invités.

Merci mille fois de nous avoir si gentiment invités.
Bien amicalement,

> La lettre de « château » est envoyé par l'invité à ses hôtes pour les remercier.

Remerciements pour un dîner

Chère Madame,
Merci pour ce dîner si sympathique. Nous avons vraiment passé une très agréable soirée. Et j'ai été ravie de rencontrer madame Grenier, dont vous m'aviez tant parlé.
  Encore merci.
  Croyez, chère Madame, à mon meilleur souvenir.

Chère Laurence,
Ta soirée était vraiment réussie, comme toujours d'ailleurs, et vos amis extrêmement sympathiques. Tu as pu le constater, personne n'avait envie de s'en aller...
  Merci encore. Je t'embrasse.

Remerciements pour un cadeau de naissance

Chère Madame,
C'est vraiment très gentil à vous d'avoir tant gâté notre petite Sonia. La salopette et le pull que vous lui avez offerts sont ravissants. Vous avez bien fait de choisir la taille six mois, car Sonia grandit de jour en jour.
  Philippe se joint à moi pour vous exprimer notre meilleur souvenir.

Rendez-vous

Confirmation
d'un point de rencontre

Chère Diane,
Comme convenu, nous irons chercher tes deux filles au train de 16 h 25, samedi. Dis-leur d'emprunter le passage souterrain : nous les attendrons au guichet, situé à la sortie de la gare. C'est très simple, elles ne peuvent pas se tromper.
　Je t'embrasse ainsi que Claire et Valérie.

> Une confirmation écrite rassure les parents et les enfants.

Annulation
d'un rendez-vous

Cher Monsieur,
N'ayant pu vous joindre par téléphone, je vous adresse ce petit mot pour annuler notre rendez-vous de jeudi à 16 h 30. Par suite d'un empêchement personnel, il ne me sera pas possible de m'y rendre. Veuillez, je vous prie, m'en excuser.
　Je vous rappellerai, si vous le permettez, la semaine prochaine pour convenir d'un nouveau rendez-vous.
　Veuillez agréer, cher Monsieur, mon meilleur souvenir.

Excuses pour
un rendez-vous oublié

Chère Madame,
En ouvrant mon agenda, je viens de m'apercevoir que nous avions rendez-vous aujourd'hui à 13 heures. J'avais totalement oublié et j'en suis très confuse. Je suis un peu désorganisée car mon fils est à l'hôpital.
　Veuillez, je vous prie, m'excuser pour cet oubli. Je vous rappellerai pour convenir d'un nouveau rendez-vous.
　Croyez, chère Madame, à mon meilleur souvenir.

VIE FAMILIALE

Excuses pour un rendez-vous manqué

Catherine,

J'avais laissé un message sur ton répondeur pour te dire que je ne pourrais pas être là à 19 heures. Tu n'as pas dû pouvoir l'écouter puisque tu as appelé chez moi.

Crois bien que je suis désolée de t'avoir manquée, mais j'étais retenue chez Anne, qui allait très mal et ne voulait pas que je parte.

Excuse-moi et rappelle-moi pour que nous nous voyions la semaine prochaine.

Amitiés.

Séparation, divorce

Lettre d'intention de divorcer

> Écrire pour manifester son intention de se séparer montre bien qu'il s'agit d'une décision réfléchie et définitive. Mais sachez que votre lettre risque d'être produite en justice en cas de procédure de divorce : restez donc mesuré(e) en évitant toute menace, toute injure, etc.

Jean,

Notre vie commune n'est plus possible. Nous ne faisons que nous détruire l'un l'autre.

Je ne supporte plus de vivre dans l'angoisse de tes disparitions imprévisibles, de tes sautes d'humeur, de tes crises de violence qui nous terrifient, les enfants et moi. C'est pourquoi je souhaite divorcer.

Je pars avec les enfants en vacances, comme prévu le 10 juillet, et je te demande instamment de ne pas chercher à nous rejoindre. Tu pourras leur téléphoner quand tu le voudras, et ils pourront, en août, aller passer le reste des vacances avec toi si tu le souhaites. Mais, je t'en supplie, laisse-moi tranquille et ne les tiraille pas entre nous. Il faut absolument qu'ils n'entendent plus nos perpétuelles disputes et que je retrouve mon équilibre.

Après quoi nous aurons, peut-être, pris suffisamment de distance pour être capables de divorcer à l'amiable. Ce serait bien préférable.

J'espère que tu comprendras ma décision. Pour ma part, il n'y a pas d'autre solution.
Les enfants t'embrassent.

Lettre de séparation

Marie,
Je pars... ma décision est définitive, j'ai bien réfléchi. Ne cherche surtout pas à me rejoindre.
Pardonne-moi de te faire mal.

Mais je souhaite arrêter le jeu hypocrite dans lequel nous nous enlisons. Tu as deviné que j'ai rencontré quelqu'un d'autre. Je l'aime, et le respect que j'ai pour toi me pousse à être honnête, même si je sais bien que cela te fait souffrir.

Peut-être nous reverrons-nous un jour. D'ici là oublie-moi, mais sache que je t'ai vraiment aimée.

Réclamation pour non-respect du droit de visite

Fabienne,
Trop souvent nos discussions au téléphone à propos de Cécile se terminent en dispute. Arrêtons de nous faire mal et de perturber notre fille.

Puisque nous avons un jugement du tribunal définissant la règle à respecter lorsque nous ne sommes pas d'accord, respectons-le, sans tenter à chaque fois de tout remettre en question.

Il est bien précisé que je peux prendre Cécile avec moi un week-end sur deux, de la sortie de l'école, le samedi, au dimanche soir 19 heures. Mais tous les prétextes te sont bons pour refuser de me la confier.

Il est pourtant indispensable, pour elle comme pour moi, que nous nous voyions régulièrement. *[Ne m'oblige pas à faire appel à la justice pour faire respecter mon droit de visite.]*
Je compte sur toi.

Faites attention à ce que vous écrivez : votre lettre peut être lue par votre enfant.

Demande d'intervention d'un avocat pour faire respecter le droit de visite

Maître,

Par jugement du tribunal de Lille en date du 18 octobre 1995, il est prévu que, en cas de désaccord avec mon ex-mari, j'aie le droit de visite et d'hébergement de ma fille Anne un week-end sur deux et durant la première moitié des vacances scolaires.

Or mon ex-mari, Dominique Reteau (4, rue des Belles-Feuilles, 69320 Feyzin), prétend que ma fille ne souhaite pas me voir, sous prétexte que je vis avec un autre homme. Il me refuse le droit de la rencontrer et d'en discuter avec elle. Je sais que ma fille, âgée de six ans, exprime l'avis de son père afin d'éviter tout conflit avec lui, mais qu'elle est très malheureuse de ne plus venir chez moi le week-end.

Pouvez-vous intervenir pour rappeler à mon ex-mari qu'il ne peut pas s'opposer à mon droit de visite et d'hébergement ?

Vous trouverez ci-jointe la copie du jugement du tribunal.

Veuillez agréer, Maître, l'expression de ma considération distinguée.

> Vous pouvez écrire à votre propre avocat ou à celui du parent de votre enfant qui vous refuse le droit de visite.

Réclamation du paiement de la pension alimentaire

Sébastien,

Nous sommes le 15 du mois et tu ne m'as toujours pas versé la pension alimentaire de juillet pour Julie et Marc.

Tu as peut-être des problèmes actuellement, mais tu sais que tu me mets dans une situation très difficile. Je n'ai actuellement pour vivre que mes allocations chômage et je n'ai même pas pu régler mon loyer. Je ne voudrais surtout pas que les enfants en souffrent.

Peux-tu, s'il te plaît, avoir la gentillesse de me faire un chèque ou un virement au plus vite ?

Merci d'avance.

Relance pour un retard de paiement de la pension alimentaire

Sébastien,

Voilà plus de deux mois que tu n'as pas payé la pension alimentaire des enfants, malgré ma lettre de rappel du 15 juillet et mes relances téléphoniques.

Ton dernier versement date du 3 juin. Or je te rappelle qu'il est prévu que tu fasses ce versement avant le 5 de chaque mois. Peux-tu me régler au plus vite l'arriéré et le mois en cours, soit 762 euros, sans que je sois obligée de faire intervenir la justice.

Je compte sur toi. Merci.

Lettre à un huissier pour obtenir le paiement de la pension alimentaire

Maître,

Suite à notre entretien téléphonique de ce jour, je vous confirme que, par jugement en date du 14 février 2001, le tribunal de Montpellier a mis à la charge de mon ex-conjoint*[e]*, François*[e]* Delcourt, une pension de 305 euros par mois pour notre fils qui habite chez moi.

Or il *[elle]* ne m'a rien versé depuis le 5 avril et me doit donc à ce jour trois mois de pension, soit 915 euros.

Pouvez-vous, je vous prie, obtenir le paiement de cette pension et des arriérés auprès de son employeur ?

Voici les informations dont je dispose :

Monsieur *[Madame]* François*[e]* Delcourt

demeurant 5, rue des Sablons, 38000 Montpellier

Employeur : Société RENOV

125, avenue des Alpes, 38000 Montpellier

Salaire mensuel brut : 2 745 euros

[Compte bancaire n° 587 968 à la Caisse populaire, 12, rue des Pics, 38000 Montpellier...]

Vous trouverez ci-jointe la photocopie certifiée conforme de la décision de justice.

Vous remerciant de votre intervention, je vous prie d'agréer, Maître, l'assurance de ma parfaite considération.

Il existe divers moyens pour obliger le mauvais payeur à vous verser la pension qu'il vous doit. Renseignez-vous auprès d'un avocat...

À envoyer en recommandé avec avis de réception.

Demande de révision de la pension alimentaire

Madame le Juge,

Dans son jugement en date du 19 mars 1998, le tribunal de Tours a mis à ma charge une pension de 2 000 francs à verser pour l'entretien de notre fils, Éric, à sa mère Sandrine Barois, demeurant 15, rue des Barrières, 37270 Montlouis.

À l'époque de cette décision, mes revenus étaient de 13 000 francs net par mois.

Depuis, j'ai perdu mon emploi le 15 mai 2001, et mes revenus sont tombés de 13 000 francs par mois, soit 1 980 euros à 762 euros par mois.

[Depuis, mes charges ont considérablement augmenté car je me suis remarié et j'ai deux autres enfants...]

Vous trouverez ci-joints la copie du jugement du tribunal et les justificatifs de mes revenus actuels *[de l'augmentation de mes charges...]*.

Pouvez-vous donc nous convoquer mon ex-femme *[ex-mari...]* et moi-même pour juger de ma demande de révision de la pension ?

Veuillez agréer, Madame le Juge, l'expression de ma considération distinguée.

Il existe généralement des formulaires pour adresser sa requête au juge des affaires matrimoniales. Mais vous pouvez aussi adresser votre demande par lettre recommandée avec avis de réception.

Vœux de Nouvel An

Cartes de vœux

Une bonne année à toute la famille. Affectueusement.
Anne et Olivier

Bonne et heureuse année 2000 à vous quatre. À très bientôt.
Bien amicalement. Jacques et Sylvie

Que l'an 2000 vous apporte joies et bonheur,
et soit l'occasion de nous voir souvent !

Bonne et heureuse année ! À bientôt, j'espère. Jean

Meilleurs vœux pour une année de succès, amicalement.
Anne

Chère Marie,
Je te souhaite une année pleine de folies, de succès et
d'amour ! Je t'embrasse très fort.

Cher Louis, chère Claude,
Tous mes vœux de bonheur fait de joies familiales et de succès professionnels pour l'année 2000 !
Bien à vous.

Vœux à une amie vivant au loin

Très chère Julie,
Le premier de mes vœux pour cette nouvelle année est que nous puissions enfin nous revoir, soit que tu viennes en Suisse, soit que je puisse aller passer des vacances au Québec.
   Tes lettres me font toujours extrêmement plaisir et me permettent de suivre un peu ta vie. Mais si seulement nous pou-

vions passer une semaine ensemble ! Nous avons tant de choses à nous raconter...

À part cela, je te souhaite de trouver un nouveau travail plus intéressant et, bien sûr, de continuer à filer le parfait amour avec Peter (il serait grand temps que je le connaisse...).

Transmets-lui d'ailleurs tous mes vœux.

Mille baisers et à très bientôt j'espère.

Vœux à un ami au chômage

Cher Paul,
Je te souhaite tout particulièrement une très bonne année.

Que l'an 2000 t'apporte enfin le travail que tu cherches. J'admire beaucoup ton courage et la ténacité dont tu fais preuve. J'espère de tout cœur que tes efforts seront bientôt récompensés.

Bien affectueusement.

Remerciements pour des vœux

Cher Joël,
Un grand merci pour vos vœux reçus ce matin.
À mon tour, je vous présente les miens. Et je souhaite, en particulier, que nous ayons l'occasion de travailler à nouveau ensemble. Bien amicalement.

Chère Dorothée,
Merci de tout mon cœur, ma chère Dorothée, pour ta carte qui m'a beaucoup touchée. Je te souhaite une année pleine de bonheur et de succès.

Je t'embrasse.

Enfance et scolarité

100 Crèches et nourrices
    100   Demande d'adresses de crèches
    100   Demande de place dans une crèche

101 Foyer d'hébergement
    101   Lettre pour appuyer la demande d'un enfant majeur

101 Gardes d'enfants, aides familiales
    101   Demande à un organisme de placement de jeunes au pair
    102   Réponse à une offre d'emploi de garde d'enfants
    102   Petites annonces de gardes d'enfants

103 Loisirs (centres de)
    103   Demande de renseignements sur un centre de loisirs
    104   Remerciements à l'animateur d'un club
    104   Reproches à l'animateur d'un club

105 Orientation scolaire
    105   Demande de conseils d'orientation

105 Psychologue scolaire
    105   Information sur un problème touchant l'enfant

106 Bourse, aide financière
    106   Demande de bourse
    106   Demande d'aide financière exceptionnelle

107 Examens
    107   Demande d'autorisation de se présenter à la session de septembre
    107   Demande de communication de sa copie d'examen

VIE FAMILIALE

108 Inscriptions
- 108 Comment s'adresser aux chefs d'établissement ?
- 108 Demande de passage dans le primaire avant l'âge requis
- 109 Demande d'inscription dans un établissement scolaire
- 109 Demande d'inscription dans une école d'un autre secteur
- 110 Demande d'inscription adressée au recteur d'Académie

111 Excuses et dispenses
- 111 Autorisation de sortie de l'établissement scolaire
- 111 Excuse pour une longue absence pour cause de maladie
- 111 Excuse pour annoncer une absence
- 112 Excuse pour un devoir non fait
- 112 Demande de dispense d'éducation physique

112 Exposés, dossiers
- 112 Demande de documents pour un exposé

113 Lettres aux enseignants
- 113 Mot d'explication sur des difficultés passagères de l'enfant
- 113 Demande de rendez-vous avec un professeur
- 114 Demande d'explication sur la notation d'un devoir
- 114 Remerciements à un enseignant par les parents
- 115 Remerciements à un professeur par son élève

115 Cours particuliers
- 115 Paiement des cours particuliers
- 115 Demande de cours particuliers
- 116 Petites annonces de cours particuliers

117 Lettres aux proviseurs
- 117 Mise en garde à un directeur sur la circulation de drogue
- 117 Critique d'un professeur auprès d'un directeur
- 118 Lettre à un proviseur pour l'avertir de racket

118 Enseignement à distance
- 118 Demande d'adresses d'organismes d'enseignement à distance
- 119 Annulation d'un cours payant d'enseignement par correspondance

119 Stages pour collégiens
- 119 Demande de stage en entreprise pour un collégien
- 120 Demande de stage pour sa fille à une amie
- 120 Remerciements des parents pour un stage
- 121 Remerciements pour un stage

121 Écoles, concours
- 121 Demande de renseignements sur une école de formation professionnelle
- 122 Demande de renseignements sur un concours de la fonction publique

123 Vacances (centres et organismes de)
- 123 Demande de renseignements à un club de vacances sportives
- 123 Demande de renseignements à un organisme de séjours linguistiques
- 124 Demande de précisions à un organisme de vacances
- 124 Renseignements sur l'enfant adressés au directeur d'un centre
- 125 Lettre d'accompagnement d'un dossier médical
- 125 Lettre signalant au directeur d'un centre la tristesse de l'enfant
- 126 Demande de changement de famille au cours d'un séjour linguistique

Enfance et scolarité

Crèches et nourrices

> Les nourrices sont officiellement appelées « assistantes maternelles ». En Suisse, on dit « mères de jour ». Au Canada, on appelle les crèches des « garderies ».

Demande d'adresses de crèches

Madame,

Mon mari est muté à Béziers, où nous allons nous installer au mois d'août. Je serai moi-même employée à la société Parc à partir du 1er septembre et j'aimerais confier ma fille, qui aura alors neuf mois, à une crèche *[à une nourrice]*.

Je vous serais reconnaissante de bien vouloir me communiquer les adresses des crèches *[des nourrices]* les plus proches de notre futur domicile (8, rue des Belles-Feuilles) afin que je puisse les contacter. Je souhaiterais, en effet, savoir le plus rapidement possible si l'une d'elles pourra accueillir mon bébé.

Avec mes remerciements, je vous prie d'agréer, Madame, mes salutations distinguées.

Demande de place dans une crèche

Madame la Directrice,

Mon mari étant muté à Béziers, nous devons emménager, au mois d'août, 8, rue des Belles-Feuilles, à proximité de votre crèche. Ayant moi-même trouvé un emploi à plein temps à la société Parc, j'aimerais savoir si vous pourrez accueillir dans votre crèche ma fille Sandra à partir du 1er septembre. Elle est née le 5 janvier et aura alors neuf mois.

Je vous serais très reconnaissante de me répondre le plus rapidement possible, afin que je puisse, éventuellement, trouver une autre solution en cas de refus de votre part.

Si, comme je l'espère, vous avez une place disponible pour Sandra, pouvez-vous m'indiquer les formalités à remplir pour l'inscription ?

Dans l'attente de votre réponse, veuillez agréer, Madame la Directrice, l'expression de mes sentiments distingués.

Foyer d'hébergement

Lettre pour appuyer la demande d'un enfant majeur

Monsieur,

Mon fils Jean Rounit vient de vous adresser une demande pour obtenir une place dans votre foyer à partir de la rentrée prochaine.

Je souhaiterais vivement que vous puissiez l'accueillir, car je sais qu'il trouvera dans votre établissement une ambiance chaleureuse, favorable à son travail.

Je tiens également à vous confirmer que je me porte garant[e] du règlement de sa pension.

Veuillez agréer, Monsieur, l'expression de mes sentiments distingués.

Gardes d'enfants, aides familiales

Demande à un organisme de placement de jeunes au pair

Madame,

Ayant deux enfants (un de quatre ans et un autre de trois mois), je cherche une jeune fille *[ou un jeune homme]* au pair pour me seconder. Je dispose d'une chambre individuelle pour la *[le]* loger.

Je souhaiterais connaître la nationalité des jeunes gens ou des jeunes filles que vous pourriez éventuellement m'adresser et aimerais savoir s'ils parlent déjà un peu le français.

Pouvez-vous également me préciser les principales conditions du travail au pair ?

- Quel est, en dehors de la garde des enfants, le type de tâches que l'on peut demander d'effectuer ?
- Quel est le nombre maximal d'heures de travail par semaine, par jour ?
- Est-il obligatoire de fournir tous les repas ? Combien de temps faut-il déduire ?
- Combien d'argent de poche faut-il verser par mois ?
- Quelles sont les charges sociales à payer ?
- Comment les jours de congé sont-ils établis ?
- Dans l'attente de votre réponse, je vous prie d'agréer, Madame, mes salutations distinguées.

Réponse à une offre d'emploi de garde d'enfants

Madame,

Votre petite annonce parue dans *le Courrier de l'Ouest* du 4 mai m'intéresse vivement.

J'ai 18 ans, j'adore les tout-petits et je serais très heureuse de m'occuper de vos trois enfants. L'été dernier, j'ai travaillé au pair dans une famille où je m'occupais d'une petite fille de 2 ans et d'un bébé de 6 mois. Si vous souhaitez obtenir des renseignements me concernant, vous pouvez vous adresser à la mère des enfants, Mme Deschamps, 4, rue des Hirondelles à Dampierre (28). Tél. : 02 37 14 78 50.

Je reste à votre disposition pour vous fournir tout renseignement complémentaire ou pour vous rencontrer si vous le désirez.

Veuillez agréer, Madame, l'expression de mes sentiments distingués.

Petites annonces de gardes d'enfants

Demandes de garde

Cherch. jeune fille ou jeune femme pour s'occuper de 3 enfants de 5 ans, 3 ans et 6 mois. Expérience exigée. Logée, nourrie. Proximité Bordeaux. Tél. : 05 57 14 89 57.

Urgent. rech. aide familiale pour garder 3 enfants et pour petit ménage. Lundi-vendredi 8 h-20 h. Paris 15ᵉ. 01 44 85 97 35.

Recherche jeune femme pour garder bébé au dom. parents. Sérieuses références contrôlables. Namur. 47 89 97 01.

Offres de garde

Dame quarantaine, aimant les enfants, se propose pour les accompagner à l'école, aller les chercher à la sortie et les garder jusqu'au soir. Mme DUPIN. 12, rue des Épinettes, Le Mans. Tél. : 02 43 58 96 24.

Jeune homme 23 ans, avec expér., non fumeur, bilingue français et anglais, cherche travail au pair contre logement : ménage, garde enfants. 01 48 78 95 56.

Baby-sitting. Jeune fille sérieuse garderait enfants à la sortie de l'école et le soir. Alexia. Tél. : 05 58 79 63 25.

> À publier dans la presse ou à déposer près de la caisse chez les commerçants.

Loisirs (centres de)

Demande de renseignements sur un centre de loisirs

Madame,

Ma fille Vanessa, âgée de 15 ans, souhaiterait vivement s'inscrire aux cours de danse ou de théâtre.

Elle a suivi pendant trois ans des cours de danse rythmique, mais jamais encore de cours de théâtre. Elle serait disponible le mercredi ou/et le samedi après-midi.

Pouvez-vous avoir l'amabilité de m'adresser une documentation sur ces activités, en me précisant le nom des professeurs, leur formation, le niveau des cours et leur prix ?

Si ma fille est intéressée, pourra-t-elle venir assister à un cours avant de s'inscrire ?

Je vous remercie et vous prie d'agréer, Madame, l'expression de mes sentiments distingués.

Remerciements
à l'animateur d'un club

Monsieur,

Pascal m'a appris que vous alliez quitter notre ville pour monter votre propre club de judo dans le Périgord. Nous vous souhaitons tout le succès possible, mais sachez que nous allons tous vous regretter beaucoup.

Depuis que Pascal suit votre entraînement, voilà bientôt trois ans, il s'est formidablement épanoui. Lui qui était plutôt chétif, renfermé et timide, il s'est physiquement développé, a pris confiance en lui-même et s'est ouvert aux autres. Au-delà des vertus du sport, le mérite en revient au climat dynamique et chaleureux que vous avez su faire régner parmi ces jeunes.

Les Périgourdins ont beaucoup de chance de vous accueillir à leur tour...

Merci encore pour ce que vous avez su apporter à tous les élèves et à Pascal en particulier.

Croyez, Monsieur, à mon meilleur souvenir.

Reproches
à l'animateur d'un club

Monsieur,

Fabrice se réjouissait beaucoup d'appartenir à votre club de foot. Or, je le vois revenir tous les mercredis après-midi énervé et déçu.

Pourquoi les séances d'entraînement commencent-elles toujours avec un retard de trois quarts d'heure ? Pourquoi règne-t-il un climat de rivalité et de violence parmi ces jeunes, loin de l'esprit « sportif », auquel on s'attend ?

Quand j'étais venu vous voir il y a deux mois pour vous faire part de mes inquiétudes, vous m'aviez promis de commencer les séances à l'heure et de veiller à ce que l'ambiance y soit meilleure.

Je constate qu'il n'en est rien et suis donc au regret de vous informer que j'ai décidé de retirer mon fils de votre club.

Veuillez croire, Monsieur, à mes sentiments distingués.

Orientation scolaire

Demande de conseils d'orientation

Madame,

Ma fille Clara s'interroge beaucoup sur son orientation. Elle hésite entre la poursuite de ses études secondaires et une formation technique.

J'aimerais en discuter avec vous puisque vous la connaissez bien. Pourriez-vous avoir l'amabilité de me fixer un rendez-vous ? Je suis à votre disposition pour vous rencontrer tous les jours après 18 heures ou le samedi à l'heure qui vous conviendra.

Vaut-il mieux, à votre avis, que nous nous voyions d'abord en tête-à-tête ou estimez-vous préférable que Clara assiste à l'entretien ?

Dans l'attente de votre réponse, je vous prie d'agréer, Madame, l'expression de mes sentiments les meilleurs.

Psychologue scolaire

Information sur un problème touchant l'enfant

Madame,

Je ne voudrais pas intervenir dans vos rapports avec ma fille Anna, qui semblent lui être très profitables. Mais, au cas où elle ne l'aurait pas déjà fait elle-même, il me paraît nécessaire de vous informer d'un fait récent qui doit gravement la perturber.

En effet, son père a quitté la maison depuis lundi dernier, sans doute pour aller vivre avec une autre femme et il ne semble pas décidé à revenir. Anna, qui lui est très attachée, souffre beaucoup de son absence et du fait qu'il n'a même pas voulu lui parler au téléphone... Avec moi et en famille, elle réagit en s'enfermant dans le silence.

Je suis à votre disposition pour vous rencontrer si vous pensez que cela puisse vous aider.

Croyez, Madame, à l'assurance de ma considération distinguée.

Bourse, aide financière

Demande de bourse

Monsieur le Principal,

Pourriez-vous avoir l'amabilité de me faire parvenir un formulaire de demande de bourse pour ma fille Laetitia, inscrite en sixième dans votre établissement ?

La société dans laquelle je travaillais vient de déposer son bilan et je suis donc actuellement au chômage *[je suis actuellement en instance de divorce...]*. Étant donné les circonstances, j'espère que ma demande pourra encore être acceptée.

Veuillez agréer, Monsieur le Principal, l'assurance de ma considération distinguée.

> Les demandes de bourse doivent être faites à des dates précises.

Demande d'aide financière exceptionnelle

Confidentiel
Monsieur le Directeur *[Principal, Proviseur]*

Mon fils Pascal, élève de la classe de CP, aimerait beaucoup partir avec ses camarades en classe de neige. Ce séjour lui ferait le plus grand bien après la forte bronchite dont il a souffert ce trimestre.

Vivant seule et étant au chômage, je connais actuellement de graves difficultés financières.

> Vous pouvez ajouter : « Dans le cas d'une réponse positive, je souhaiterais que mon fils ignore ma démarche. »

J'ai toutefois réussi à réunir la somme de 107 euros, mais il me manque encore 76 euros. L'école dispose-t-elle d'une caisse de solidarité qui pourrait m'aider ?

Dans l'attente de votre réponse, je vous prie d'agréer, Monsieur le Directeur *[Principal, Proviseur]*, l'assurance de ma considération distinguée.

Examens

Demande d'autorisation de se présenter à la session de septembre

Monsieur le Recteur,

Ayant été gravement malade au mois de juin *[Par suite du décès de mon père...]*, je n'ai pas pu me présenter à la session de juin du baccalauréat, série scientifique.

Je souhaiterais donc, si cela est possible, que vous m'autorisiez à me présenter à la session de rattrapage de septembre.

Vous trouverez ci-joints ma convocation pour la session de juin et un certificat médical *[un extrait d'acte de décès de mon père...]*.

Je vous remercie de votre compréhension et vous prie d'agréer, Monsieur le Recteur, l'assurance de ma respectueuse considération.

> À envoyer avec une enveloppe timbrée à votre adresse pour la réponse.

Demande de communication de sa copie d'examen

Monsieur,

Ayant été refusé à l'examen du baccalauréat, je souhaiterais comprendre les raisons de mon échec.

C'est pourquoi je vous serais reconnaissant de bien vouloir me communiquer la *[les]* photocopie*[s]* de ma copie d'examen ou de me dire quand je peux venir la *[les]* consulter sur place.

> À envoyer avec une enveloppe timbrée à votre adresse pour la réponse.

VIE FAMILIALE

En vous remerciant, je vous prie d'agréer, Monsieur, l'assurance de mes sentiments distingués.

Inscriptions

> **Comment s'adresser aux chefs d'établissement ?**
>
> *Pour les crèches, maternelles et écoles primaires :*
> Monsieur le Directeur, Madame la Directrice.
>
> *Pour les collèges :*
> Monsieur le Principal, Madame le Principal (mais on peut aussi dire Madame la Principale). Ou Monsieur le Proviseur, Madame le Proviseur, si l'établissement regroupe à la fois collège et lycée.
>
> *Pour les lycées :*
> Monsieur le Proviseur, Madame le Proviseur (surtout pas Madame la Proviseuse).
>
> *Pour les universités :*
> Monsieur le Doyen, Madame le Doyen (surtout pas Madame la Doyenne).

> Vous pouvez aussi écrire : « Permettez-moi de solliciter une dérogation d'âge pour l'inscription de mon fils... »

Demande de passage dans le primaire avant l'âge requis

Madame la Directrice *[Monsieur l'Inspecteur]*,

Pourriez-vous avoir l'amabilité d'autoriser, dès la rentrée prochaine, le passage anticipé de mon fils Fabrice, né le 15 juin 1994, dans le primaire ?

Fabrice aura six ans au cours du troisième trimestre scolaire. Il a tiré beaucoup de profit de ses années de maternelle, est très sociable et sait déjà presque lire.

Son institutrice et moi craignons qu'il ne s'ennuie et ne se désintéresse de l'école s'il est obligé de rester encore une année en maternelle.

Vous trouverez ci-jointe la photocopie de son dossier.

Espérant vivement une réponse positive de votre part, je vous prie d'agréer, Madame la Directrice *[Monsieur l'Inspecteur]*, l'assurance de ma considération distinguée.

Demande d'inscription dans un établissement scolaire

Madame *[Monsieur]* le Proviseur,

Nous devons venir nous installer au cours de l'été à Montpellier, à proximité de votre lycée.

Je souhaiterais donc inscrire ma fille Anne dans votre établissement pour la prochaine rentrée scolaire.

Anne, née le 22 mai 1986, est en classe de troisième au collège Georges-Brassens (Paris XIXe) ; elle devrait sans problème passer en seconde. Elle fait de l'anglais en première langue et de l'espagnol en deuxième langue. Vous trouverez ci-jointes les photocopies de ses derniers bulletins scolaires.

Je reste à votre disposition pour vous fournir tous les renseignements complémentaires.

Dans l'attente de votre réponse, je vous prie d'agréer Madame *[Monsieur]* le Proviseur, l'expression de ma considération distinguée.

> Joignez une enveloppe timbrée pour la réponse.

Demande d'inscription dans une école d'un autre secteur

Madame la Directrice,

Vous serait-il possible d'inscrire ma fille Natacha Simon-Dupuy en classe de maternelle dans votre établissement à partir de la rentrée prochaine ?

Travaillant pour la société Cocair, 30, rue de Breteuil, donc à cinq minutes à pied de votre école *[En effet sa sœur est en seconde au lycée Lavoisier, juste à côté]*, je pourrais *[et elle pourrait…]* facilement accompagner et venir rechercher ma fille chaque jour. Si, en revanche, je dois l'inscrire dans l'école qui dépend de mon domicile, je serai obligée de la conduire à l'école une demi-heure à l'avance et ne pourrai venir la rechercher qu'une demi-heure après la fin des classes.

Espérant vivement une réponse positive de votre part, je vous prie d'agréer, Madame la Directrice, l'assurance de ma considération distinguée.

Demande d'inscription adressée au recteur d'Académie

Monsieur le Recteur,

Rentrant de l'étranger en décembre prochain, nous voulions inscrire nos deux enfants, Anne et Thierry, au lycée Montaigne, 24, rue Velin, à Montpellier. Or, ce lycée, par manque de place, a refusé notre demande.

Anne est en classe de seconde (anglais 1re langue, espagnol 2e langue) ; Thierry, en terminale S (anglais - allemand).

Pouvez-vous nous indiquer un lycée, pas trop éloigné, susceptible de les accueillir ?

Dans l'attente de votre réponse, je vous prie d'agréer, Monsieur le Recteur, l'assurance de ma considération distinguée.

Pour demander ce qu'on appelle « dérogation à la règle de l'affectation géographique », il faut remplir un formulaire. Mais vous pouvez joindre un mot pour appuyer votre demande.

Excuses et dispenses

> **Autorisation de sortie de l'établissement scolaire**
>
> Monsieur,
>
> J'autorise mon fils Amaury DURET, élève de 5e C, à sortir du collège pendant les heures de permanence.
>
> Nous habitons à cinq minutes à pied du collège, il pourra donc facilement rentrer chez lui, même pour une heure ou deux.
>
> Veuillez agréer, Monsieur, l'assurance de ma considération distinguée.

Excuse pour une longue absence pour cause de maladie

Monsieur le Principal,

Mon fils Grégory, élève de 6e B, souffre actuellement d'une hépatite virale qui ne lui permettra pas de revenir en classe avant trois semaines, soit le 25 avril. Veuillez, je vous prie, l'en excuser et trouver ci-joint le certificat médical.

Serait-il possible, afin qu'il ne prenne pas trop de retard, que ses professeurs lui transmettent les devoirs et les leçons les plus importants par l'intermédiaire de ses camarades ?

Vous en remerciant à l'avance, je vous prie d'agréer, Monsieur, l'assurance de ma considération distinguée.

Excuse pour annoncer une absence

Madame,

Ma fille Olivia, élève de CM2, ne pourra pas venir en classe le jeudi 12 octobre au matin, car elle doit assister à l'enterrement de son grand-père qui aura lieu à 10 heures.

Je vous prie donc de bien vouloir l'excuser pour son absence.

Recevez, Madame, l'assurance de ma considération distinguée.

VIE FAMILIALE

Excuse pour un devoir non fait

Monsieur,

Je vous prie de bien vouloir excuser mon fils Antoine qui n'a pas pu faire son devoir de calcul *[appris sa leçon d'histoire...]*.

Nous étions partis à la campagne pour assister au mariage de son cousin et nous sommes rentrés hier soir beaucoup plus tard que prévu. Antoine, qui n'avait pas fait son travail à l'avance, a été sévèrement grondé et nous veillerons à lui faire rattraper ce retard. Nous sommes sincèrement désolés de cet incident qui ne se renouvellera pas.

Veuillez agréer, Monsieur, mes salutations distinguées.

Demande de dispense d'éducation physique

Monsieur,

Mon fils Julien souffre d'un mal de dos chronique et le médecin lui a prescrit des séances de kinésithérapie. En revanche, il lui a interdit de suivre les cours d'éducation physique et sportive du collège.

Vous trouverez ci-joint un certificat médical.

[Ma fille Nathalie a souffert d'une grave indigestion cette nuit, aussi je vous prie de la dispenser pour aujourd'hui d'éducation physique.]

Veuillez agréer, Monsieur, mes salutations distinguées.

Exposés, dossiers

Demande de documents pour un exposé

> Donner le plus de précisions possible sur les documents que vous souhaitez obtenir.

Monsieur,

Élève de troisième au collège Charlemagne, je dois, à la demande de mon professeur, préparer un exposé *[faire un dossier]* sur « la mer et ses ressources ».

Disposez-vous de documents ou même de diapositives sur ces sujets ? Je suis particulièrement intéressé par des informations sur l'exploration des grands fonds et des volcans sous-marins. Si oui, pourriez-vous avoir l'amabilité de me les poster ou de m'indiquer quand je peux venir les chercher et à qui m'adresser ?

Vous remerciant de votre aide, je vous prie de croire, Monsieur, à mes sentiments respectueux.

Lettres aux enseignants

Mot d'explication sur des difficultés passagères de l'enfant

Madame,

Ma fille Élodie vient de perdre hier sa grand-mère, à laquelle elle était très attachée.

Je tenais à vous en informer afin que vous ne vous étonniez pas si elle est peu attentive en classe ces jours-ci, car elle est très affectée par ce décès.

Je vous remercie de votre compréhension et vous assure, Madame, de ma sincère gratitude.

Demande de rendez-vous avec un professeur

Monsieur,

Mon fils Bruno vient de me faire signer son dernier bulletin scolaire sur lequel vous signalez qu'il a peu de chances de passer dans la classe supérieure à moins de fournir un véritable effort.

Cela m'inquiète vivement et je souhaiterais en discuter de vive voix avec vous.

Vous serait-il possible de me fixer un rendez-vous, sans que cela vous dérange trop, le soir après 18 h 30 ou le samedi après 12 heures ? *[Je suis à votre disposition pour venir vous voir quand vous le désirez.]*

Dans l'attente de votre réponse, je vous prie d'agréer, Monsieur, l'assurance de ma considération distinguée.

VIE FAMILIALE

Demande d'explication sur la notation d'un devoir

Madame,

Mon fils Nicolas m'a montré hier soir le devoir que vous lui avez rendu. Malgré le corrigé donné en classe, il n'a toujours pas compris pourquoi vous lui aviez mis la note 3 et l'appréciation « à côté du sujet ».

Il est donc rentré totalement découragé, avec le sentiment d'être victime d'une injustice. Il s'était appliqué et croyait avoir bien compris le sujet. J'avoue moi-même ne pas saisir vraiment les raisons de votre notation et de vos commentaires…

Pourriez-vous avoir l'amabilité de revoir avec lui son devoir afin de lui expliquer ce qui n'allait pas ? Sinon, je crains qu'il ne se désintéresse de son travail au moment même où il fait des efforts !

Vous remerciant de votre compréhension, je vous prie de croire, Madame, à ma respectueuse considération.

> Écrivez le plus rapidement possible après la notation du devoir.

Remerciements à un enseignant par les parents

Chère Madame,

Anita a vraiment repris goût à l'école et s'y est beaucoup épanouie cette année. Nous savons bien, son père et moi, que c'est à vous qu'elle le doit et nous tenons à vous en remercier vivement.

Grâce à votre enthousiasme et à votre patience, vous avez su lui donner confiance en elle et lui transmettre le désir d'apprendre. Elle qui attendait des heures avant de faire ses devoirs et s'ennuyait toujours sait maintenant s'organiser, travailler rapidement et elle adore la lecture. Par ailleurs, elle est beaucoup plus gaie et s'est fait plusieurs très bon*[ne]*s ami*[e]*s.

Nous n'oublierons pas votre compétence, votre gentillesse et votre compréhension à son égard.

Merci encore et croyez, chère Madame, à notre profonde reconnaissance.

Remerciements à un professeur par son élève

Cher Monsieur,

Venant d'avoir les résultats du bac, je tiens à vous annoncer tout de suite que je suis reçu. *[Non seulement je suis reçu, mais j'ai obtenu la mention « assez bien » !]*

Vos cours passionnants et vos encouragements comptent pour beaucoup dans ma réussite.

Je voulais vous en remercier et vous dire que cette année restera marquée pour moi par le souvenir des cours de biologie.

Croyez, cher Monsieur, à toute ma reconnaissance et à mes sentiments respectueux.

> Vous pouvez également écrire :
> « Ce succès, je vous le dois. »

Cours particuliers

> **Paiement des cours particuliers**
> Mettez le chèque ou les billets sous enveloppe, accompagnés d'une carte de visite ou d'un petit mot sur lequel vous écrirez, par exemple :
> • En vous remerciant vivement de l'aide que vous apportez à Coralie.
> • Merci infiniment pour ces cours de français qui passionnent Pascal.
> • Avec tous mes remerciements et mes sentiments les meilleurs.

Demande de cours particuliers

Madame,

Ma fille Coralie vient de me montrer le devoir de mathématiques *[français...]* que vous lui avez rendu avec une très mauvaise note. Ce n'est malheureusement pas la première fois...

VIE FAMILIALE

En discutant avec elle, il apparaît qu'elle se sent totalement dépassée et incapable, même en travaillant, d'obtenir de meilleurs résultats. C'est pourquoi je me demande s'il ne serait pas souhaitable qu'elle prenne quelques cours particuliers pour la remettre à niveau.

Qu'en pensez-vous ? Vous serait-il possible de lui consacrer quelques heures ou bien pouvez-vous m'indiquer quelqu'un qui pourrait l'aider ?

Je me permettrai de vous téléphoner jeudi prochain, le 17 février, pour en discuter de vive voix avec vous. *[Me permettez-vous de vous téléphoner ? ou Puis-je vous téléphoner ?]*

Je vous remercie de l'intérêt que vous portez à vos élèves et vous prie de croire, Madame, à toute ma reconnaissance.

Petites annonces de cours particuliers

Offres de cours

Étudiant en licence de lettres modernes propose surveillance des devoirs et cours à domicile de la 6e à la terminale.
Tél. : 01 45 87 96 23. Laisser un message sur le répondeur en cas d'absence.

Étudiante en licence de mathématiques donne cours à domicile de la 6e à la terminale. Remise à niveau, préparation intensive au bac. Tél. : 03 85 97 54 63, de préférence après 20 heures (répondeur).

Demandes de cours

Cherche étudiant pour donner cours particuliers de mathématiques à élève de terminale S. Tél. : 05 56 98 58 85, après 19 heures.

Cherche étudiant(e) en philosophie (niveau licence ou maîtrise) pour donner cours à domicile à élève de terminale L immobilisé pendant un ou plusieurs mois, par suite d'un accident. Tél. : 02 96 32 24 15.

À publier dans la presse ou à déposer chez les commerçants.

Lettres aux proviseurs

Mise en garde à un directeur sur la circulation de drogue

Madame *[Monsieur]* le Proviseur,

Après en avoir parlé avec d'autres parents, nous avons décidé de vous écrire pour vous faire part de nos inquiétudes. En effet, le bruit circule qu'il existe un trafic de drogue à l'intérieur du lycée.

Nous espérons qu'il ne s'agit là que d'un faux bruit. Mais, étant donné la gravité d'une telle éventualité, nous souhaitons qu'une enquête soit menée au plus vite pour savoir si ces rumeurs sont ou non justifiées.

Vous remerciant de bien vouloir réagir rapidement, nous vous prions d'agréer, Madame *[Monsieur]* le Proviseur, l'assurance de notre respectueuse considération.

Pierre Marchand   Laure Murger

Critique d'un professeur auprès d'un proviseur

Monsieur le Proviseur,

Mon fils Adrien, élève de cinquième B, m'a appris en rentrant du collège que son professeur de mathématiques, M. Faber, à qui il avait répondu de façon insolente, lui avait répliqué : « Imbécile, bon à rien, tu finiras chômeur comme ton père. » (Propos confirmés par un camarade de classe.)

J'ai aussitôt réprimandé mon fils pour son insolence et lui ai demandé d'aller présenter ses excuses dès le prochain cours à son professeur. Mais il me paraît inadmissible que les enseignants perdent le contrôle d'eux-mêmes au point de tenir de tels propos, et en particulier de faire allusion à une situation familiale délicate. Je vous serais reconnaissant(e) de faire une remarque à M. Faber à ce sujet.

Je suis à votre disposition pour vous rencontrer ou rencontrer M. Faber si vous le désirez.

Veuillez agréer, Monsieur le Proviseur, l'assurance de ma considération distinguée.

Lettre à un proviseur pour l'avertir de racket

Monsieur le Proviseur,

Mon fils Julien, élève en classe de Seconde, me fait savoir qu'il fait l'objet, lui et plusieurs de ses collègues, de racket de la part d'élèves de Première, racket accompagné de brimades humiliantes. Il a ainsi été obligé de céder son blouson et sa calculette, sous menace de coups, menaces qui l'ont vraiment effrayé.

D'autres parents, à qui leurs enfants se sont également plaint, se joignent à moi pour confirmer ces pratiques de racket.

Ces faits sont graves et nous vous demandons de nous recevoir pour en parler et voir quelles mesures peuvent être prises pour rétablir au plus tôt une situation plus saine dans votre établissement.

Je vous remercie de bien vouloir réagir rapidement, et vous prie de recevoir, Monsieur le Principal, l'expression de ma considération distinguée.

Enseignement à distance

Demande d'adresses d'organismes d'enseignement à distance

> À envoyer en recommandé avec avis de réception.

Monsieur,

Ma fille, qui a obtenu le brevet des collèges l'année dernière et se trouve pour le moment immobilisée à la suite d'un accident, désirerait entreprendre des études d'informatique.

Pouvez-vous m'indiquer les différents organismes, publics ou privés, proposant un enseignement à distance conforme aux programmes officiels et qui lui permettraient d'obtenir un diplôme en 2 ans ?

Je vous remercie de ces renseignements et vous prie d'agréer, Monsieur, mes salutations distinguées.

Annulation d'un cours payant d'enseignement par correspondance

Monsieur le Directeur,

Le 25 août dernier, soit il y a moins de trois mois (dossier n°127), j'ai inscrit ma fille Odile Letellier à vos cours par correspondance. Après réflexion, je désire résilier ce contrat et vous prie donc de ne plus envoyer les cours.

Vous voudrez bien également me rembourser les sommes versées à l'avance lors de l'inscription, déduction faite de l'indemnité prévue en cas d'annulation et du montant correspondant aux cours déjà reçus.

Veuillez agréer, Monsieur le Directeur, l'expression de mes sentiments distingués.

Stages pour collégiens

Demande de stage en entreprise pour un collégien

Monsieur,

Mon fils Alexis, âgé de 14 ans et actuellement en classe de troisième au collège Pasteur, doit faire, à la demande de cet établissement, un stage en entreprise d'une durée de 15 jours du 1er au 15 mars.

Mon fils étant passionné par le commerce, et souhaitant entrer plus tard dans une école de commerce, je me demandais si vous accepteriez de le prendre dans votre entreprise pour la durée de ce stage.

Alexis est très ouvert et il est également précis et organisé.

VIE FAMILIALE

Il doit pouvoir vous aider aussi bien dans les contacts avec la clientèle que dans les différents travaux de bureau.

Espérant que vous voudrez bien examiner sa candidature, je vous prie d'agréer, Monsieur, l'expression de mes sentiments distingués.

Demande de stage pour sa fille à une amie

Chère Marie,

Anne, actuellement en classe de troisième, doit faire, à la demande de son collège, un stage de deux semaines en entreprise durant la première quinzaine de février.

Tu sais peut-être qu'elle a envie de s'orienter plus tard vers le journalisme. C'est pourquoi je me demandais si ton journal accepterait de la prendre en stage. Elle se ferait ainsi une idée plus concrète de son futur métier.

Anne est travailleuse, organisée et pourrait vous rendre toutes sortes de petits services.

Si ce n'est pas possible, pourrais-tu éventuellement m'indiquer d'autres pistes ?

Merci d'avance. Mille amitiés.

Remerciements des parents pour un stage

Chère Marie,

Merci infiniment d'être ainsi intervenue pour permettre à Anne de faire un stage dans ton journal. Bien que courte, l'expérience a été extrêmement intéressante. Anne a ainsi pu se rendre compte de la complexité du métier de la presse et elle a beaucoup apprécié l'ambiance qui règne au sein de votre équipe.

J'espère qu'elle ne vous a pas trop dérangés, car elle m'a dit que vous aviez eu la gentillesse de lui faire découvrir les différents services du journal.

Merci encore. Bien à toi.

Remerciements pour un stage

Chère Madame,

Grâce à vous, j'ai pu faire un stage passionnant et découvrir ce métier de journaliste qui me faisait rêver. La réalité m'est apparue beaucoup plus compliquée que je ne l'imaginais. Je ne me rendais pas compte de l'importance du travail d'équipe ni de celle des recherches documentaires préparatoires nécessaires à la réalisation d'un journal. J'ai aussi beaucoup apprécié de pouvoir assister à des séances de sélection de photos.

Vous trouverez ci-jointe une photocopie du mémoire de stage que j'ai rendu au collège. J'espère qu'il reflète mon enthousiasme et montre bien les différents aspects du métier.

En vous remerciant infiniment, je vous prie de croire, Madame, à mes respectueux sentiments.

Écoles, concours

Demande de renseignements sur une école de formation professionnelle

Monsieur le Directeur,

Ma fille Élodie, âgée de 16 ans, doit passer cette année le brevet des collèges et aimerait par la suite poursuivre des études de puériculture *[d'informatique, de secrétariat...]*. Elle a entendu parler de votre établissement par ses professeurs et souhaiterait s'y inscrire.

Je vous serais donc reconnaissant*[e]* de me fournir quelques précisions sur votre école.
- Quelles sont les conditions d'admission ?
- Quelle est la durée des études ?
- Y a-t-il des stages obligatoires ?
- Quel est le coût des études ?
- Existe-t-il des possibilités de bourse ?

- Quels sont les débouchés offerts aux élèves à la sortie de l'école ?
- Disposez-vous d'un service de placement pour les anciens élèves ?

Je vous remercie vivement de bien vouloir me répondre et espère avoir bientôt l'occasion de vous rencontrer.

Veuillez agréer, Monsieur le Directeur, l'expression de mes sentiments distingués.

Demande de renseignements sur un concours de la fonction publique

Monsieur,

J'ai lu dans « Sur les traces du panda » – la lettre du Fonds mondial pour la nature – qu'il existait un nouveau concours pour devenir garde-moniteur dans les parcs régionaux ou nationaux.

Ayant obtenu le brevet des collèges l'année dernière et étant passionné par la faune et la flore, j'aimerais me présenter à ce concours. Pouvez-vous m'indiquer quelles sont les conditions d'inscription, les dates du concours et le programme des épreuves ?

Où et quand faut-il venir chercher le dossier de candidature ? Quelle est la date limite d'inscription ?

Vous remerciant à l'avance de votre réponse, je vous prie de croire, Monsieur, à l'assurance de mes sentiments distingués.

Vacances (centres et organismes de)

Demande de renseignements à un club de vacances sportives

Monsieur,

Mon amie, Mme Benot, m'a recommandé votre club que son fils Alain connaît et dont il est revenu ravi l'été dernier. J'aimerais inscrire ma fille Odile, âgée de 17 ans, à un stage d'initiation à la voile pour les vacances de Pâques.

Pourriez-vous m'envoyer une documentation sur les activités proposées ainsi que les conditions d'inscription et le prix du séjour, et me donner, en particulier, des informations sur les dates de stage, les types de bateaux, la formation des moniteurs et le mode d'hébergement.

Vous en remerciant à l'avance, je vous prie d'agréer, Monsieur, mes salutations distinguées.

Demande de renseignements à un organisme de séjours linguistiques

Monsieur,

Je voudrais envoyer mon fils Éric, âgé de 14 ans, un mois en Angleterre cet été. Voudriez-vous me faire parvenir une documentation sur les différents types de séjours linguistiques que vous proposez dans ce pays ainsi que les conditions d'inscription.

A priori, je préférerais un échange plutôt qu'un séjour en hôte payant. Et je souhaiterais également que mon fils suive des cours d'anglais plusieurs heures par jour.

Dans l'attente de votre réponse, je vous prie d'agréer, Monsieur, l'expression de mes sentiments distingués.

VIE FAMILIALE

Demande de précisions à un organisme de vacances

Madame,

J'ai bien reçu la documentation que vous m'avez envoyée sur les séjours linguistiques en Angleterre.

Je serais éventuellement intéressée par un séjour en juillet dans une famille anglaise pour ma fille âgée de 14 ans. Mais, avant de me décider, j'aimerais que vous me donniez quelques précisions complémentaires.

– Pouvez-vous m'assurer que la famille d'accueil comportera bien une jeune fille à peu près du même âge que la mienne ? Que cette famille aura le temps de s'occuper d'elle et de lui faire visiter sa région ? En d'autres termes, pouvez-vous m'assurer que tous les loisirs ne se passeront pas devant la télévision ?

– Y aura-t-il d'autres hôtes étrangers en séjour pendant la même période ? Si oui, combien et de quelle*[s]* nationalité*[s]* ?

Vous remerciant de bien vouloir répondre à mes questions, je vous prie d'agréer, Madame, mes salutations distinguées.

> C'est dans une seconde lettre que vous demanderez plus de détails.

Renseignements sur l'enfant adressés au directeur d'un centre

Monsieur le Directeur,

Vous trouverez ci-joint le dossier d'inscription de mon fils Marc dans votre centre de vacances.

J'en profite pour vous signaler – à titre confidentiel – que Marc, qui vient d'avoir 10 ans, n'est encore jamais parti en vacances sans ses parents ou ses grands-parents. Il est un peu timide et angoissé, ce qui se manifeste parfois par un « pipi au lit ». Cela arrive cependant très rarement. Si c'était le cas, il ne faudrait surtout pas que ses moniteurs y fassent allusion devant ses camarades !

De toute façon, Marc est ravi de partir et le fait d'être au bord de la mer avec des camarades de son âge lui fera sans doute le plus grand bien.

En vous remerciant de votre attention, je vous prie d'agréer, Monsieur le Directeur, mes salutations distinguées.

Lettre d'accompagnement d'un dossier médical

Monsieur le Directeur,

Vous trouverez ci-joint le dossier médical de ma fille Marie-Françoise Debout.

Je me permets d'attirer votre attention, et celle des moniteurs, sur les nombreuses allergies dont souffre Marie-Françoise. En effet, si ma fille reste longtemps au soleil, elle risque d'avoir un œdème important. Elle est généralement très prudente, mais pourrait se laisser entraîner par ses camarades. Je lui ai préparé une trousse à pharmacie avec tout ce qu'il faut pour la soigner dans ce cas. Par ailleurs, si Marie-Françoise est piquée par une guêpe, elle doit prendre aussitôt un antihistaminique.

Avec mes remerciements, je vous prie de croire, Monsieur le Directeur, à mes sentiments les meilleurs.

Lettre signalant au directeur d'un centre la tristesse de l'enfant

Madame,

Ma fille Nathalie, actuellement en séjour chez vous, m'écrit des lettres un peu désespérées... Elle me dit que ses camarades la tiennent à l'écart et que, chaque fois qu'elle veut participer à un jeu, elle a, me dit-elle, l'impression d'être « en trop ».

Je ne sais pas si les moniteurs se rendent compte de son état, car elle fait souvent semblant d'aller bien et n'exprime pas beaucoup ses sentiments. Pourraient-ils surveiller d'un peu plus près son comportement et essayer, si elle a vraiment du mal à s'intégrer, d'en parler avec elle ?

Vous remerciant de votre compréhension et de celle de vos moniteurs, je vous prie d'agréer, Madame, l'assurance de ma considération distinguée.

Demande de changement de famille au cours d'un séjour linguistique

Monsieur le Directeur,

Mon fils Christian vient de m'écrire pour me dire à quel point il s'ennuie dans la famille d'accueil où il se trouve. Celle-ci ne correspond d'ailleurs en rien à ce que vous m'aviez annoncé.

Vous m'aviez promis qu'il y aurait des jeunes de son âge : or, cette famille comporte seulement deux enfants de un et trois ans. Mon fils a quinze ans et ce ne sont pour lui ni des camarades de jeu ni même des enfants avec qui pratiquer son anglais...

Quant aux parents, ils sont peut-être gentils mais semblent totalement débordés.

Dans ces conditions, vous comprendrez mon mécontentement et mon inquiétude pour mon fils, isolé dans une maison en pleine campagne. Je vous demande donc de lui trouver une autre famille d'accueil dans laquelle il y ait des jeunes de son âge.

Je compte sur vous pour agir au plus vite et vous prie d'agréer, Monsieur le Directeur, l'expression de mes sentiments distingués.

travail et emploi

page **129 Emploi et formation**
page **167 Relations du travail**

Emploi et formation

129 Apprentissage
    131 Demande de placement en apprentissage
    131 Demande d'inscription dans un centre de formation des apprentis

132 Recherche d'emploi
    132 Petites annonces de demande d'emploi

133 Curriculum vitae
    133 Comment rédiger « son » CV ?
    134 Que mettre dans son CV ?

138 Modèles de curriculum vitae
    138 Candidat ayant connu une longue période d'inactivité et bénéficié d'une formation continue
    140 Candidat dépourvu de diplôme et ayant une petite expérience professionnelle
    141 Jeune diplômé : brevet de technicien supérieur
    142 Jeune diplômée : école de commerce
    144 Candidat ayant une double compétence et des « trous » dans son CV
    146 Autodidacte ayant gravi les échelons dans une même entreprise

148 Lettre de candidature
    148 Quelques conseils
    149 Candidature spontanée
    149 Réponse à une annonce

150 Modèles de lettres de candidature
150 Réponse à une annonce (infirmière)
151 Réponse à une annonce (chef de produit)
152 Réponse à une annonce (juriste)
153 Candidature spontanée (secrétariat à mi-temps, travailleur handicapé)
154 Candidature spontanée (édition multimédia)

155 Recherche de stage
155 Recherche de stage en entreprise

156 Modèles de demandes de stage
156 CV et demande de stage dans le cadre d'une préparation à un CAP
158 CV et lettre pour une demande de stage dans le cadre d'un contrat de qualification (assistante marketing)
160 CV et lettre pour une demande de stage dans le cadre d'un cycle de formation professionnelle en alternance (comptabilité)
162 CV et lettre pour une demande de service national à l'étranger
164 Demande de service national en entreprise (à l'étranger)

165 Recommandation
165 Confirmation d'une demande de recommandation
165 Lettre de recommandation
166 Remerciements pour une recommandation

Apprentissage

Demande de placement en apprentissage

Monsieur,

Terminant à la fin de cette année sa 3ᵉ au collège Blaise-Pascal de Bourguignon, mon fils Pierre, âgé de 15 ans, souhaite apprendre le métier de boulanger. Vous trouverez ci-jointes les photocopies de ses bulletins scolaires.

Votre entreprise est-elle bien agréée par le comité départemental de la formation professionnelle ? Accepteriez-vous de l'engager comme apprenti ?

Si mon fils entre en apprentissage chez vous, je l'inscrirai, comme il est obligatoire de le faire, au centre de formation des apprentis situé à Troyes.

Espérant vivement une réponse favorable de votre part, je vous prie d'agréer, Monsieur, l'expression de ma considération distinguée.

Demande d'inscription dans un centre de formation des apprentis

Monsieur le Directeur,

Ma fille Annick a été acceptée comme apprentie dans l'entreprise de boulangerie Paquet agréée par le comité départemental de la formation professionnelle.

Pouvez-vous m'envoyer les formulaires nécessaires et m'indiquer les pièces à fournir pour l'inscrire dans votre centre de formation des apprentis ?

Dans l'attente de votre réponse, je vous prie d'agréer, Monsieur le Directeur, l'assurance de ma considération distinguée.

Recherche d'emploi

Petites annonces de demande d'emploi

Facturière sur informatique,
création, suivi et relance clients.
Plus de 5 ans d'expér. professionnelle
rech. emploi durable. Région lyonnaise
le soir après 20 heures
Tél. : 04 69 15 45 85

Opérateur PAO
(connaissances en maquette)
parfaite maîtrise de
X PRESS
ILLUSTRATOR
PHOTOSHOP
cherche place stable
Tél. : 01 45 58 98 25

J.H. 28 ans
CAP Restauration
Expér., réf. contrôlables
rech. pl. BARMAN ou CHEF de RANG
Tél. : 01 41 58 96 26

Couple gardien retraité
assure remplacement imm.
période de congés juin/août
Région méditerranéenne
Réf. contrôlables
Tél. : 02 43 25 69 78 H. repas

J.H. Électricien P3
polyvalent, bricoleur
Rech. place Paris Banlieue
Tél. : 01 43 05 44 55

Les petites annonces sont à faire passer dans la presse ou à afficher.

TRAVAIL ET EMPLOI

Curriculum vitae

Comment rédiger « son » CV ?

Le CV, ou curriculum vitae (expression latine signifiant « carrière de la vie »), donne une première image d'un candidat. Il doit refléter sa personnalité, mettre en valeur son expérience et ses compétences en fonction de l'emploi et de l'entreprise visés. D'où l'importance de sa présentation et du choix des informations qu'il regroupe.

Une présentation claire, soignée et classique
• Le CV sera toujours dactylographié, sans aucune rature ni correction manuscrite. Il peut être éventuellement photocopié si la photocopie est de belle qualité.
• Les rubriques seront bien cadrées, bien alignées, séparées au minimum par un double interligne.
• À moins de chercher un emploi dans un domaine créatif, évitez la trop grande originalité (qui risquerait d'agacer le recruteur et de faire écarter votre candidature). Utilisez de préférence une feuille blanche de format standard (21 x 29,7), d'un papier suffisamment épais (80 grammes), et n'écrivez que d'un côté.
• Les traitements de texte permettent de jolies présentations. Mais contentez-vous de deux ou trois types de caractères, en gras, en italique ou soulignés si nécessaire.

Un ordre logique
• Un jeune diplômé adoptera l'ordre chronologique et mettra sa formation en avant. Une personne ayant déjà une longue carrière aura plutôt intérêt à adopter l'ordre chronologique inversé : en commençant par l'emploi le plus récent pour finir par les plus anciens. Quelqu'un ayant cumulé des expériences diverses regroupera celles-ci par thèmes. Mais, quel que soit l'ordre retenu, il devra être très clair pour que le recruteur s'y retrouve facilement.

Une orthographe impeccable
- Attention à l'orthographe, y compris celle des noms propres, mais aussi à la ponctuation et à l'emploi des majuscules. Faites relire votre CV par des amis ou des relations compétents en la matière.

Un style bref, simple, agréable à lire
- Un CV doit être court, facile à parcourir. L'important doit sauter aux yeux. Les recruteurs ont souvent des centaines de CV à lire... Une page (si vous avez peu d'expérience) ou deux, c'est le maximum.
- Évitez les énumérations inutiles, les allusions à votre vie privée... N'écrivez pas non plus en style télégraphique. Le CV doit se lire agréablement.
- Évitez d'écrire à la 1re personne.

Une image de soi positive et personnelle
- Mettez en valeur vos points forts. Inutile d'indiquer que vous avez échoué à un examen, que vous êtes au chômage ou en instance de divorce si on ne vous le demande pas précisément. Mais ne mentez jamais.
- Votre CV doit refléter votre personnalité. Ne recopiez surtout pas un modèle : construisez votre CV à vous, unique, adapté à l'emploi que vous visez. Ne vous montrez pas non plus trop prétentieux, trop catégorique, trop battant...

Que mettre dans son CV ?

Fiche d'identité : ne mettez pas de titre
- Indiquez en haut de la première page : votre prénom suivi de votre nom en majuscule, votre adresse, le[s] numéro[s] de téléphone et éventuellement de fax au[x]quel[s] on peut vous joindre, votre âge et/ou votre année de naissance.
- Vous pouvez aussi ajouter, si cela vous paraît utile, votre nationalité, votre situation de famille (marié, divorcé, célibataire, vie maritale), le nombre et l'âge de vos enfants. Les jeunes gens devront souvent préciser s'ils ont effectué leur

service national. Vous pouvez également indiquer DOM (dégagé des obligations militaires).

Accroche : un moyen rapide de vous situer
• Placée juste au-dessous de la fiche d'identité, l'accroche sert à vous définir en quelques mots ou à attirer l'attention sur des compétences rares :
– Vendeuse trilingue : chinois, japonais, français
– Expérience : 5 ans chargée de communication
– Poste recherché : directeur commercial
– Jeune diplômée de HEC
– Emploi recherché : secrétariat-accueil à mi-temps
– Mon objectif : redresser une PME dans le secteur du bâtiment.

Formation : ne développez pas inutilement
• Si vous n'avez pas de diplôme, indiquez votre niveau de fin d'études.
• Si vous avez obtenu des diplômes, mentionnez les plus élevés et leur date d'obtention. Si vous avez un BTS, inutile de parler du brevet des collèges. Si vous avez une maîtrise, inutile de parler du DEUG. En revanche, une math sup, une math spé, une hypokhâgne et une khâgne sont des « plus ». Et il est d'usage d'indiquer l'année du bac et, éventuellement, la mention obtenue. Pour les études supérieures, précisez la spécialisation, le sujet de maîtrise, de diplôme et de thèse.

Langues et informatique
• Peuvent faire l'objet d'une sous-rubrique de « Formation » ou de rubrique*[s]* indépendante*[s]*.
• Indiquez votre niveau de maîtrise des langues, de préférence par les termes « notions », « courant », « bilingue », plutôt que « lu », « écrit », « parlé ». Spécifiez, le cas échéant, si vous avez fait de longs séjours à l'étranger ou si vous avez travaillé en utilisant une langue étrangère.
• Précisez les logiciels que vous savez utiliser : Word, XPress, Excel, etc.

Expérience professionnelle

- Un bon CV doit être simple, renvoyer une image de stabilité et d'esprit de décision. Mieux vaut supprimer certaines expériences, ou les regrouper par thèmes, que de donner le sentiment d'éparpillement. Sélectionnez les informations en relation avec l'emploi et l'entreprise que vous visez.
- Indiquez avec précision les postes occupés, la durée, le nom de l'entreprise (inutile de mentionner son adresse surtout quand c'est une entreprise connue) et, si nécessaire, son secteur d'activité, son chiffre d'affaires, etc.
- Faites ressortir les actions menées et les résultats obtenus de façon concrète et objective. Illustrez-les, si possible, par des éléments chiffrés.
- Soyez concis : ne consacrez pas plus de cinq lignes par poste.

Autres activités ou centres d'intérêt

- Cette rubrique permet de mettre en relief un certain aspect de votre personnalité, tel que l'esprit d'équipe, le sens de l'initiative, l'endurance... Mais elle n'offre d'intérêt que si vous pouvez faire preuve d'une démarche approfondie et/ou originale.
- Inutile d'insister sur votre goût pour la lecture, le cinéma ou les voyages. La plupart des candidats peuvent en dire autant. En revanche, indiquez si vous avez effectué un voyage de plusieurs mois seul*[e]* à 18 ans, si vous vous êtes arrêté*[e]* de travailler pendant un an pour faire du bénévolat auprès de personnes âgées, si vous pratiquez des sports collectifs ou si vous jouez un rôle actif dans une association...
- Stages, jobs d'été, activités d'attente. Sous l'un de ces intitulés vous pourrez éventuellement mentionner des activités témoignant de votre dynamisme, surtout si vous postulez pour un premier emploi ou si vous avez des « trous » dans votre CV.

Ce qu'il vaut mieux éviter

- Rémunération : ne mentionnez pas sur votre CV vos prétentions. C'est une question qu'il vaut mieux aborder lors de l'entretien d'embauche. Si, toutefois, le recruteur vous demande expressément d'indiquer votre rémunération actuelle, n'essayez pas de tricher.

• Références : ne les donnez pas sur le CV, mais plutôt lors de l'entretien. Il est préférable en effet de profiter de l'entretien pour évoquer le nom des personnes avec qui vous avez travaillé et qui pourraient témoigner de vos compétences.

Photo d'identité

• Facultative, sauf si on vous la demande, la photo permet au recruteur de se souvenir du candidat. Elle sera toujours souriante (autant donner envie de travailler avec vous), de bonne qualité, d'un format d'identité (pas de photo de vacances...). Vous la collerez (pas d'agrafe) en haut à droite du CV. Si vous photocopiez un CV avec une photo, faites une photocopie laser.

Modèles de curriculum vitae

**Candidat ayant connu
une longue période d'inactivité
et bénéficié d'une formation continue**

Françoise Benoit
28, rue Blanche
13000 Marseille
33 ans
Tél. : 04 91 98 75 69
Mariée, 2 enfants

Emploi recherché : gestion des stocks

Formation continue
1999-2000 Stage d'agent professionnel du magasinage - IFTIM Marseille
850 heures, dont 250 en entreprise
- Gestion informatisée des stocks
- Préparation des commandes
- Fonction magasinage

Stage en entreprise : Padric (Marseille), fabricant de vêtements, 80 personnes
- Saisie informatique - Préparation de commandes et ordonnancement

Formation initiale
1986   Diplôme de responsable de petites et moyennes collectivités
1984   BEPC

Expérience professionnelle
1988-1991   Maison de retraite Soleio (Cassis)
70 personnes

              Adjointe du responsable du service économat
              Participation à diverses tâches :
- gestion du budget restauration et entretien,
- choix des fournisseurs,
- répartition des tâches du personnel du service.

1987-1998   École maternelle Jules-Ferry (Vitrolles) :
              Assistante de l'économe
- accueil des fournisseurs
- suivi administratif et comptable

Autres activités

1992-1998   Éducation de mes enfants
              Fondation et animation d'un club de bébés nageurs

Divers

Permis cariste
Brevet national de secourisme

Candidat dépourvu de diplôme et ayant une petite expérience professionnelle

Laure Etriche
Résidence du Large
5, rue des Pins
29000 Brest
Tél. : 02 98 25 98 87
26 ans
Vie maritale, 1 enfant en nourrice

Agent de conditionnement
5 années de travail dans la même usine

Expérience professionnelle

1997-2000	Marinos France, Brest - Conserverie Travail à la chaîne à un rythme soutenu : approvisionnement, élimination des produits défectueux, contrôle des dates de péremption, filmage et étiquetage.
1996-1997	Gam, Quimper - Biscuiterie Manutention, préparation des palettes, entretien des machines et des locaux.

Études
Niveau BEPC
Niveau CAP couture

Divers
Championne départementale de basket (1995)

Jeune diplômé : brevet de technicien supérieur

Dominique Vrins
4, boulevard Diderot
66000 Perpignan
Né le 12 octobre 1977, 23 ans
Tél. : 04 68 80 21 45
Célibataire - DOM

Formation
1999   BTS Mise en œuvre des matières plastiques
1997   Bac F1 Mécanique générale
Spécialisations   Transformation des matières plastiques
                Mouliste
                DAO (Microcad)
                Tourneur-fraiseur : commande numérique, électroérosion

Expérience professionnelle
1998   **Plastex**, Perpignan (66000), 120 personnes
Stage de trois mois sous la direction du chef du bureau d'études
- étude sur le polystyrène expansé : établissement des paramètres de réglage et détermination du pourcentage d'erreurs lors de l'expansion
- pratique du moulage

1997   **Garage Vertou,** Tressere (66300)
Stage de deux mois comme assistant du chef-mécanicien. Restauration de voitures de collection

1996   **Loca-cycles**, St-Cyprien-Plage (66200)
Stage de trois mois au service entretien des motos en location

Divers
Modélisme : construction de maquettes de bateaux

Sports
Tennis

Jeune diplômée : école de commerce

Dominique Damien
45, boulevard Hoche
59000 LILLE
Tél. : 03 20 75 98 61

24 ans (née le 10/11/76)
Célibataire
Française

Formation

1995-1998	Diplôme EDHEC (École des hautes études commerciales) à Lille Option finance
1993-1995	Préparation au lycée Lakanal, Sceaux
1993	Baccalauréat C (option internationale). Mention assez bien

Langues   Grec : bilingue (langue maternelle)
Anglais : courant (deux ans aux États-Unis)
Espagnol : notions

Informatique   Utilisation de Word, Excel, Lotus

Expérience professionnelle

1998-2000	**CRÉDIT DE FRANCE, Athènes** • Financements de projets : étude de faisabilité, analyse des risques et mise au point du montage financier (ingénierie financière) de différents projets d'infrastructure touristique • Analyse financière de bilans d'entreprises conditionnant l'octroi de crédits 16 mois : CSNE (coopérant du service national en entreprise)
1997	**BROTHERS & CO, Paris** • Participation à une étude sur les transports en Europe réalisée pour la Commission européenne : rassemblement de données, analyse et contacts avec les clients Participation à des études sur la stratégie des sociétés d'assurance SECUR et GARANT 3 mois

1996	**BANQUE DE PARIS,** **Capital Market, New York,** salle des Marchés
	• Réalisation d'une étude sur la possibilité de développer des options de change sur une nouvelle devise
	• Conception et réalisation de lettres d'information hebdomadaires destinées à la clientèle
	2 mois et demi
1995	**PYRAX,** Paris, Trésorerie et services financiers
	• Gestion informatique de la dette Pyrax
	• Étude des actions Pyrax et concurrents
	1 mois

Autres activités

Divers	Aide à la gestion de l'association d'aide au développement « Mali Renouveau » Participation à un chantier de deux mois au Mali en 1995

Candidat ayant une double compétence et des « trous » dans son CV

Agnès GROS
3, rue du Vieux-Pont
63300 Thiers
Tél. : 04 73 25 98 87

COMPTABILITÉ ET SECRÉTARIAT
9 ANS D'EXPÉRIENCE

Expérience professionnelle
- Comptabilité
  - Gestion de trésorerie
  - Tenue de la comptabilité
  - Facturation
  - Mise en place d'une comptabilité analytique
  - Établissement des bulletins de paie
  - Déclarations sociales et fiscales
- Secrétariat
  - Saisie de courrier et de documents divers
  - Préparation et comptes rendus de réunions
  - Réception des appels téléphoniques, prise de rendez-vous
  - Accueil des clients et visiteurs
  - Organisation des déplacements
  - Négociations avec les agences de voyages
  - Revue de presse

Dans les entreprises et organismes ci-dessous,
de 1980 à 2000 :
Direction de l'équipement de la Région du Centre,
Clermont-Ferrand : 35 personnes
Assurances ROYER,
Clermont-Ferrand : délégation régionale, 12 personnes
PARINA SA, Toulouse :
entreprise de service informatique, 25 personnes
Canam, intérim, Clermont-Ferrand :

imprimerie Lenoir, Le Puy SARL, Faribot SA, Actor France
Fast Interim, Thiers :
Manufactor SA, Cabor France, Fédération des mutuelles de France

FORMATION

Formation continue
1994-1997   Diplôme préparatoire aux études comptables et financières
1992-1993   Stages de perfectionnement aux outils bureautiques, CCI Thiers
            Deux fois 5 semaines

Formation initiale
1980   Brevet de technicien supérieur
            (action commerciale)
1979   Baccalauréat (techniques administratives)

Connaissances informatiques
Utilisation de **Word, Excel, Multiplan, Ciel Compta** (sur PC et Mac)

Langues
Anglais : courant
Allemand : notions

Informations personnelles
39 ans
Divorcée, un enfant (18 ans)

Autodidacte ayant gravi les échelons dans une même entreprise

Pierre CAMOIS
5, rue de Montmirail
26200 Montélimar
Tél. : 04 75 98 54 78 (d)
Tél. : 04 75 68 56 56 (b)
Fax : 04 75 98 14 12

45 ans
marié, 2 enfants adultes

25 ans d'EXPÉRIENCE DANS LE BÂTIMENT
1977-2002 Société PIERIC - Montélimar
Entreprise 4 étoiles, spécialisée dans le négoce
et la pose de la pierre
80 personnes
Chiffre d'affaires en 2002 : 10,5 M€

1995-2002 Directeur commercial
- Promotion d'une politique de grands chantiers
  et d'opérations prestigieuses en France :
  Futuroscope de Poitiers (10 MF),
  Corum de Montpellier (30 MF),
  Théâtre de Nîmes (20 MF), etc.
- Négociation et signature des premiers marchés français
  soumis à une concurrence européenne : Euro Land
  (deux hôtels de 15 MF chacun)
  Diversification et développement des marchés conquis
  Augmentation de la marge dégagée (+ 25 %)

1991-1995 Responsable d'exploitation
- Supervision des premiers grands chantiers à l'étranger :
  métro du Caire (12 MF),
  hôtels Shetor à Abu Dhabi (9 MF),
  Ipotel à Dubayy (7 MF)
- Responsable de la stratégie commerciale pour l'export
  en collaboration avec le PDG
  Recherche et négociation de marchés dans les Émirats

1983-1991 Conducteur de travaux
- Suivi des travaux, gestion des chantiers, du personnel et de la logistique
- Coordination de corps d'état secondaires
Suivi de chantiers de SCI, de collectivités locales et de réalisations de prestige
- Mise en place à mon initiative de nouvelles méthodes de rémunération des ouvriers et de gestion des coûts ; introduction d'un système de primes indexées sur le rendement

1977-1983 Métreur
- Travail au bureau d'études : métrés et analyse des prix

FORMATION

BTS de métreur, lycée technique Dupleix
Formation continue :   stages à la Chambre de commerce et d'industrie de Montélimar, section bâtiment
1992 - les techniques d'encadrement
1995 - la gestion des PME
Anglais courant : un an en Angleterre en 1973-1974
Arabe : notions

AUTRES ACTIVITÉS

Depuis 1989   Examinateur au lycée technique Dupleix dans la discipline « pierre »
Loisirs : escalade, violoncelle

Lettre de candidature

Quelques conseils

La lettre de candidature, qu'elle soit spontanée ou en réponse à une annonce, doit, comme le CV, être aussi soignée dans sa présentation que dans son contenu.
Elle doit éviter les formules inutiles telles que « je sollicite par la présente », « j'ai l'honneur », « à la recherche d'un emploi, je me permets de vous adresser ma candidature »...

Agréable à lire, propre et sans fioritures
- La lettre d'accompagnement doit tenir en une page.
- Elle doit être manuscrite (le recruteur l'exige parfois) ou dactylographiée. Toujours signée à la main. Jamais photocopiée.
- Sans aucune rature. Écrite avec soin sur du papier blanc uni de qualité supérieure (format 21 x 29,7 ; 80 grammes), au stylo ou, éventuellement, au feutre, à l'encre bleue ou noire. Jamais au crayon à bille.
- Attention aux fautes d'orthographe : faites-vous relire !
- Faites des phrases courtes et claires, des paragraphes séparés par un interligne à chaque changement d'idée.

Offrez vos services, n'implorez pas un emploi
Plus personnalisée que le CV, la lettre d'accompagnement doit dire en quelques lignes ce que vous pouvez apporter à l'entreprise.
- Montrez la connaissance que vous avez de la société donnée et les raisons pour lesquelles vous avez envie d'y travailler.
- Résumez votre parcours en quelques mots, en mettant en avant les responsabilités que vous avez assumées.
- Évoquez vos qualités de façon précise et détournée. Dites « mes études de droit m'ont apporté de la rigueur » plutôt que d'affirmer « je suis rigoureux[se] ».
- Concluez en offrant vos services et en montrant en quoi ils peuvent être utiles à l'entreprise.

Évitez la naïveté, les évidences, la trop grande insistance

• N'essayez pas d'avoir l'air « battant » à tout prix. Ne dévoilez pas non plus vos faiblesses. Ne dites ni « je vous assure que je suis le meilleur », ni « étant au chômage, je serais ravi si ma candidature pouvait retenir votre attention ».

• Éliminez les évidences du genre « je suis prêt à m'engager totalement dans les tâches que vous voudrez bien me confier » (heureusement !).

• Sollicitez un entretien, mais n'essayez pas de forcer la main. Mieux vaut terminer votre lettre par « je reste à votre disposition pour tout entretien » plutôt que par « dans l'attente de vous rencontrer ».

Candidature spontanée

• Adressez votre lettre au directeur des ressources humaines, au directeur du département qui vous intéresse, voire au chef d'entreprise s'il s'agit d'une PME-PMI (un coup de téléphone à la société en question vous permettra de connaître le nom de la personne à qui adresser votre courrier).

• Adaptez le texte de votre lettre à chaque entreprise, en expliquant bien en quoi vos compétences peuvent être utiles à cette entreprise donnée (à moins que pour un premier poste vous ne fassiez un « mailing »).

• Ne dites surtout pas que vous êtes prêt à faire n'importe quoi. Donnez une idée assez précise de ce que vous voulez faire et du *[des]* poste*[s]* qui vous intéresse*[nt]*. Ne confondez pas employeur et orientateur professionnel.

Réponse à une annonce

• N'oubliez pas de rappeler la référence de l'annonce.

• Expliquez en quoi cette annonce vous a attiré, en quoi vous vous y êtes reconnu. Si, par exemple, on demande une personne bilingue, parlez de votre expérience des langues. À vous de faire ressortir ce qui, dans votre parcours ou votre formation, répond aux exigences exprimées dans l'annonce.

Modèles de lettres de candidature

Réponse à une annonce

Marie Durand
Cité Maurice-Thorez
33130 Bègles
Tél. : 05 56 89 87 96

La Maison-Blanche
14, rue de Londres
17000 Royan

Réf. : 745 85/IDE

Bègles, le 17 mars 2000

Monsieur le Directeur,

Votre maison de repos pour enfants recherche une infirmière et je suis très intéressée par ce poste. Infirmière diplômée d'État, je travaille depuis deux ans dans une clinique esthétique, à Bordeaux. Mais, en réalité, je préférerais soigner des enfants. J'ai déjà eu souvent l'occasion de m'occuper d'enfants en tant qu'animatrice de centres de vacances (je suis titulaire du brevet d'aptitude aux fonctions d'animateur. Je joins à ma lettre mon curriculum vitae).

Je suis célibataire, donc totalement disponible, et serais très heureuse de venir à Royan dans les conditions que vous proposez.

Espérant que ma candidature retiendra votre attention, je vous prie d'agréer, Monsieur le Directeur, l'expression de mes sentiments distingués.

Marie Durand

Réponse à une annonce

Laurence Dupois
28, rue Molière
94120 Villejuif
Tél. : 01 47 23 64 89

Le 14 février 2000

Référence : SRG-CP

Madame,

Chef de produit depuis près de trois ans chez Sander, je suis vivement intéressée par le poste de chef de produits France et International chez Nipodor pour lequel vous avez fait paraître une annonce dans *le Courrier* du 12 février.

Diplômée de l'INALCO (Institut national des langues et civilisations orientales) et de l'ISG (Institut supérieur de gestion), je pourrais mettre au service de votre société à la fois ma connaissance du japonais et mon expérience du marketing.

Mes activités chez Sander m'ont amenée à élaborer et à mettre en œuvre des plans marketing, à organiser et à gérer des opérations promotionnelles, à lancer de nouveaux produits puis à assumer la responsabilité du suivi des ventes et de la gestion des budgets.

Trilingue et m'intéressant beaucoup à l'art japonais, j'ai aussi une assez bonne connaissance de l'informatique ainsi qu'une grande capacité de dynamisme et de travail.

Vous trouverez ci-joint mon CV. Je me tiens à votre disposition pour tout entretien que vous voudrez bien m'accorder.

En espérant vivement pouvoir vous rencontrer bientôt, je vous prie d'agréer, Madame, l'expression de mes sentiments distingués.

Laurence Dupois

> Écrivez le plus rapidement possible après la parution de l'annonce.

Réponse à une annonce

Claude Vertou
12, rue des Entrepreneurs
89000 Avallon
Tél. : 03 86 58 78 95

Votre réf. : 14. 119. 01 Poste : 49 28
À l'attention de M. Frédéric Coufard

Cabinet Page
3, boulevard Jouffroy
31250 Toulouse

Toulouse, le 13 janvier 2000

Monsieur,

Juriste, spécialisé en droit des affaires, j'ai acquis durant cinq ans au sein des laboratoires Clichy une expérience du droit pharmaceutique, du droit de la concurrence et de la consommation. C'est pourquoi je suis extrêmement intéressé par votre annonce citée en référence.

Je serais très désireux d'apporter à un groupe de dimension internationale ma connaissance de la réglementation en France et à l'étranger. L'esprit d'équipe que j'ai développé au cours de mes activités extraprofessionnelles sera un atout supplémentaire pour assurer le rôle de conseil auprès des dirigeants de vos filiales.

Je parle couramment l'anglais et serais ravi d'effectuer de nombreux déplacements à l'étranger.

Souhaitant vous convaincre de ma motivation et de mes compétences, je reste à votre disposition pour vous rencontrer à votre convenance.

Veuillez agréer, Monsieur, l'assurance de mes sentiments respectueux.

Claude Vertou

Candidature spontanée

Anne Fantour
3, cité Cellier
71000 Le Creusot
Tél. : 03 85 32 54 89

                            Société Marie
                 Direction des ressources humaines
                           4, rue des Alouettes
                              71000 Le Creusot

                              Le 17 novembre 2000

Objet : candidature pour un poste de secrétariat à mi-temps
(« travailleur handicapé »)

Monsieur,

    Dix ans de pratique du secrétariat au sein d'un service du personnel puis dans un secrétariat médical ont développé mon sens de la rigueur et du contact. Ces expériences successives m'ont également permis de témoigner de ma facilité d'adaptation.

    Aujourd'hui, je souhaiterais vivement mettre mes compétences au service de votre société, réputée pour son sérieux et son dynamisme.

    Je vous précise que je voudrais travailler à mi-temps et que je suis officiellement reconnue en qualité de « travailleur handicapé » (luxation des hanches, station debout pénible).

    Vous trouverez ci-joints mon curriculum vitae et la photocopie de ma carte d'invalidité. Je reste à votre disposition pour vous fournir tous renseignements complémentaires et pour vous rencontrer si vous le désirez.

    Vous remerciant de l'attention que vous voudrez bien accorder à ma candidature, je vous prie d'agréer, Monsieur, l'expression de mes sentiments distingués.

                                            Anne Fantour

> Mettez en avant les caractéristiques permettant l'obtention d'une subvention par l'entreprise : travailleur handicapé, contrat initiative emploi, etc.

Candidature spontanée

David Alexander
c/o Fabrice Renot
10, avenue d'Italie
75013 Paris
Tél. : 01 44 25 85 22

Paris, le 25 juin 2000

Info-Temps
5, rue de Vienne
69210 Lyon

À l'attention du Directeur des ressources humaines

Monsieur,

L'annonce par la presse de la création d'un département multimédia au sein de votre société a retenu toute mon attention et m'incite à vous présenter ma candidature.

De nationalité américaine, mais de langue maternelle française, doté d'une formation à la fois informatique et historique, je suis depuis trois ans chef de projet au sein du groupe Rommer, deuxième éditeur américain de CD-ROM.

J'ai toujours été passionné par les ouvrages historiques d'Info-Temps, dont le renom est grand des deux côtés de l'Atlantique. C'est pourquoi je serais très motivé pour rejoindre votre équipe et vous aider à relever le défi consistant à développer les nouveaux médias éditoriaux.

Vous pouvez me joindre à l'adresse ci-dessus durant tout le mois de juillet. Je me tiens à votre disposition pour vous fournir de vive voix toutes les informations complémentaires et venir vous rencontrer à votre convenance.

Veuillez agréer, Monsieur, l'expression de mes sentiments distingués.

David Alexander

Recherche de stage

Recherche de stage en entreprise

Le curriculum vitae
• Même s'il est plus court que le CV destiné à la recherche d'emploi, il doit être aussi soigné.
• Indiquez avec précision votre formation : école, années d'études, spécialisation ou option, stages déjà effectués. Vous pouvez aussi mentionner les « jobs ».

La lettre d'accompagnement

• La lettre d'accompagnement doit être aussi soignée que la lettre de candidature pour la recherche d'emploi.
• Insistez sur votre envie de travailler dans l'entreprise donnée et sur ce que vous pouvez lui apporter plutôt que sur le caractère obligatoire de votre stage.
• Écrivez plutôt « stage conventionné » ou « stage dans le cadre d'un contrat de qualification » (ce qui correspond à des facilités financières pour l'entreprise) que « stage obligatoire ».
• Précisez la durée, les dates et le thème du stage demandé. Indiquez dans quel service vous souhaitez faire votre stage et le genre de mission que vous pourriez y remplir.
• Si le stage peut ne pas être rémunéré, précisez-le.

NB - Joignez éventuellement la photocopie d'autres documents permettant de bien situer votre stage : le descriptif (mission, durée et période, modalités pratiques, exemples...) défini par l'école ou le calendrier pédagogique établi par l'organisme de formation.

TRAVAIL ET EMPLOI

Modèles de demande de stage

CV et demande de stage dans le cadre d'une préparation à un CAP

Pauline Vatel
10, rue de Paris
94227 Charenton   20 ans
Tél. : 01 46 89 75 65 (rép.)   célibataire

FORMATION
1997-1999   Préparation du CAP petite enfance
            Cours par correspondance de France Cours,
            69814 Tassin-la-Demi-Lune
1994-1995   Niveau CAP de cuisine
            Apprentissage de la cuisine chez un traiteur :
            M. Renou, 35, place du Marché,
            Nogent (94130)

EXPÉRIENCE PROFESSIONNELLE
1993-1996   Employée au pair dans une famille de trois
            enfants âgés de 6 mois à 6 ans. J'accompagne
            les enfants à la crèche et à l'école, et vais les
            y rechercher, je leur donne le bain, le goûter
            et le repas du soir, je lave et repasse leur linge,
            range leurs chambres. À plusieurs reprises, les
            parents m'ont confié la responsabilité totale de
            leurs enfants pendant plusieurs jours de suite.
            M. et Mme Dupuis,
            25, rue de Paris, 94227 Charenton,
            Tél. : 01 46 56 89 28, après 18 heures.

AUTRES ACTIVITÉS
Chant choral
Basket

156

Pauline Vatel
10, rue de Paris
94227 Charenton
Tél. : 01 46 89 75 65

                    Madame la Directrice de l'école maternelle
                                 90, rue des Amandiers
                                     94227 Charenton

                    Charenton, le 10 janvier 2000

Madame la Directrice,

    Étant en deuxième année de préparation au certificat d'aptitude professionnelle petite enfance, j'aimerais beaucoup effectuer un stage dans votre école maternelle.

    Il s'agit là d'un stage conventionné dans le cadre des cours par correspondance de France Cours (établissement d'enseignement privé soumis au contrôle pédagogique de l'État). Ce stage doit durer de quatre à huit semaines et se situer entre décembre et février. Il pourra être rémunéré ou non, en fonction de vos possibilités et de l'aide que vous estimerez que je vous aurai apportée.

    Je travaille actuellement au pair dans une famille de trois enfants (deux filles de 6 mois et 3 ans, un garçon de 6 ans) où j'ai découvert ma passion pour les tout-petits. J'adore inventer des jeux avec eux, leur apprendre des chansons, leur faire faire des travaux manuels. Et je serais ravie de passer du stade familial à celui de la collectivité.

    Vous trouverez ci-joints un bref curriculum vitae ainsi que la photocopie de la fiche d'information sur les stages du CAP petite enfance.

    Restant à votre entière disposition pour vous rencontrer, je vous prie d'agréer, Madame la Directrice, l'expression de mes sentiments distingués.

                                          Pauline Vatel

> Relisez soigneusement votre curriculum vitae avant de l'envoyer.

CV et lettre pour une demande de stage dans le cadre d'un contrat de qualification

Agnès Papin
5, rue de Belle-Île
35000 Rennes Née le 30/11/78 (22 ans)
Tél. : 02 99 58 87 74 Célibataire

Stage recherché : assistante marketing direct
dans le cadre d'un contrat de qualification de 12 mois

FORMATION
2000 Préparation d'un DTA de marketing direct, université de Rennes
1999 BTS d'action commerciale
1997 Baccalauréat G3

LANGUES/CONNAISSANCES INFORMATIQUES
Anglais : notions
Espagnol : courant
Utilisation des logiciels Word, Write, Excel

STAGES
1998 3 mois : **magasin Super**, Cancale
- vente
- organisation de journées de promotion commerciale
- inventaire
- passation de commande

1998 2 mois : **Éditions Natura**, Rennes
- création et gestion d'un mailing
- prospection commerciale

1997 2 mois : **Clim Rev'**, entreprise de climatisation, Rennes
- marketing téléphonique

AUTRES EXPÉRIENCES
1999 2 mois : **Burger**, Rennes - Vendeuse
1997 1 mois : **librairie La Bretagne**, Cancale - Vendeuse

DIVERS
Animation d'un club de danses folkloriques

Demande de stage

Agnès Papin
5, rue de Belle-Île
35000 Rennes
Tél. : 02 99 58 87 74

À l'attention de Madame Laure Picot
La Lisière
8, rue des Sables
35000 Rennes

Le 3 septembre 2000

Madame,

Titulaire d'un BTS d'action commerciale, inscrite à l'université de Rennes pour un DTA (diplôme de technologie approfondie) de marketing direct, j'aimerais vivement effectuer un stage dans votre service de vente par correspondance.

Je connais en effet la qualité de vos produits et serais très motivée pour les promouvoir.

Ce stage entre dans le cadre d'un contrat de qualification de 12 mois en alternance et devrait commencer autour du 24 novembre 2000.

Vous trouverez ci-joint mon curriculum vitae. Je reste à votre disposition pour vous rencontrer et vous fournir tous renseignements complémentaires.

En vous remerciant à l'avance de bien vouloir examiner ma demande, je vous prie d'agréer, Madame, l'expression de mes sentiments distingués.

Agnès Papin

> Les réponses aux demandes de stage sont parfois longues à venir.

CV et lettre pour une demande de stage dans le cadre d'un cycle de formation professionnelle en alternance

Nicolas Pertin
3, impasse Moderne
91210 Évry 32 ans
Tél. : 01 38 95 87 45 (répondeur) Vie maritale, un enfant

Formation
1998-1999 **TOGE** - Technicien en organisation et gestion d'entreprise (comptabilité/informatique)
1995-1996 Technicien audiovisuel, Angers
1985 BEP d'agent administratif

Expérience professionnelle
1995-1997 **SAUMUR IMAGES**, société de production d'audiovisuels, Saumur, 10 personnes
ASSISTANT puis CHARGÉ DE PRODUCTION
- Élaboration du budget de sept audiovisuels (20 000 F à 100 000 F chacun)
- Établissement des dossiers financiers correspondants
- Gestion du budget de tournage

1991-1995 **SEGYL**, producteur de semences, Angers
1995-1991 **MMF** (Maison moderne française), vente de mobilier sur catalogue, Le Mans
SECRÉTAIRE ADMINISTRATIF
- Réorganisation du service
- Contrôle et gestion des factures
- Saisie des commandes

Autres informations
Utilisation courante des logiciels suivants :
XPress, Illustrator 3.2, Excel, SAARI
Langues : assez bonnes notions d'anglais et d'espagnol
Trésorier de l'association des parents d'élèves du lycée Pasteur

160

Demande de stage

Nicolas Pertin
3, impasse Moderne
91210 Évry
Tél. : 01 38 95 87 45

Monsieur André Tarfet
Directeur des ressources humaines
Melville
12, rue de Montreuil
75011 Paris

Le 28 février 2000

Monsieur,

À la suite de mon appel téléphonique de ce matin, je vous confirme mon souhait de m'intégrer dans votre équipe comptable dans le cadre d'un cycle de formation professionnelle en alternance organisé par l'IFoCoP (institut dépendant du ministère du Commerce et de l'Artisanat).

Mes expériences de secrétaire administratif et de chargé de production ont développé mon sens de l'organisation et de la responsabilité. Elles m'ont amené à aborder concrètement divers problèmes de gestion. La formation TOGE (technicien en organisation et gestion d'entreprise) que je suis actuellement me permet de renforcer et de compléter mes connaissances en ce domaine.

J'aimerais aujourd'hui mettre mon expérience et mes compétences à votre service, et me voir confier une mission de gestion comptable, financière, budgétaire ou de gestion des stocks.

Vous trouverez ci-joints mon curriculum vitae et le calendrier pédagogique de la formation TOGE.

Restant à votre disposition pour vous fournir tout autre renseignement et vous rencontrer à votre convenance, je vous prie d'agréer, Monsieur, l'expression de ma considération distinguée.

Nicolas Pertin

CV et lettre pour une demande de service national à l'étranger

Paul Dupont
Résidence des Élèves
Chambre 227
École des Mines de Nancy
54000 Nancy
Tél. : 03 83 97 55 22   Âge : 23 ans (15 mai 1977)

OBJECTIF : CSNE (coopérant du service national en entreprise) commençant entre juillet et octobre

ÉTUDES
1996-2000	Élève à l'**École des Mines de Nancy** Option conception innovation
1994-1996	Mathématiques supérieures et spéciales (section M') au lycée Condorcet de Toulouse.
1994	Baccalauréat section C, mention Bien.

EXPÉRIENCE PROFESSIONNELLE
2000	Stage de 4 mois pour **ORDI** et le **laboratoire de Production des Mines de Nancy**. Évaluation d'un nouveau logiciel de reconnaissance automatique, de mise en gamme et de planification d'un atelier.
1998-1999	Stage de 9 mois chez **MOTOR** (Automotive Operations) à **Detroit, États-Unis**. • Calcul par éléments finis et test en laboratoire de la résistance de pièces de suspension. • Développement à mon initiative d'une interface entre Nastran et un post-processeur (HyperMesh) permettant une meilleure interprétation des résultats.
1996	Stage de 2 mois à **Échappement Industrie**, Strasbourg. Étude du bruit engendré par la sortie des gaz d'échappement (étude théorique puis développement d'un logiciel en Fortran sur SUN).

1995   Stage de 2 mois chez **RUBBER & Co** (fabricant de supports de moteur) à Ann Harbour, Michigan, États-Unis.
　　　　　　• Étude d'un poste de travail.
　　　　　　• Réalisation sur Excel d'un logiciel de gestion des stocks pour un atelier.

LANGUES
Anglais : bilingue (séjours et stages aux États-Unis : plus de 18 mois).
Espagnol : courant.
Allemand : notions.

INFORMATIQUE
Langages : C++, Pascal, Fortran.
Logiciels : Excel (macros), Word Windows, Euclid, Nastran, PDGS…

AUTRES ACTIVITÉS
1998-2000   Projet d'option : étude par éléments finis d'une structure de pilier de pont pour Praxis au sein d'une équipe de quatre élèves.
1997-1998   Membre du bureau du club de football. Responsable de l'organisation du tournoi inter-écoles (budget annuel de 200 000 francs).

Loisirs :   Football.
　　　　　　Voile (compétitions : Spi Ouest 97 et 98).
　　　　　　Bridge (tournois).

Paul Dupont
Résidence des Élèves
Chambre 227
École des Mines de Nancy
54000 Nancy
Tél. : 03 83 97 55 22

> Monsieur Patrice Bertau
> Autora
> 92, rue Jean-Sapidus
> 67000 Strasbourg

Nancy, le 18 octobre 2000

Monsieur,

Élève de troisième année à l'École des Mines de Nancy, j'ai été très intéressé par la présentation d'Autora faite sur le campus le 5 mai dernier. J'ai bien noté, également, que votre société offrait un certain nombre de postes de CSNE.

Passionné par l'industrie automobile, j'ai effectué tous mes stages dans ce secteur, dont en particulier un stage de neuf mois chez Motor, aux États-Unis, où j'ai pu mettre à l'épreuve avec succès mes connaissances techniques et informatiques.

C'est pourquoi j'aimerais accomplir mon service national en tant que coopérant dans l'une de vos filiales en Angleterre ou en Espagne, de préférence dans la production ou le développement.

Vous trouverez ci-joint mon dossier de candidature.

Vous remerciant de l'attention que vous voudrez bien lui porter, je vous prie d'agréer, Monsieur, l'expression de ma considération distinguée.

Paul Dupont

Recommandation

Confirmation d'une demande de recommandation

Cher Monsieur,

Comme convenu lors de notre conversation téléphonique de ce jour, je vous adresse mon curriculum vitae afin que vous puissiez parler de moi à votre ami Pierre Granet.

Le 15 octobre, j'ai adressé une candidature spontanée au directeur des ressources humaines *[à Madame Reseni, responsable des stages...]*, mais elle est malheureusement restée sans réponse. Je vous en joins la photocopie.

Vous savez à quel point j'aimerais travailler dans cette entreprise à la pointe de la recherche pétrolière *[j'aimerais faire un stage dans cette chaîne hôtelière réputée pour son organisation...]*.

En vous remerciant à l'avance de l'aide que vous pourrez m'apporter, je vous prie de croire, cher Monsieur, à mes sentiments respectueux *[à mon très amical souvenir]*.

Lettre de recommandation

Mon cher Patrick,

Un ancien camarade de l'École hôtelière, François Tarnot, est venu m'exposer son problème, et j'ai pensé que tu pourrais accepter de le recevoir.

Depuis 1990, année où il a quitté le groupe Bacbel, il a géré un petit restaurant dans la région lyonnaise, le Régal, à Vienne. Et il y a très bien réussi.

Malheureusement, le propriétaire a vendu à des Japonais avec qui François Tarnot n'a pu s'entendre, car ils avaient une conception trop différente de la restauration.

Aujourd'hui, il cherche à reprendre la gérance d'un café-bar ou d'un restaurant. Et, le connaissant, je sais que ceux qui lui feront confiance ne seront pas déçus.

Peux-tu lui accorder un entretien ?

> La personne recommandée écrira une lettre de remerciements pour la recommandation.

Merci d'avance de ce que tu pourras faire pour l'aider. Et crois à mon meilleur souvenir.

Remerciements pour une recommandation

Cher Monsieur,

Je vous remercie beaucoup de votre intervention auprès de M. Castet. Grâce à vous, nous avons eu un entretien très cordial. Il m'a dit que, pour le moment, il n'avait pas de postes disponibles, sauf en Espagne (or je ne parle pas espagnol). Mais il m'a affirmé qu'il était très intéressé par ma candidature et qu'il me rappellerait dès que possible.

En vous remerciant encore de l'aide que vous m'avez si gentiment et si efficacement apportée, je vous prie de croire, cher Monsieur, à ma respectueuse considération *[mes sentiments les meilleurs]*.

Relations du travail

170 **Certificat de travail**
- 170 Certificat de travail
- 170 Demande de certificat de travail ou d'attestation d'emploi

171 **Congés pour motifs personnels**
- 171 Demande de congé d'adoption
- 171 Demande de congé parental d'éducation (avec résiliation du contrat de travail)
- 172 Demande de congé parental d'éducation (avec suspension du contrat de travail)
- 172 Demande de congé parental d'éducation à temps partiel
- 173 Demande de prolongation de congé parental d'éducation
- 173 Demande de congé de formation
- 174 Demande de congé pour création d'entreprise
- 174 Demande de prolongation de congé pour création d'entreprise
- 175 Demande de rupture du contrat de travail à la fin du congé pour création d'entreprise
- 175 Demande de congé sabbatique

176 **Contrat à durée déterminée**
- 176 Demande de non-renouvellement d'un contrat à durée déterminée

176 **Déclaration de maternité**
- 176 Déclaration de maternité à l'employeur

177 **Démission**
- 177 Lettre officielle de démission d'un employé
- 177 Retrait de démission
- 178 Démission avec demande de dispense d'effectuer un préavis
- 178 Demande de raccourcissement du préavis

179 Horaires et conditions de travail
- 179 Demande de modification des horaires de travail
- 179 Demande d'amélioration des conditions de travail

180 Inspection du travail, conseil de prud'hommes
- 180 Demande d'intervention de l'Inspection du travail pour obliger l'employeur à appliquer la réglementation
- 181 Demande d'intervention de l'Inspection du travail en cas de licenciement abusif
- 181 Contestation d'un licenciement auprès du conseil de prud'hommes
- 182 Plainte pour harcèlement sexuel

183 Licenciement
- 183 Convocation à un entretien préalable à un licenciement pour faute grave
- 183 Lettre de licenciement pour faute grave
- 184 Demande d'explication sur les motifs d'un licenciement
- 184 Annulation d'un licenciement pour raison de grossesse

185 Mutation
- 185 Demande de mutation adressée à l'employeur par le salarié
- 185 Refus par le salarié d'une mutation proposée par l'employeur

186 Promotion
- 186 Demande de promotion par suite d'une nouvelle qualification

186 Reçu pour solde de tout compte
- 186 Solde de tout compte
- 187 Contestation du reçu pour solde de tout compte

188 Réintégration, réembauchage

    188 Demande de réintégration après un congé parental d'éducation
    188 Demande de réintégration en cours de congé parental d'éducation
    189 Demande de réintégration à la fin du congé pour création d'entreprise
    189 Demande de réembauchage en priorité à la fin du congé parental d'éducation
    190 Demande de réembauchage en priorité après un licenciement pour motif économique

191 Salaire

    191 Demande d'augmentation de salaire
    191 Réclamation pour une erreur constatée sur le bulletin de paie
    192 Réclamation du paiement des heures supplémentaires

Certificat de travail

Certificat de travail

Je soussigné*[e]* M. *[Mme]* Dominique Trémois, demeurant 12, avenue du Général-Leclerc, à Paris (75014), certifie avoir employé Mlle Isabelle Dupin, demeurant 14, rue d'Urselles, à Paris (75017), immatriculée à la Sécurité sociale sous le n° 2 75 03 63 113 107, du 1er juin 1989 au 31 juillet 1991 en qualité d'aide familiale.

[Elle a toujours fait preuve d'efficacité et d'une grande gentillesse avec les enfants.]

Fait à Paris, le 31 juillet 1991.

[signature]

> L'employeur ne doit exprimer aucun avis critique.

Demande de certificat de travail ou d'attestation d'emploi

Monsieur,

Au moment de mon départ de votre société, on ne m'a pas délivré de certificat de travail. Puis-je venir le chercher au plus vite, ou auriez-vous l'amabilité de me l'envoyer en recommandé avec avis de réception ?

Je vous rappelle que j'ai été employé chez vous en tant que vendeur *[manutentionnaire, comptable...]* du 1er juin 1992 au 31 décembre 1993.

[Pouvez-vous avoir l'amabilité de me fournir une attestation d'emploi, en précisant la date de mon arrivée dans votre société ainsi que ma qualification, ma rémunération...]

En vous remerciant de bien vouloir me répondre rapidement, je vous prie d'agréer, Monsieur, mes salutations distinguées.

> L'employeur n'est pas tenu de vous adresser le certificat par La Poste ; c'est normalement à vous d'aller le chercher.

Congés pour motifs personnels

Demande de congé d'adoption

Monsieur,

Le service départemental d'aide sociale à l'enfance doit nous confier une petite fille en vue de son adoption.

Je vous prie donc de bien vouloir m'accorder le congé d'adoption prévu par la loi. *[Ma femme ayant renoncé à son droit, je vous prie de bien vouloir m'accorder le congé d'adoption prévu par la loi.]* L'enfant arrivera dans notre foyer le 10 mars prochain, je serai donc absente *[absent]* du ... au ...

Vous trouverez ci-jointe une attestation du placement de l'enfant dans notre foyer en vue de son adoption.

Veuillez agréer, Monsieur, l'expression de mes sentiments distingués.

> À envoyer en recommandé avec avis de réception.

Demande de congé parental d'éducation (avec résiliation du contrat de travail)

Monsieur le Directeur,

Désireux*[se]* de m'occuper personnellement de ma fille née *[adoptée]* le 15 avril dernier, je souhaite bénéficier du congé parental d'éducation prévu par la loi.

Étant salarié*[e]* dans votre entreprise depuis moins d'un an, je vous demande donc de bien vouloir résilier mon contrat de travail *[dès la fin de mon congé de maternité, ou dès la fin de mon congé d'adoption, soit]* à partir du 12 mai, sans que j'aie à respecter le délai de préavis.

Vous trouverez ci-joint un extrait d'acte de naissance de mon enfant *[l'attestation de placement de l'enfant dans notre foyer]*.

Veuillez agréer, Monsieur le Directeur, l'assurance de ma considération distinguée.

> À envoyer en recommandé avec avis de réception en respectant le délai prévu.

Demande de congé parental d'éducation (avec suspension du contrat de travail)

Monsieur [le Directeur],

Actuellement en congé de maternité [d'adoption], je souhaite bénéficier dès la fin de celui-ci, soit le 12 mai prochain, d'un congé parental d'éducation d'un an, ainsi que le prévoit la loi.

[Désireux de m'occuper personnellement de l'éducation de mon enfant, je souhaite bénéficier à partir du 30 juin prochain d'un congé parental d'éducation d'un an comme le prévoit la loi.]

Espérant que vous n'y verrez pas d'inconvénient, je vous prie d'agréer, Monsieur [le Directeur], l'expression de mes sentiments distingués.

Demande de congé parental d'éducation à temps partiel

Monsieur [le Directeur],

Actuellement en congé de maternité [d'adoption], je souhaite bénéficier dès la fin de celui-ci, soit le 12 mai prochain, d'une réduction de mes horaires de travail, ainsi que le prévoit la loi.

[Désireux de m'occuper personnellement de l'éducation de notre enfant, je souhaite bénéficier à partir du 30 juin prochain d'une réduction de mes horaires de travail, ainsi que le prévoit la loi.]

Je désirerais ne travailler que 20 heures par semaine pendant un an, de préférence le matin [Je souhaiterais ne pas travailler le mercredi, ou J'aimerais avoir un horaire continu pour pouvoir partir tous les soirs à 17 heures pour reprendre mon bébé chez la nourrice...].

J'espère que vous n'y verrez pas d'inconvénient, mais je suis à votre disposition pour en discuter avec vous. Je vous prie d'agréer, Monsieur [le Directeur], l'expression de mes sentiments distingués.

À envoyer en recommandé avec avis de réception, en respectant le délai prévu. Joignez, si vous ne l'avez pas encore fait, un extrait d'acte de naissance ou une attestation de placement en vue d'adoption.

Demande de prolongation de congé parental d'éducation

Monsieur [le Directeur],

Le congé parental d'éducation dont je bénéficie depuis le 12 mai dernier doit prendre fin dans un mois, soit le 11 mai prochain.

Désireuse [Désireux] de continuer à m'occuper de mon [mes] enfant[s], j'ai l'intention de renouveler ce congé pour un an. [Mais je souhaite revenir travailler à temps partiel, soit trois jours par semaine, ou Mais je souhaite prendre ce congé à temps complet et ne plus travailler à temps partiel...]

Restant à votre disposition pour un éventuel entretien, je vous prie d'agréer, Monsieur [le Directeur], l'expression de mes sentiments distingués.

> À envoyer en recommandé avec avis de réception, en respectant le délai prévu.

Demande de congé de formation

Monsieur [le Directeur],

Je serais très désireux de suivre une formation aux techniques de vente à l'exportation [une formation pour l'obtention du diplôme d'études comptables et financières...] à l'Institut d'administration des entreprises de Nice [au Centre d'études comptables de Bruxelles...].

Je pense que cette formation, qui améliorera mes compétences, sera également profitable à l'entreprise.

Je vous serais donc reconnaissant[e] de bien vouloir m'accorder un congé individuel de formation, ainsi que le prévoit la loi.

Les cours débuteront le 15 septembre et dureront jusqu'au 30 juin. Ils ont lieu de 9 heures à 11 heures. [Le stage à plein temps débutera le 1er janvier et durera jusqu'au 30 juin.]

Espérant vivement une réponse positive de votre part, je vous prie d'agréer, Monsieur [le Directeur], l'expression de mes sentiments distingués.

> À envoyer en recommandé avec avis de réception, en respectant le délai prévu.

Demande de congé pour création d'entreprise

Monsieur *[le Directeur]*,

Vous serait-il possible de m'accorder un congé légal d'un an pour la création d'entreprise, et ce à compter du 30 juillet prochain ?

J'ai en effet l'intention de créer *[reprendre]* une société de portage de repas à domicile *[de fabrication de fleurs artificielles, d'importation de rotin...]*.

Je reste à votre disposition pour vous fournir des informations complémentaires ou envisager avec vous un report de la date de départ en congé si vous le jugiez préférable pour l'entreprise.

Dans l'attente de votre réponse, je vous prie d'agréer, Monsieur *[le Directeur]*, l'expression de ma considération distinguée.

À envoyer en recommandé avec avis de réception. Attention à respecter le délai prévu pour la demande.

Demande de prolongation de congé pour création d'entreprise

Monsieur *[le Directeur]*,

Je suis depuis le 30 juillet dernier en congé afin de créer *[reprendre]* une société de portage de repas à domicile *[de fabrication de fleurs artificielles...]*.

Les perspectives semblent intéressantes, mais l'entreprise connaît encore des difficultés de développement. Il me faut donc un certain temps avant de pouvoir m'assurer de sa rentabilité. *[Les premiers résultats semblent prometteurs et je viens de signer plusieurs contrats qui me laissent espérer que l'entreprise pourra se développer comme je le souhaite. Mais, étant donné le contexte économique, la situation reste encore très fragile]*.

C'est pourquoi je vous serais reconnaissant*[e]* de bien vouloir m'accorder une prolongation de congé d'une année.

Vous remerciant de votre compréhension, je vous prie d'agréer, Monsieur *[le Directeur]*, l'expression de mes sentiments distingués.

À envoyer en recommandé avec avis de réception. Attention à respecter le délai prévu pour la demande.

Demande de rupture du contrat de travail à la fin du congé pour création d'entreprise

Monsieur [le Directeur],

Je suis depuis le 30 juillet dernier en congé afin de créer [reprendre] une société de portage de repas à domicile [de fabrication de fleurs artificielles...].

Cette entreprise connaît désormais une expansion suffisante pour que je décide de m'y consacrer définitivement.

Je vous informe donc de mon intention de rompre mon contrat de travail. Vous voudrez bien, en conséquence, me délivrer un certificat de travail et me verser les sommes qui me seraient éventuellement dues.

[Ce n'est pas sans regret que je quitte une maison dans laquelle j'ai fait mes premières années de carrière, mais vous comprendrez la satisfaction que j'éprouve à créer ma propre entreprise.]

Veuillez agréer, Monsieur [le Directeur], l'expression de ma considération distinguée [l'expression de mon meilleur souvenir].

> À envoyer en recommandé avec avis de réception.

Demande de congé sabbatique

Monsieur [le Directeur],

Désireux de réaliser un ouvrage photographique sur le flamenco [de tourner un long métrage en Afrique, d'entreprendre la rénovation de la maison que j'ai achetée dans le Var], je souhaiterais que vous m'accordiez un congé sabbatique d'une durée de 6 mois, du 1er septembre 1999 au 1er mars 2000.

Je reste à votre disposition pour vous fournir tous renseignements complémentaires [pour envisager avec vous une autre période pour ce congé si vous le jugiez préférable pour l'entreprise].

Dans l'attente de votre réponse, je vous prie d'agréer, Monsieur [le Directeur], l'expression de mes sentiments distingués.

> À envoyer en recommandé avec avis de réception. Si vous ne désirez pas expliquer vos raisons, écrivez : « Pour convenances personnelles ».

Contrat à durée déterminée

Demande de non-renouvellement d'un contrat à durée déterminée

Monsieur [le Directeur],

Le contrat à durée déterminée que j'ai signé le 30 juin dernier prévoyait la possibilité d'un renouvellement.

Je vous informe que je ne souhaite pas renouveler ce contrat, et ce pour des raisons personnelles [parce que j'ai trouvé un autre emploi, à durée indéterminée...].

J'arrêterai donc de travailler le 30 décembre, à la fin du premier contrat. [Vous voudrez bien me verser alors l'indemnité compensatrice de congés payés et l'indemnité de fin de contrat prévues par la loi.]

Veuillez agréer, Monsieur [le Directeur], l'expression de mes sentiments distingués.

> À envoyer en recommandé avec avis de réception. Attention à respecter le délai prévu.

Déclaration de maternité

Déclaration de maternité à l'employeur

Monsieur [le Directeur],

Je vous informe que j'attends un enfant qui devrait naître vers le 10 mai. Vous trouverez ci-joint le certificat médical de grossesse indiquant la date prévue de l'accouchement.

Mon congé de maternité devrait donc commencer le ... et se terminer au plus tôt le ...

[Je demande également à bénéficier des dispositions de la convention collective qui prévoient des aménagements des horaires de travail...]

Veuillez agréer, Monsieur [le Directeur], l'expression de mes sentiments distingués.

> À envoyer en recommandé avec avis de réception.

Démission

Lettre officielle de démission d'un employé

Monsieur le Directeur,

Employée dans votre société depuis le 1er juin 1990, je vous présente ma démission du poste de secrétaire du service des relations publiques *[du poste de magasinier au dépôt de ...]*.

Mon préavis étant de deux mois *[trois mois...]*, je vous informe que je quitterai donc l'entreprise le 30 décembre prochain.

D'ici là, je m'absenterai, si nécessaire, chaque jour pendant 1 heure, comme le prévoit la convention collective, afin de rechercher un nouvel emploi.

Veuillez agréer, Monsieur le Directeur, l'assurance de ma considération distinguée.

> À envoyer en recommandé avec avis de réception.

Retrait de démission

Monsieur le Directeur,

Lorsque vous m'avez convoqué dans votre bureau ce matin *[hier...]*, vous m'avez menacé de licenciement pour fautes professionnelles graves.

Devant mes protestations, vous m'avez suggéré de donner ma démission, moyennant quoi vous accepteriez de me régler mon préavis et de me verser une indemnité.

Vous ne m'avez alors laissé ni le temps de la réflexion ni la possibilité de me faire assister pour ma défense.

En conséquence, je rétracte la démission que j'ai signée sous la pression et la tiens pour nulle.

Considérant que je fais toujours partie de la société, je viendrai travailler demain comme d'habitude.

Veuillez agréer, Monsieur le Directeur, l'expression de mes sentiments distingués.

> À envoyer en recommandé avec avis de réception.

Démission avec demande de dispense d'effectuer un préavis

Monsieur *[le Directeur]*,

Employée dans votre société depuis le 1er juin 1990, je vous présente ma démission du poste de standardiste au siège de l'entreprise.

La durée de mon préavis est théoriquement d'un mois *[de deux mois...]*, mais je souhaiterais vivement que vous me dispensiez d'effectuer ce préavis. En effet, on me propose, à Strasbourg *[, ville où a été muté mon mari]*, un poste à pourvoir immédiatement.

Vous remerciant de votre compréhension, je vous prie d'agréer, Monsieur *[le Directeur]*, l'assurance de ma considération distinguée.

> À envoyer en recommandé avec avis de réception.

Demande de raccourcissement du préavis

Monsieur *[le Directeur]*,

Employée dans votre société depuis le 1er juin 1993, je vous ai présenté ma démission *[j'ai été licenciée]* du poste de chef de produit le 30 mai dernier.

La durée de mon préavis est théoriquement de deux mois *[trois mois...]*. Or, le nouvel emploi que j'ai trouvé *[le stage de formation professionnelle que je voudrais suivre pour me perfectionner en informatique,* ou *la mutation de mon mari à l'étranger...]* nécessiterait que je sois disponible le 1er juillet *[le plus tôt possible...]*.

C'est pourquoi je vous demande l'autorisation d'écourter mon préavis *[de cumuler les deux heures quotidiennes légalement prévues pour la recherche d'un emploi afin de raccourcir la durée de mon préavis...]*.

Vous remerciant de votre compréhension, je vous prie d'agréer, Monsieur *[le Directeur]*, l'assurance de ma considération distinguée.

> À envoyer en recommandé avec avis de réception.

Horaires et conditions de travail

Demande de modification des horaires de travail

Monsieur [le Directeur],

Occupant un poste de secrétaire au service de marketing, je travaille actuellement de 8 heures à 17 heures.

Mais, les transports en commun étant rares à ces heures, je suis obligée de me faire accompagner en voiture par mon mari. Or, il ne pourra plus le faire à partir du 1er juillet, date à laquelle il doit changer de lieu de travail. [*Mais mon ami, qui s'occupait en mon absence de nos enfants, ne pourra plus le faire à dater du 1er juillet, à la suite d'une mutation,* ou *Mais, contrainte de déménager à 25 km de l'entreprise, je ne pourrai plus m'y rendre à ces heures-là par les transports en commun...*]

Me serait-il donc possible de modifier mes horaires pour travailler plutôt de 9 heures à 18 heures ?

Vous remerciant de votre compréhension, je vous prie d'agréer, Monsieur [*le Directeur*], l'expression de mes salutations distinguées.

> Il vaut mieux demander un accord écrit pour préserver l'avenir.

Demande d'amélioration des conditions de travail

Monsieur [le Directeur],

Tous les membres du personnel [*du service comptabilité...*] m'ont chargé[e] de vous présenter une demande portant sur l'amélioration des conditions de travail.

Nous souhaiterions en effet vivement, si vous n'y voyez pas d'inconvénient, que la petite pièce-débarras située au rez-de-chaussée soit aménagée en cafétéria. Il suffirait d'enlever les quelques cartons qui l'encombrent et d'installer deux distributeurs de boissons, chaudes et froides, ainsi qu'un four à micro-ondes. Une table et huit chaises permettraient d'y prendre ainsi un repas rapide ou de prendre cinq minutes de pause en milieu de matinée *[d'après-midi]* autour d'une boisson.

Cela nous permettrait de déjeuner plus tranquillement, pour moins cher, et de profiter plus agréablement de nos pauses. Nous n'en serions que plus efficaces dans notre travail.

Nous espérons que vous voudrez bien prêter attention à notre demande et vous prions d'agréer, Monsieur *[le Directeur]*, l'assurance de notre considération distinguée.

Inspection du travail, conseil de prud'hommes

Demande d'intervention de l'Inspection du travail pour obliger l'employeur à appliquer la réglementation

Monsieur l'Inspecteur,

Pourriez-vous avoir l'amabilité d'intervenir auprès de mon employeur afin de le contraindre à appliquer la réglementation ?

L'entreprise CAROUT, 85, rue Hoche, à Versailles (78), dans laquelle je travaille en tant que dessinateur industriel depuis dix ans, refuse de me réintégrer après un congé parental d'éducation d'un an *[refuse de m'accorder un congé pour création d'entreprise, ou ne m'a toujours pas réglé mes heures supplémentaires effectuées au mois de mai malgré la lettre recommandée que je lui ai adressée le 15 juin, ou me déduit de mon salaire des frais de cantine alors que je déjeune à l'extérieur...]*.

Vous trouverez ci-jointes les pièces justificatives *[les photocopies de la lettre que j'ai adressée à mon employeur et de sa réponse...]*.

À envoyer en recommandé avec avis de réception.

Dans l'espoir d'une réponse favorable, je reste à votre disposition pour vous fournir tout renseignement complémentaire et vous remercie de l'aide que vous voudrez bien m'apporter.

Veuillez agréer, Monsieur l'Inspecteur, l'assurance de ma considération distinguée.

Demande d'intervention de l'Inspection du travail en cas de licenciement abusif

Monsieur l'Inspecteur,

Mon employeur, M. Salernes, directeur général de la société CACOR, 25, rue de l'Arbre-Sec, à Colombes (92), m'a convoqué[e] ce matin pour m'annoncer mon licenciement immédiat. Il a prétendu que je m'étais absenté[e] de mon poste de surveillance entre 9 heures et 10 heures, posant ainsi un grave problème pour la sécurité. C'est totalement faux et un de mes collègues pourra en témoigner !

Auriez-vous l'amabilité de téléphoner, rapidement, à M. Salernes (tél. : 01 47 60 87 95, poste 25) pour lui demander de bien vouloir me laisser reprendre mon poste ?

Vous remerciant à l'avance de votre intervention, je vous prie d'agréer, Monsieur l'Inspecteur, l'assurance de ma considération distinguée.

> À envoyer en recommandé avec avis de réception.

Contestation d'un licenciement auprès du conseil de prud'hommes

Monsieur,

Pouvez-vous m'aider à faire valoir mes droits auprès de la société ETABOIS, dans laquelle je travaille depuis trois ans en tant que menuisier et qui vient de m'annoncer mon licenciement par lettre recommandée ?

En effet, l'employeur ne m'a pas convoqué à un entretien préalable, comme il aurait dû le faire. *[En effet, l'employeur n'a même pas indiqué dans sa lettre les motifs de mon licenciement,* ou *En effet, l'employeur prétend me licencier pour des fautes professionnelles que je n'ai pas commises...]*

> À envoyer en recommandé avec avis de réception, en joignant les pièces justificatives, notamment la photocopie de la lettre de licenciement.

Je souhaiterais savoir si je peux l'obliger à me réintégrer dans l'entreprise ou si je peux lui réclamer des dommages et intérêts pour licenciement abusif ? Quelles sont alors les démarches à entreprendre ?

Vous remerciant de l'aide que vous voudrez bien m'apporter, je vous prie d'agréer, Monsieur, l'expression de mes salutations distinguées.

Plainte pour harcèlement sexuel

Monsieur le Procureur,

Je soussignée Vanina Terrenoire, née le 14 mai 1970, à Issoire (63), de nationalité française, demeurant à Clermont-Ferrand (63), 12, rue des Puys, porte plainte contre M. André Alésia, demeurant à Clermont-Ferrand (63), 6, rue de l'Allier, pour harcèlement sexuel dans le cadre de mon travail au magasin DAMPIERRE, où je suis vendeuse et où il est chef de département.

Lors de mon arrivée dans son département, le 1er février dernier, M. Alésia s'est montré particulièrement attentionné avec moi. Puis il a commencé à me faire des compliments sur ma manière de m'habiller, n'hésitant pas à me toucher sous prétexte de tâter le tissu de mes vêtements.

Depuis un mois, il m'a convoquée à plusieurs reprises dans son bureau sous des motifs professionnels, mais en réalité pour me faire des propositions de plus en plus pressantes. Exaspéré par mes refus, il m'a même menacée de me faire renvoyer pour faute professionnelle si je ne cédais pas à ses avances.

Ne pouvant supporter plus longtemps un tel chantage, je porte plainte pour harcèlement sexuel contre M. André Alésia.

Vous trouverez ci-joints le témoignage écrit de deux de mes collègues qui ont pu constater les faits ainsi que la photocopie de mon contrat de travail.

Vous remerciant de bien vouloir donner suite à cette affaire, je vous prie d'agréer, Monsieur le Procureur, l'assurance de ma respectueuse considération.

> À envoyer en recommandé avec avis de réception.

Licenciement

Convocation à un entretien préalable à un licenciement pour faute grave

Madame,

J'envisage de vous licencier de votre poste de garde-malade pour faute grave. En effet, hier, 31 octobre, vous deviez passer la nuit auprès de mon père mais vous vous êtes absentée de 22 heures à minuit. Quand mon père a voulu se lever, il n'y avait personne pour l'aider, si bien qu'il est tombé. Il a été obligé de se traîner jusqu'au téléphone pour m'appeler à son secours.

Conformément à la convention collective, je vous convoque donc à un entretien préalable le 3 novembre à 19 heures chez mon père.

Veuillez agréer, Madame, mes salutations distinguées.

Lettre de licenciement pour faute grave

Madame,

Lors de notre entretien du 3 novembre, vous avez reconnu avoir laissé seul mon père entre 22 heures et minuit dans la nuit du 31 octobre au 1er novembre. Quand celui-ci a cherché à se lever, il est tombé et s'est fait d'importants hématomes. S'il n'avait pas pu se traîner jusqu'au téléphone pour m'appeler, personne ne serait venu à son secours.

Avoir ainsi abandonné un vieillard handicapé dont vous aviez la charge est pour une garde-malade une faute grave. C'est pourquoi je vous notifie votre licenciement immédiat et préviens immédiatement l'association dont vous dépendez.

Vous n'effectuerez aucun préavis et ne toucherez aucune indemnité. Je tiens à votre disposition votre solde de tout compte et votre certificat de travail.

Veuillez agréer, Madame, mes salutations distinguées.

> À envoyer en recommandé avec avis de réception.

Demande d'explication sur les motifs d'un licenciement

Monsieur le Directeur,

Vous m'avez envoyé le 14 janvier une lettre recommandée me notifiant mon licenciement.

Or, les raisons que vous avez invoquées pour justifier cette mesure lors de l'entretien préalable du 18 mai ne m'ont pas convaincu*[e]*.

Je vous prie donc de bien vouloir me préciser par écrit les motifs réels de mon licenciement.

Dans l'attente de votre réponse, je vous prie d'agréer, Monsieur le Directeur, *[Madame la Directrice des Ressources humaines]* l'expression de mes sentiments distingués.

À envoyer en recommandé avec avis de réception.

Annulation d'un licenciement pour raison de grossesse

Monsieur *[le Directeur]*,

J'ai bien reçu votre lettre de licenciement pour insuffisance professionnelle. *[Comme je vous l'ai dit lors de l'entretien préalable, je conteste les motifs que vous invoquez et je suis étonnée que vous ayez attendu si longtemps pour me faire ces reproches.]*

Mais, de toute façon, il ne vous est pas possible de me licencier actuellement, car je suis enceinte, ainsi que l'atteste le certificat médical de grossesse ci-joint.

Je vous prie donc de bien vouloir annuler mon licenciement.

Veuillez agréer, Monsieur *[le Directeur]*, l'expression de mes sentiments distingués.

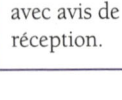

À envoyer en recommandé avec avis de réception, dans les quinze jours suivant le licenciement.

Mutation

Demande de mutation adressée à l'employeur par le salarié

Monsieur *[le Directeur]*,
   Pour des raisons de promotion personnelle *[Par suite d'une restructuration d'entreprise...]*, mon mari *[ma femme]* a été muté*[e]* à Toulouse.
   Pour que nos enfants puissent terminer l'année dans la même école, nous avons décidé que je resterai avec les enfants jusqu'à la fin du troisième trimestre à Limoges. À cette date, je souhaiterais vivement être mutée moi aussi à Toulouse, afin que nous puissions retrouver une vie de famille normale.
   Je vous serais très reconnaissante de bien vouloir examiner avec compréhension ma demande.
   Veuillez agréer, Monsieur *[le Directeur]*, l'expression de ma considération distinguée.

Refus par le salarié d'une mutation proposée par l'employeur

Monsieur *[le Directeur]*,
   Suite à notre entretien du 12 mai dernier, je vous confirme, après réflexion, que je refuse d'être muté à Guéret.
   En effet, ma femme occupe actuellement à Toulouse un poste de chercheur dans la société ..., qu'elle ne veut pas quitter, d'autant plus qu'elle ne trouverait pas d'emploi similaire à Guéret.
   [Je sais que mon refus peut vous autoriser à rompre mon contrat de travail, mais j'espère que vous reviendrez sur votre décision, car vous connaissez mon attachement à votre société.]
   Veuillez agréer, Monsieur *[le Directeur]*, l'expression de mes sentiments distingués.

À envoyer en recommandé avec avis de réception. Notez que vous n'êtes pas obligé d'expliquer vos raisons, sauf pour inciter l'employeur à revenir sur sa décision.

TRAVAIL ET EMPLOI

Promotion

Demande de promotion par suite d'une nouvelle qualification

Monsieur *[le Directeur]*,

Standardiste à la direction de l'Ile-de-France, je viens de bénéficier d'un congé individuel de formation qui m'a permis d'obtenir un BTS de secrétariat de direction.

C'est pourquoi je me permets de poser ma candidature pour le poste de secrétaire de la directrice des ressources humaines, lequel est, je crois, actuellement à pourvoir. [*C'est pourquoi je souhaiterais être affectée à un poste de secrétaire de direction lorsqu'il y en aura un à pourvoir...*]

Je vous remercie de bien vouloir considérer ma demande avec attention et reste à votre disposition pour un éventuel entretien.

Veuillez agréer, Monsieur *[le Directeur]*, l'expression de mes sentiments respectueux.

> À envoyer en recommandé avec avis de réception.

Reçu pour solde de tout compte

Solde de tout compte

Je soussigné Francis Ferret,
demeurant 15, rue Blanche, à Périgueux (24),
reconnais avoir reçu ce jour de la société UPLER, 23, rue des Colombes, à Périgueux (24) [*de Mme Réginot, 12, avenue Delcassé, à Périgueux (24)...*],
pour solde de tout compte la somme de 1 220 euros en espèces [*par chèque n° 28420 A sur la Banque périgourdine de crédit...*]

en paiement de tous les salaires et indemnités qui m'étaient dus en fonction de mon contrat de travail.
Soit :
- solde du salaire dû : ... euros ;
- congés payés : ... euros ;
   Le présent reçu pour solde de tout compte a été établi en double exemplaire, dont l'un m'a été remis.
   Fait à Périgueux, le 15 octobre 2002.
   [signature du salarié, précédée de la mention manuscrite : « bon pour solde de tout compte »]

Contestation du reçu pour solde de tout compte

Monsieur le Directeur,
   Après vérification, je conteste le reçu pour solde de tout compte que vous m'avez remis et que j'ai signé le 15 octobre 2002.
   D'après mes calculs, il comporte une *[plusieurs]* erreur*[s]* :
- vous n'avez pas tenu compte des heures supplémentaires que j'ai effectuées du ... au ...
[- vous avez oublié le remboursement de mes frais de déplacement ;
- vous n'avez pas tenu compte des jours de congés payés non pris ;
- vous ne m'avez pas réglé l'indemnité compensatrice pour clause de non-concurrence prévue par la convention collective, etc.]
Vous voudrez bien me verser le complément que vous me devez dans les plus brefs délais *[sans quoi je me verrai contraint(e) de porter l'affaire devant le conseil de prud'hommes]*.
   Dans l'attente de votre réponse, je vous prie d'agréer, Monsieur le Directeur, l'expression de mes salutations distinguées.

À envoyer en recommandé avec avis de réception. Attention à respecter le délai prévu pour les contestations.

Réintégration, réembauchage

Demande de réintégration après un congé parental d'éducation

Monsieur [le Directeur],

Le congé parental d'éducation dont je bénéficie depuis le 12 mai dernier doit prendre fin dans un mois, soit le 11 mai prochain.

Pourriez-vous me réintégrer dans l'entreprise à compter de cette date à un poste de secrétaire ?

[La réduction de temps de travail dont je bénéficie depuis un an à la suite de la naissance de mon enfant doit prendre fin le 11 mai prochain. Je demande donc à retravailler à temps complet à partir de cette date.]

Restant à votre disposition pour un éventuel entretien, je vous prie d'agréer, Monsieur [le Directeur], l'expression de mes sentiments distingués.

À envoyer en recommandé avec avis de réception.

Demande de réintégration en cours de congé parental d'éducation

Monsieur [le Directeur],

Je suis depuis le 6 mai 1999 en congé parental d'éducation d'un an, lequel doit s'achever le 9 mai 2000.

Malheureusement, mon mari a perdu son emploi le 18 juillet et nous connaissons actuellement d'importantes difficultés financières. Vous trouverez ci-jointe la photocopie du récépissé de sa demande d'emploi. [Malheureusement, notre enfant est décédé le ... Vous trouverez ci-joint l'extrait d'acte de décès...]

Je vous demande donc de bien vouloir me réintégrer dans votre entreprise à un poste de ... [de bien vouloir m'accorder la modification de mon congé parental à temps complet en congé à temps partiel à raison de 30 heures par semaine].

Restant à votre disposition pour un éventuel entretien, je vous prie d'agréer, Monsieur *[le Directeur]*, l'expression de mes sentiments distingués.

Demande de réintégration à la fin du congé pour création d'entreprise

Monsieur *[le Directeur]*,

Mon congé pour création d'entreprise doit prendre fin dans trois mois, soit le 30 juin prochain.

La société de portage de repas à domicile que j'ai créée a connu des débuts intéressants, mais elle a très vite souffert de la concurrence d'entreprises disposant de moyens financiers beaucoup plus importants *[mais elle n'a pas réussi à dégager des bénéfices assez rapidement pour me permettre de poursuivre cette activité]*. Cette expérience, même si elle n'a pas abouti comme je l'espérais, m'a toutefois beaucoup appris.

Je vous demande donc de bien vouloir me réintégrer à mon poste de ... ou à un emploi similaire, ainsi que le prévoit la loi. J'accepterai, si vous l'estimez nécessaire, de suivre un stage de réadaptation professionnelle.

Restant à votre disposition pour un éventuel entretien, je vous prie d'agréer, Monsieur *[le Directeur]*, l'expression de mes salutations distinguées.

À envoyer en recommandé avec avis de réception.

Demande de réembauchage en priorité à la fin du congé parental d'éducation

Monsieur *[le Directeur]*,

Le congé parental d'éducation dont je bénéficie se termine le 12 mai prochain.

Conformément à la loi, je demande à être réembauché*[e]* dans votre entreprise, en priorité, à un poste de comptable *[manutentionnaire, secrétaire...]*, avec les mêmes avantages qu'au moment de mon départ en congé.

Je sais que vous avez créé une succursale dans la banlieue nord et je serais tout à fait disposé*[e]* à y travailler si cela vous convenait.

À envoyer en recommandé avec avis de réception.

Je reste à votre disposition pour vous rencontrer quand vous le désirerez.

Veuillez agréer, Monsieur *[le Directeur]*, l'expression de mes sentiments distingués.

Demande de réembauchage en priorité après un licenciement pour motif économique

Monsieur le Directeur,

Par lettre recommandée en date du ..., vous m'avez licencié*[e]* pour motif économique. Vous m'avez aussi rappelé que je bénéficiais d'une priorité de réembauchage dans l'entreprise pendant un an après la fin de mon préavis.

Je vous informe donc de mon intention de profiter de cette priorité et vous demande de me prévenir si le poste se trouvait de nouveau à pourvoir.

[Je vous signale également que je dois suivre un stage de formation à l'informatique à partir de la semaine prochaine, ce qui devrait me permettre d'acquérir une nouvelle qualification. Dès que j'en aurai la certitude, je vous en ferai part afin que vous puissiez en tenir compte pour m'offrir un nouveau poste.]

Veuillez agréer, Monsieur le Directeur, l'assurance de ma considération distinguée.

À envoyer en recommandé avec avis de réception. Attention à respecter le délai prévu après le préavis pour faire valoir cette priorité.

Salaire

Demande d'augmentation de salaire

Monsieur *[le Directeur]*,

Lors de mon embauche, en tant que rédacteur technique, le 1er octobre 1998, vous m'aviez laissé espérer une augmentation de salaire au bout d'un an.

Durant cette année, j'ai rédigé une cinquantaine de notices techniques pour des ensembles à microprocesseurs (7800, 7801, 7802, 640 B, 641 B, 987 LC...). M. Terrenoire, mon chef de service, s'en est montré très satisfait et a recueilli à leur propos des échos tout à fait favorables de la part des utilisateurs. Il vient d'ailleurs de me confier la responsabilité de créer une brochure complète pour la documentation des distributeurs.

C'est pourquoi je vous serais reconnaissant*[e]* de bien vouloir réexaminer le montant de mon salaire.

Restant à votre disposition pour un éventuel entretien, je vous prie d'agréer, Monsieur *[le Directeur]*, l'expression de mes sentiments distingués.

> Préparez l'entretien que vous pouvez avoir.

Réclamation pour une erreur constatée sur le bulletin de paie

Monsieur *[le Directeur]*,

En lisant attentivement mon bulletin de paie du mois de juin, je m'aperçois qu'il comporte une *[plusieurs]* erreur*[s]* :

- ma qualification n'est pas ... comme vous l'avez indiqué, mais ...

[- mes cotisations de retraite ne se montent pas à ... comme indiqué, mais à ...].

En conséquence, je vous demande donc, sauf erreur de ma part, de bien vouloir rectifier cette *[ces]* erreur*[s]* et de me remettre un nouveau bulletin de paie dans les plus brefs délais.

Veuillez agréer, Monsieur *[le Directeur]*, l'expression de mes sentiments distingués.

Réclamation du paiement des heures supplémentaires

Monsieur *[le Directeur]*,

À la lecture de mon bulletin de paie du mois de juin, je m'aperçois que vous avez oublié d'ajouter à mon salaire le paiement de mes heures supplémentaires.

En effet, durant cette période, j'ai travaillé tous les samedis de 9 heures à 12 heures. *[En effet, du lundi 3 au vendredi 7 juin, j'ai travaillé tous les soirs jusqu'à 20 heures...]*

Je vous prie donc de bien vouloir refaire ma fiche de paye en tenant compte de ces douze heures supplémentaires et de me les régler au tarif réglementaire, soit ... francs.

Veuillez agréer, Monsieur *[le Directeur]*, l'expression de mes sentiments distingués.

À envoyer en recommandé avec avis de réception.

vie pratique

page **195** **Logement, propriété**

page **227** **Achats, réclamations**

page **235** **Automobile**

page **245** **Vacances, loisirs**

page **255** **Organismes sociaux**

page **269** **Administration**

page **279** **Justice, recours**

Logement, propriété

199 Construction, rénovation
- 199 Demande d'imprimés pour le dossier de permis de construire
- 199 Demande d'imprimés de déclaration de construction
- 199 Demande de devis à un entrepreneur
- 200 Rappel à un entrepreneur pour retard d'exécution des travaux
- 201 Contestation d'une facture comportant une révision de prix non prévue
- 201 Réclamation pour des dégâts commis par des ouvriers
- 202 Contestation d'une facture après des dégâts commis par un ouvrier
- 202 Demande de l'application de la garantie légale

203 Copropriété
- 203 Demande de convocation d'une assemblée générale des copropriétaires
- 203 Demande de mise à l'ordre du jour d'une assemblée générale de copropriétaires
- 204 Délégation de pouvoir pour une assemblée générale
- 204 Lettre d'accompagnement d'une délégation de pouvoir

205 Déménagement
- 205 Carte imprimée de changement d'adresse
- 205 Avis de changement d'adresse
- 206 Avis de changement d'adresse avec demande de modification sur les chéquiers
- 206 Avis de changement d'adresse avec demande de transfert de dossier
- 207 Demande de devis à une entreprise de déménagement
- 207 Demande d'indemnisation au déménageur pour des objets abîmés ou perdus

VIE PRATIQUE

208 Location

- 208 Confirmation d'un accord de location et demande d'établissement d'un bail
- 208 Demande d'ajout à l'état des lieux
- 209 Demande de quittances de loyer
- 209 Demande d'un délai pour le paiement du loyer
- 210 Accord du propriétaire pour un délai de paiement
- 210 Refus du propriétaire pour un délai de paiement
- 210 Réclamation à un locataire qui n'a pas payé son loyer
- 211 Mise en demeure avec menace de résiliation du bail
- 211 Excuses pour un retard de paiement de loyer
- 211 Contestation d'une hausse de loyer lors du renouvellement du bail
- 212 Réclamation à un propriétaire du justificatif des charges locatives
- 212 Contestation auprès du propriétaire des charges locatives
- 213 Demande au propriétaire d'autorisation d'entreprendre des travaux
- 213 Demande au propriétaire d'effectuer d'urgence des réparations à sa charge
- 214 Relance de demande de travaux au propriétaire
- 214 Congé donné par le locataire
- 215 Contestation de congé donné par le locataire
- 215 Demande de remboursement du dépôt de garantie
- 216 Contestation des frais de remise en état
- 216 Contestation d'une partie des frais de remise en état

217 Vente, achat

- 217 Recherche de logement
- 217 Petites annonces immobilières
- 220 Offre de logement meublé pour un étudiant
- 220 Demande de précisions concernant une petite annonce
- 221 Annulation de la réservation d'un appartement vendu sur plan
- 221 Résiliation d'un contrat de promesse de vente par suite de refus de prêt

222 **Voisinage**

- 222 Affichette pour s'excuser de la gêne occasionnée par des travaux
- 222 Lettre à un voisin pour s'excuser de la gêne occasionnée par des travaux
- 222 Demande de droit de passage sur le terrain d'un voisin
- 223 Plainte pour non-respect de la propriété privée
- 223 Plainte concernant l'écoulement des eaux de pluie
- 224 Demande à un voisin de couper un arbre menaçant
- 224 Demande à un voisin de ne pas ouvrir de fenêtre ayant vue chez soi
- 225 Mise en demeure à un voisin de supprimer une fenêtre ayant vue chez soi
- 225 Plainte pour bruits excessifs
- 226 Plainte pour troubles causés par des animaux domestiques

VIE PRATIQUE

Quelques conseils

• Rappeler à son propriétaire de vous envoyer une quittance de loyer ou relancer un entrepreneur chargé d'effectuer des travaux peut se faire par téléphone. Mais, si votre demande reste sans suite, mieux vaut écrire une lettre ordinaire d'abord, puis une lettre recommandée avec avis de réception si nécessaire.
• Si vous déménagez, il faudra aussi écrire à de nombreux organismes officiels de l'Administration pour les informer de votre changement d'adresse.

En cas de déménagement, signalez votre changement d'adresse :

• aux services de l'électricité, du gaz, des eaux, des télécommunications
• à votre bureau de poste (pensez à faire suivre le courrier)
• à l'école des enfants
• à votre employeur
• à votre ancien propriétaire
• à votre agent d'assurance
• aux banques, centres de chèques postaux, caisses d'épargne et organismes de crédit
• au centre des impôts de l'ancien et du nouveau domicile
• aux organismes sociaux (sécurité sociale, caisse d'allocations familiales, caisse de retraite, caisse d'allocations chômage, etc.)
• à la mairie et à la préfecture (inscription sur les listes électorales, carte d'identité, passeport, carte grise)
• à la gendarmerie (livret militaire)
• au centre de redevance de la télévision
• aux journaux et revues auxquels vous êtes abonné
• aux clubs et associations dont vous faites partie
• à vos amis et relations.

Construction, rénovation

Demande d'imprimés
pour le dossier de permis de construire

Monsieur le Maire,

Étant propriétaire d'un terrain constructible, cadastré C214, situé sur votre commune *[dans votre ville]*, je souhaiterais y construire une maison.

Pouvez-vous avoir l'amabilité de m'adresser les imprimés nécessaires à la constitution du dossier de permis de construire ?

Avec mes remerciements, je vous prie d'agréer, Monsieur le Maire, l'expression de ma considération distinguée.

> Informez-vous d'abord par téléphone du service auquel envoyer votre demande.

Demande d'imprimé de déclaration
de construction

Monsieur le Maire,

J'ai l'intention de construire un garage *[appentis, poulailler...]* de moins de 20 m² sur mon terrain, cadastré B36, situé dans votre ville.

Pouvez-vous avoir l'amabilité de me faire parvenir un imprimé de déclaration de construction ?

Avec mes remerciements, je vous prie d'agréer, Monsieur le Maire, l'expression de ma considération distinguée.

> Informez-vous d'abord par téléphone du service auquel envoyer votre demande.

Demande
de devis à un entrepreneur

Monsieur,

Mes amis M. et Mme Tessier m'ayant recommandé vos services – j'ai d'ailleurs pu moi-même apprécier la qualité de votre travail –, j'aimerais que vous m'établissiez un devis pour l'installation d'une salle de bains dans mon appartement.

Vous trouverez ci-joint un descriptif du projet qui vous permettra de l'étudier et de m'apporter éventuellement les documentations utiles.

Vous pouvez me téléphoner à mon bureau dans la journée (01 45 60 12 12) ou le soir à partir de 18 h 30 à mon domicile (01 30 52 89 27), afin que nous prenions rendez-vous.

Dans l'attente de vous rencontrer, je vous prie d'agréer, Monsieur, l'expression de ma considération distinguée.

Projet de salle de bains
Surface aménageable : 1,60 m x 3,40 m.
Équipement désiré : baignoire sabot avec pare-douche, lavabo encastré dans un meuble de toilette.
Carrelage : au sol et sur les murs jusqu'à une hauteur de 1,60 m, de préférence blanc, ou dans les tons roses avec une frise.

Rappel à un entrepreneur pour retard d'exécution des travaux

Monsieur,

Malgré mes relances téléphoniques, vous n'avez toujours pas commencé les travaux de toiture pour lesquels je vous ai versé un acompte de 1 525 euros, le 5 mai dernier. À ce jour, vos ouvriers ne sont venus *[vous n'êtes venu]* qu'une fois, le 20 mai, pour apporter les matériaux. Et nous sommes le 12 juin !

Je m'en inquiète vivement et vous rappelle que vous vous êtes engagé par écrit à achever ces travaux au plus tard le 25 juin.

Je vous demande donc d'envoyer vos ouvriers *[de venir]* au plus vite afin de respecter votre engagement *[sans quoi je me verrai contraint(e) de vous demander des dommages et intérêts...]*.

Veuillez agréer, Monsieur, l'expression de ma considération distinguée.

> À envoyer éventuellement en recommandé avec avis de réception.

Contestation d'une facture comportant une révision de prix non prévue

Monsieur,

J'ai bien reçu votre facture datée du 6 novembre dernier. Mais je m'étonne qu'elle ne soit pas conforme au devis que j'avais accepté. Je vous rappelle que nos accords signés le 18 avril 2000 prévoyaient un prix ferme et non révisable ainsi que l'exécution des travaux dans les six mois.

Je ne suis en rien responsable de l'allongement de la durée des travaux. Je vous avais déjà fait part de mon inquiétude à ce sujet par lettre recommandée, le 15 septembre dernier, et vous n'avez pas jugé bon de me répondre. *[Ce retard, qui m'a empêché d'emménager à la date prévue, m'a même causé de sérieux problèmes, pour lesquels je pourrais vous demander des dommages et intérêts...]*

Il est donc hors de question que j'accepte une révision de prix. En conséquence, je vous demande de refaire votre facture dans le strict respect de nos accords.

Veuillez agréer, Monsieur, mes salutations distinguées.

À envoyer éventuellement en recommandé avec avis de réception.

Réclamation pour des dégâts commis par des ouvriers

Monsieur,

Vos ouvriers ont bien terminé les travaux de mon pavillon dans les délais prévus. Et j'en suis dans l'ensemble tout à fait satisfait. Toutefois, je leur ai fait remarquer avant leur départ qu'ils avaient commis des dégâts : ils ont cassé un plafonnier et fait sur la moquette de l'entrée des taches impossibles à enlever. Je leur avais demandé de vous en avertir, mais je ne suis pas certain qu'ils l'aient fait.

Pouvez-vous venir constater ces dommages et me les rembourser ou les déduire de la facture avant que je ne vous la règle ?

Dans l'attente de votre visite, je vous prie d'agréer, Monsieur, l'expression de ma considération distinguée.

Contestation d'une facture après des dégâts commis par un ouvrier

Monsieur,

J'ai bien reçu votre facture du 9 avril, conforme à votre devis. Mais je vous avais signalé par lettre, le 16 mars, les dégâts que vos ouvriers avaient causés lors des travaux dans mon pavillon, afin que vous puissiez m'indemniser. Et je m'étonne que, trois mois après réception de ma lettre, vous ne m'ayez toujours pas répondu à ce sujet.

Vous trouverez donc ci-joint un chèque de 2 207 euros en règlement de votre facture 88 001, déduction faite des frais de réparation des dommages commis par vos employés : 213 euros pour le remplacement de la moquette de l'entrée, tachée par le peintre et non nettoyable, et 100 euros pour le remplacement du plafonnier cassé par l'électricien. Je joins également les factures justificatives et le double de ma lettre du 16 mars.

Veuillez agréer, Monsieur, l'expression de ma considération distinguée.

Demande d'application de la garantie légale

Monsieur,

Vous avez achevé la couverture de ma maison *[la construction de mon garage...]* le 15 novembre 2000. Or, une fuite s'est produite juste en bordure du Velux de la chambre *[une fissure est apparue sur le mur du fond...].*

Il s'agit là apparemment d'une malfaçon dont vous êtes responsable et qui est couverte par la garantie légale *[décennale],* puisque les travaux sont achevés depuis trois ans seulement.

Je vous prie donc de bien vouloir venir constater ce défaut et d'y remédier dans les plus brefs délais.

Dans cette attente, je vous prie de croire, Monsieur, à l'assurance de mes sentiments distingués.

À envoyer en recommandé avec avis de réception.

Copropriété

Demande de convocation d'une assemblée générale des copropriétaires

Monsieur,

Nous soussignés Mme Élisabeth Delporte, M. François Husson, M. et Mme Jean-Christophe Parot, copropriétaires de l'immeuble situé 7, rue de Strasbourg, à Évry (91), réunissant plus du quart des voix de l'ensemble des copropriétaires (4 800 tantièmes/10 000), demandons la convocation d'une assemblée générale qui aura pour ordre du jour les questions suivantes :
- changement de syndic,
- travaux à entreprendre d'urgence sur la toiture,
- travaux de réfection de la cage d'escalier,
- pose d'une antenne collective.

En vous remerciant de faire le nécessaire, nous vous prions d'agréer, Monsieur, nos salutations distinguées.

| Mme Delporte | M. Husson | M. et Mme Parot |
| *[signature]* | *[signature]* | *[signatures]* |

> À envoyer au syndic en recommandé avec avis de réception.

Demande de mise à l'ordre du jour d'une assemblée générale de copropriétaires

Monsieur,

Nous avons l'intention d'entreprendre des travaux de rénovation dans notre appartement du 12, place du Marché, à Bruxelles (2e étage gauche) : nous souhaiterions faire changer les fenêtres et poser des volets. Comme il s'agit là de travaux sur les parties communes, je vous prie de bien vouloir inscrire les questions suivantes à l'ordre du jour de la prochaine assemblée de copropriétaires :
- demande d'autorisation par Mme Dufour de remplacer ses châssis de fenêtres en bois par des châssis métalliques,

> À envoyer au syndic en recommandé avec avis de réception.

- demande d'autorisation par Mme Dufour de poser des volets métalliques.

Avec mes remerciements, je vous prie d'agréer, Monsieur, l'assurance de ma considération distinguée.

Délégation de pouvoir pour une assemblée générale

Je soussigné Yvan Robert délègue par la présente pouvoir de voter et de prendre toute décision en mes lieu et place lors de l'assemblée générale des copropriétaires de l'immeuble situé 58, rue Diderot, à Pau (64), qui se tiendra le 18 novembre 2000, à M. *[Mme]* Claude Durand.

Fait à Pau, le 15 novembre 2000.

Lettre d'accompagnement d'une délégation de pouvoir

Chère Madame,

Étant en déplacement professionnel toute la semaine prochaine, je ne pourrai pas assister à l'assemblée générale des copropriétaires du mardi 18 novembre. Auriez-vous l'amabilité d'accepter mon pouvoir pour cette assemblée ?

Bien sûr, je me range d'avance à votre avis pour toute question qui donnerait lieu à vote.

Veuillez agréer, chère Madame, l'expression de mon meilleur souvenir.

Déménagement

Carte imprimée de changement d'adresse

> Monsieur et Madame Franck LERIÈRE
> Nathalie
> vous prient de bien vouloir noter
> leur nouvelle adresse
> à partir du 12 février prochain :
>
>
> 19, villa Moderne
> 49000 Angers
> Tél : 02 41 79 63 00

Carte imprimée de changement d'adresse
Avis de changement d'adresse

Monsieur Patrick Bérard
10, rue Poncelet
75017 Paris

Madame, Monsieur,
   Je vous informe qu'à partir du 9 novembre 2000 ma nouvelle adresse sera :
Monsieur Patrick Bérard
553, 1re Avenue
Notre-Dame-de-Montauban (Québec)
GOX 1MO
Fax : (514) 284 0395
Tél. : (514) 284 0339
   Veuillez agréer, Madame, Monsieur, l'assurance de ma considération distinguée.

VIE PRATIQUE

Avis de changement d'adresse avec demande de modification sur les chéquiers

Madame,

Je dois déménager le 26 juin, mais j'ai l'intention de conserver mon compte dans votre agence.

Voici donc ma nouvelle adresse à faire figurer sur mes chéquiers :
Madame Sophie Lefort
8, rue Lavoisier
24001 Sarlat

Je vous communiquerai mon nouveau numéro de téléphone dès que j'en aurai connaissance.

Avec mes remerciements, je vous prie d'agréer, Madame, l'expression de ma considération distinguée.

Avis de changement d'adresse avec demande de transfert de dossier

Madame Rosmarie Egger
7, impasse de l'Hirondelle
59000 Lille
Dossier n° A 986 27

Monsieur,

Je vous informe de mon changement de domicile à partir du 23 mai. Ma nouvelle adresse sera :
Madame Rosmarie Egger
Faubourg du Jura, 11
4059 Bâle (Suisse)
Tél. : (41-61) 318 80 85

Vous voudrez bien transmettre mon dossier à la caisse *[perception, agence...]* dont je dépendrai et m'indiquer la nouvelle adresse de celle-ci.

Avec mes remerciements, je vous prie d'agréer, Monsieur, l'assurance de mes sentiments distingués.

Demande de devis
à une entreprise de déménagement

Monsieur,

Je dois déménager entre le 25 juin et le 10 juillet prochain de La Baule (44) à Rixensart (1330), en Belgique.

L'appartement de La Baule se trouve 50, boulevard de la Plage, au 5e étage avec ascenseur, celui de Rixensart est situé 25, rue Albertine, au 6e étage sans ascenseur (la rue est large et peu fréquentée, et le stationnement devant l'immeuble ne devrait pas poser de problème).

Vous trouverez ci-jointe la liste détaillée des meubles et objets divers pour le déménagement desquels je souhaite que vous m'établissiez un devis.

Je suis également à votre disposition pour convenir d'un rendez-vous si vous préférez venir estimer sur place le volume du mobilier. Vous pouvez me joindre aux heures de bureau (00 32 2 240 95 50) ou à mon domicile (02 40 24 97 25).

Dans l'attente de votre réponse, je vous prie d'agréer, Monsieur, mes salutations distinguées.

Demande d'indemnisation au déménageur
pour des objets abîmés ou perdus

Monsieur,

Le 29 juin 2002, votre entreprise a déménagé mon mobilier de Lausanne (1003), 50, rue Bellefontaine, à Paris, 10, rue des Plantes dans le XIVe arrondissement.

Au cours du déménagement, le pied d'une commode a été cassé *[une caisse de vaisselle a disparu...]*.

J'ai signalé ces dommages *[pertes...]* sur le bon de livraison que vos employés m'ont fait signer. Je vous les confirme aujourd'hui. Vous trouverez ci-joints la liste exacte des objets abîmés *[et/ou perdus...]* ainsi qu'un devis pour leur réparation *[et/ou une évaluation de leur valeur de rachat]*.

Vous voudrez bien me faire parvenir très rapidement la somme de 686 euros correspondant à ces dommages.

Veuillez agréer, Monsieur, mes salutations distinguées.

> À envoyer en recommandé avec avis de réception. Attention à bien respecter le délai prévu pour déclarer les dégâts et les pertes.

Location

Confirmation d'un accord de location et demande d'établissement d'un bail

Monsieur,

Je vous confirme que l'appartement que j'ai visité avec vous hier, situé 25, rue Albertine (2ᵉ étage gauche), me convient parfaitement.

J'ai bien noté qu'il comportait une cave et un parking, que son loyer était de 535 euros par mois, charges comprises *[charges non comprises...]*, et qu'il doit se trouver libre le 1ᵉʳ mars prochain.

Je souhaite donc que vous m'établissiez un bail de location aux conditions habituelles à compter du 1ᵉʳ mars.

Pour faire l'état des lieux, je préférerais prendre rendez-vous un samedi ou le soir après 19 heures. Vous pouvez me joindre à mon travail de 8 h 30 à 18 h 30 au 01 40 52 26 27, poste 44, ou le soir à mon domicile au 01 40 52 40 25.

Veuillez agréer, Monsieur, mes salutations distinguées.

> L'accord se fait souvent oralement et la lettre a pour but de confirmer avec précision le contenu de l'entretien.

Demande d'ajout à l'état des lieux

Monsieur,

Locataire depuis le 11 octobre dernier de votre appartement situé 12, avenue Vauban, à Douarnenez, je viens de constater les défauts suivants que je n'avais pas pu remarquer lorsque nous avons fait ensemble l'état des lieux, car je ne m'en suis aperçu qu'à l'usage. En effet, un des radiateurs de la salle de séjour et un de ceux de la chambre principale ne fonctionnent pas *[le lavabo de la salle de bains est mal scellé...]*.

Je vous demande donc d'ajouter ces réserves dans l'état des lieux et de faire procéder aux réparations nécessaires. Si vous voulez venir constater vous-même ces dysfonctionnements, nous pouvons prendre rendez-vous le soir après 18 heures ou le samedi.

Veuillez agréer, Monsieur, l'assurance de ma considération distinguée.

> À envoyer au propriétaire ou à l'agence immobilière dans les plus brefs délais en recommandé avec avis de réception.

Demande
de quittances de loyer

Madame,

Veuillez trouver ci-joint un chèque de 915 euros en règlement de mon loyer et de mes charges du mois de septembre.

Vous voudrez bien m'adresser dorénavant chaque mois la quittance détaillée indiquant le montant du loyer, du droit au bail et des charges.

Je vous prie également de m'envoyer le plus rapidement possible les quittances de toutes les sommes que je vous ai déjà versées jusqu'à ce jour, soit du 1er mai 2002 au 1er août 2002.

Vous en remerciant d'avance, je vous prie d'agréer, Madame, l'assurance de mes sentiments distingués.

Demande d'un délai
pour le paiement du loyer

Monsieur,

Vous avez pu constater que je vous réglais toujours très régulièrement mon loyer le 20 du mois.

Or, j'ai actuellement de graves difficultés financières qui m'empêchent de vous payer comme d'habitude à la date prévue. J'ai en effet été victime d'un accident de voiture. Je n'ai été que légèrement blessé*[e]*, mais il m'a fallu avancer une somme importante pour la réparation de ma voiture et l'assurance ne va me rembourser qu'au début du mois prochain.

Auriez-vous la gentillesse d'accepter, exceptionnellement, que je vous règle mon loyer de juin avec celui de juillet, soit le 20 juillet au lieu du 20 juin ?

En vous remerciant de votre compréhension, je vous prie d'agréer, Monsieur, l'expression de mes sentiments les meilleurs.

Accord du propriétaire pour un délai de paiement

Madame,

Votre lettre me demandant un report de loyer vient de me parvenir. Il est vrai que vous m'avez toujours payé très régulièrement. Aussi, j'accepte volontiers de vous accorder ce délai de paiement.

Je compte donc que vous me réglerez deux mois à la prochaine échéance. Mais vous comprendrez qu'il s'agit là d'une mesure exceptionnelle.

Je vous adresse tous mes vœux de prompt rétablissement. Croyez, Madame, à mes sentiments les meilleurs.

Refus du propriétaire pour un délai de paiement

Madame

J'ai bien reçu votre demande de report de loyer. Mais je regrette vivement de ne pouvoir y consentir, car je traverse moi-même des difficultés financières *[cette somme m'est indispensable pour payer chaque mois la pension de mon fils...]*.

Vous voudrez donc bien me régler le mois de juin à la date habituelle.

Je vous adresse tous mes vœux de rapide rétablissement et vous prie de croire, Madame, à l'assurance de ma considération.

Réclamation du loyer à un locataire

Madame,

J'ai bien reçu le 25 avril votre chèque correspondant au montant du loyer de mai. Mais nous sommes maintenant le 15 juillet et je n'ai toujours pas reçu votre versement pour le mois de juin.

J'espère qu'il s'agit là d'un simple oubli, que vous voudrez bien réparer au plus vite.

Dans l'attente de votre règlement, je vous prie d'agréer, Madame, l'expression de mes sentiments distingués.

Mise en demeure avec menace de résiliation de bail

Monsieur,

Malgré mes relances successives, vous ne m'avez toujours pas réglé les loyers des mois de février, mars, avril 2002.

Je vous mets donc en demeure de me verser sous huit jours la somme de 2 745 euros en paiement des loyers et charges échus.

Passé ce délai, je me verrai contraint d'entamer une procédure judiciaire et demanderai la résiliation du bail pour non-paiement de loyer.

Veuillez agréer, Monsieur, l'expression de mes sentiments distingués.

> À envoyer en recommandé avec avis de réception.

Excuses pour un retard de paiement de loyer

Madame,

Dès que j'ai reçu votre lettre de rappel de loyer, j'ai vérifié mes comptes et je me suis aperçu que j'avais effectivement oublié de vous envoyer le chèque correspondant au loyer de juin. Je vous l'adresse ci-joint.

Je vous prie de m'excuser pour ce retard de paiement, qui, je l'espère, ne vous aura pas trop gênée.

Veuillez agréer, Madame, l'expression de mes sentiments distingués.

Contestation d'une hausse de loyer lors du renouvellement du bail

Madame,

Vous m'avez adressé le 13 septembre, par courrier recommandé, une proposition d'augmentation de loyer pour le renouvellement de mon contrat de location.

Cette augmentation me paraît totalement injustifiée [excessive...] étant donné les loyers pratiqués dans le quartier. Ceux que vous citez en exemple concernent des logements récents, et parfaitement aménagés, alors que l'appartement

> Donnez des exemples précis des loyers pratiqués dans le voisinage dans des conditions de confort et d'agrément similaires.

que vous me louez ne dispose que d'un confort très réduit *[ne dispose même pas d'une vraie salle de bains...]*.

Je vous demande donc de revoir votre proposition pour que mon loyer n'excède pas 700 euros par mois, soit 16 euros/m^2, ce qui correspond aux loyers réellement pratiqués dans le voisinage pour des logements comparables. *[Je refuse toute augmentation vu les loyers réellement pratiqués dans le voisinage pour des logements comparables.]*

Veuillez agréer, Madame, l'expression de mes sentiments distingués.

> À envoyer en recommandé avec avis de réception.

Réclamation à un propriétaire du justificatif des charges locatives

Monsieur,

Vous me réclamez un solde de charges locatives, qui me paraît élevé, sans même m'en préciser le détail.

Avant de vous régler, je souhaiterais que vous me fassiez parvenir le décompte annuel détaillé des charges ainsi que le mode de répartition entre les locataires.

Je souhaite également consulter les factures, contrats d'entretien et autres pièces justificatives correspondant aux dépenses qui sont à ma charge. Où puis-je les consulter ?

Dans l'attente de votre réponse, veuillez agréer, Monsieur, l'expression de mes sentiments distingués.

Contestation auprès du propriétaire des charges locatives

Monsieur,

J'ai bien reçu votre demande de règlement du solde des charges locatives pour l'année 2000.

Mais, en examinant le décompte détaillé que vous m'avez adressé, je m'aperçois que vous m'avez imputé des dépenses qui ne me concernent pas.

Vous me facturez une partie des travaux de toiture *[de remplacement de canalisations...]*, qui sont à la charge du propriétaire et non du locataire.

Vous me demandez aussi de payer une partie des frais d'entretien de l'ascenseur alors que j'occupe un appartement au rez-de-chaussée et ne l'utilise, donc, jamais.

Je vous prie de m'envoyer un nouveau décompte des charges que je vous dois, déduction faite des sommes que je conteste.

Veuillez agréer, Monsieur, l'expression de ma considération distinguée.

Demande au propriétaire d'autorisation d'entreprendre des travaux

Madame,

Le pavillon que vous me louez ne disposant pas de toilettes au 1er étage *[de baignoire dans la salle d'eau...]*, je souhaiterais en installer en supprimant un placard du couloir.

Pouvez-vous m'autoriser à entreprendre, à mes frais, ces travaux qui amélioreront nettement le confort de la maison *[mettront votre logement aux normes]* ?

Vous trouverez ci-joints le descriptif des travaux et le plan.

Dans l'attente de votre réponse, je vous prie d'agréer, Madame, mes salutations distinguées.

Demande au propriétaire d'effectuer d'urgence des réparations à sa charge

Madame,

Des ardoises étant tombées à la suite des fortes tempêtes de ces jours derniers, il pleut dans la chambre située sous le toit. *[La chaudière étant en panne et non réparable, nous sommes privés de chauffage depuis huit jours...]*

C'est pourquoi je vous demande d'envoyer de toute urgence votre couvreur *[chauffagiste...]* pour qu'il répare la toiture *[remplace la chaudière...]*.

Vous remerciant d'intervenir le plus rapidement possible, je vous prie d'agréer, Madame, mes salutations distinguées.

Relance de demande de travaux au propriétaire

Madame,

Par ma lettre du 7 décembre dernier, je vous informais de la nécessité d'envoyer d'urgence votre couvreur *[chauffagiste...]* pour remplacer les ardoises tombées du toit *[la chaudière hors d'usage...]*.

Depuis lors, et malgré mes relances téléphoniques, vous n'avez toujours pas fait commencer les travaux.

Je vous rappelle que la pluie tombe dans ma chambre située sous le toit. Je suis donc obligé d'aller coucher dans le séjour. *[Je vous rappelle que nous sommes totalement privés de chauffage. Nous devons donc vivre en manteau toute la journée...]*

Je vous prie de faire effectuer cette réparation dans les huit jours. *[Faute de quoi je vous attaquerai en justice et vous demanderai des dommages et intérêts.]*

Veuillez agréer, Madame, mes salutations distinguées.

À envoyer en recommandé avec avis de réception.

Congé donné par le locataire

Monsieur,

Locataire de votre appartement situé 12, rue Saint-Louis, au 2ᵉ étage droite, à La Rochelle, je souhaite résilier mon contrat de location signé le 1ᵉʳ février 2000 *[car j'ai été muté à Épinal, ou car j'ai perdu mon emploi et ne peux plus payer le loyer...]*. Je vous donne donc congé pour le 9 octobre, soit dans trois mois *[un mois...]*.

Je suis à votre disposition pour faire avec vous l'état des lieux, sachant que mon déménagement est prévu pour le 3 octobre.

Veuillez agréer, Monsieur, mes salutations distinguées.

À envoyer en recommandé avec avis de réception.

Contestation de congé donné par le propriétaire

Monsieur,

Vous m'avez adressé le 10 avril un congé me demandant de libérer l'appartement que vous me louez, 9, impasse du Large, à Roscoff, pour le 5 mai.

Ce congé n'est pas valable car il ne m'est pas parvenu dans les délais prévus par la loi *[car il ne m'est pas parvenu dans les délais prévus par mon contrat de location,* ou *car vous ne m'indiquez aucun motif légal pour reprendre votre logement...]*. Je considère donc qu'il est sans effet et que mon contrat sera automatiquement renouvelé à son terme.

Veuillez agréer, Monsieur, l'assurance de ma considération distinguée.

À envoyer en recommandé avec avis de réception.

Demande de remboursement du dépôt de garantie

Madame,

J'ai quitté le 6 juin dernier l'appartement que je vous louais, 8, rue des Belles-Feuilles, à Médoc (33), et je vous en ai remis les clés le 8 juin.

Cela fait plus de quatre mois et vous ne m'avez toujours pas remboursé le dépôt de garantie, dont le montant est de 600 euros.

Or, je tiens à vous rappeler que je vous ai toujours payé le loyer intégralement et vous n'avez constaté aucune dégradation à ma charge lors de l'état des lieux.

Je vous demande donc de m'envoyer dans les plus brefs délais le montant de ma caution *[majorée des intérêts au taux légal]*.

Veuillez agréer, Madame, l'assurance de ma considération distinguée.

À envoyer en recommandé avec avis de réception.

Contestation des frais de remise en état

Monsieur,

Vous m'informez par votre lettre du 28 mai que vous refusez de me rembourser le dépôt de garantie sous prétexte que cette somme doit servir à la remise en état de l'appartement que je vous louais, 5, place Royale.

Or, les travaux de peinture et le changement de la moquette que vous affirmez être nécessaires n'ont aucune raison d'être à ma charge. Lors de l'état des lieux, vous n'avez pas constaté de dégradation particulière dont je sois responsable. L'appartement a simplement subi une usure normale du fait de son occupation durant dix ans. Si vous souhaitez le rénover, c'est à vous qu'en reviennent les frais.

Je vous prie donc de me rembourser l'intégralité du dépôt de garantie dans les plus brefs délais.

Veuillez agréer, Monsieur, mes salutations distinguées.

À envoyer en recommandé avec avis de réception.

Contestation d'une partie des frais de remise en état

Monsieur,

Vous m'avez adressé le 15 mai une facture d'un montant de 685 euros pour la remise en état de l'appartement du 4, rue Basse, que je vous ai loué pendant deux ans, depuis le 30 avril 2000 jusqu'au 30 avril dernier.

J'accepte de prendre à ma charge le changement de la moquette de la chambre dont les taches indélébiles ont été faites par mon fils. En revanche, je refuse absolument d'assumer la réfection du carrelage de la cuisine, car je ne suis en rien responsable de son décollement : une partie du carrelage était déjà décollée lors de mon entrée dans l'appartement (je l'avais mentionné dans l'état des lieux) et le phénomène s'est aggravé (comme je vous l'ai signalé par lettre recommandée le 15 janvier 2001), sans doute par suite d'un défaut de pose.

Vous voudrez donc bien me rembourser mon dépôt de garantie, déduction faite du seul montant du changement de la moquette de la chambre, soit la somme de 150 euros.

Recevez, Monsieur, mes salutations distinguées.

À envoyer en recommandé avec avis de réception.

Vente, achat

Recherche de logement

Monsieur,

Mon ami Patrick Dupont *[La chambre des notaires...]* m'a indiqué votre adresse, car je cherche à acheter une maison dans votre région, où je suis muté en tant que cadre de la société Bacout *[où je souhaite prendre ma retraite...]*.

Il faudrait que la maison ait une surface habitable d'une centaine de mètres carrés, avec au moins deux chambres *[qu'elle soit entourée si possible d'un petit jardin...]*, et située de préférence en ville ou entre 2 et 3 kilomètres alentour. *[L'important est que la maison soit proche d'un arrêt de bus ou de car]*. Il faut aussi qu'elle soit en bon état pour que je puisse m'installer rapidement avec ma famille. *[L'important est que la construction soit saine, peu m'importe l'état intérieur : je suis prêt à entreprendre des travaux de rénovation...]*

Je suis disposé à payer jusqu'à 91 450 euros, frais d'achat compris.

Avez-vous des offres correspondant à mes besoins et à mes moyens ? *[Si vous entendez parler d'une maison correspondant à mes souhaits, pouvez-vous me le faire savoir ?]*

Dans l'attente de votre réponse, je vous prie d'agréer, Monsieur, l'expression de ma considération distinguée.

> À adresser à un agent immobilier, à un notaire, à des relations... Si on s'adresse à un notaire, il faut écrire « Maître ».

Petites annonces immobilières

• Précisez s'il s'agit d'un appartement ou d'une maison, ainsi que le lieu, la situation, l'étage, la superficie, le nombre de pièces, l'état du logement.
• N'oubliez pas de dire que vous êtes un particulier (pour bien montrer que l'annonceur n'est pas une agence).
• Indiquez s'il y a un ascenseur, un parking ou un jardin (donnez sa superficie) et, si vous le désirez, le prix.
• Mentionner les balcons, terrasses, cheminées, cave, grenier, la proximité des écoles, des commerces ou d'une gare .
• De même, une jolie photo peut séduire les acheteurs.

Offres de location
• **5 km Namur** Petite maison meublée style rustique, 60 m^2 sur deux niveaux. Chauffage gaz. Cave, garage, possibilité jardin. 230 €/mois, charges comprises. Activité professionnelle possible. Tél. : 53 74 85 97.

• **Proche Mitry Claye (77).** Particulier à particulier. 25 min gare du Nord SNCF, RER, bus. Toutes commodités. Bon quartier, calme. 2 jeunes gens recherchent colocataire pour partager 4 pièces, 80 m^2. 3 chambres individuelles. Parties communes : séjour, salle de bains, cuisine, WC. 260 €/mois + 30 € provision charges. Libre à partir du 15/05. Bureau : 01 40 68 79 98 ou 01 40 23 56 54 le soir.

Demande de location
• **Professeur de lycée** rech. 3 p. Toulouse centre, loyer max. 400 € charges comprises. Tél. : 03 85 97 45 66 (rép.).

Couple salarié, sérieuses références, recherche F3 ou F4 dans Lyon ou limitrophe. Minimum 70 m^2, 2 chambres, parking si possible, chauffage gaz ou collectif. Proximité transports en commun. Bureau : 05 65 24 03 04 de 8 h 30 à 17 h Mme Durand.

---

2 jeunes filles cherchent 3 pièces (2 chambres + séjour), 60-70 m^2 Paris 18e, 19e, 20e/St-Ouen. 670 € charges comprises. Parents garants. 01 42 58 54 13 après 20 h.

Achats de logement
• **Caen (14).** Urgent cause mutation, cherche maison ou appartement 4 pièces. Parking. Travaux acceptés si prix en rapport. 02 48 85 32 21 entre 18 h et 20 h sf week-end.

Achète maison isolée, environ 100 m^2 habitables dans bois ou forêt, proche rivière. Cave ou sous-sol. 80 km de Besançon maximum. Envoyer photos et prix. Écrire au journal qui transmettra. Réf. 125 4392.

Achat de terrain
Couple avec enfants en bas âge cherche terrain à bâtir dans le 93. De 500 à 1 500 m^2. 01 47 87 97 58 toute la journée.

Echange entre propriétaires
• **Chelle (65).** Maison 85 m^2. Rez-de-chaussée : grand séjour, cuisine, débarras. À l'étage : 2 chambres, salle de bains. Contre maison ou appartement équivalent proche Sophia-Antipolis. 05 45 58 97 65 (province).

Vente de logement
• **Laon (02).** Urgent cause décès. Ville basse, maison 4 pièces, 110 m^2. Proche commerces, écoles, bus. R-de-C. : entrée, séjour avec cheminée, cuisine, WC, garage. Au 1er : 2 chambres, salle de bains, débarras. Au 2e : grenier aménagé en grande chambre. Sous-sol : cave et pièce. Chauffage gaz. Petit jardin arboré. 68 600 €. 03 23 54 78 89 après 19 h.

• **Dijon (21).** Centre-ville, place Darcy. 3 pièces dans petit immeuble au 3e sans ascenseur. Séjour clair avec cuisinette, 2 chambres, 3 grands placards, salle de bains refaite à neuf, WC, chauffage individuel électrique. Cave, garage. 03 80 78 96 54 (rép.).

Vente de terrain
• **20 km Roye (80).** Lieu-dit Mont-Aime. Terrain 3000 m^2 viabilisé, constructible, clos. Sommet de colline. Proximité village. 9 150 €. 03 22 54 89 60 (province).

Viager
• **Villers-en-Ouche (61).** Viager libre ou occupé 1 tête 74 ans. Maison centre bourg. 5 pièces + grenier + garage + cave. Cheminée, insert. Jardin : 150 m^2. Bouquet 12 200 € + 180 € rente mensuelle. 02 33 58 96 78 le soir.

On appelle « bouquet » le montant à verser immédiatement en cas d'achat en viager, auquel s'ajoute la rente mensuelle.

VIE PRATIQUE

- **St-Flovier (37).** Sud Touraine. Viager occupé 2 têtes 73 et 80 ans. 4 pièces dans petit immeuble confort, 100 m^2. Près tous commerces. Conditions à débattre. 02 47 98 54 68.

Offre de logement meublé pour un étudiant

Madame,

Disposant d'une chambre au cœur du Quartier latin, je cherche à la louer à un[e] étudiant[e] offrant des garanties de sérieux. Cette chambre se trouve rue Saint-Jacques, au 6e étage sans ascenseur. Elle est équipée d'une douche-cabine, d'un coin-cuisine, du chauffage individuel au gaz. Les WC sont sur le palier. Elle est meublée d'un lit, d'une table, de deux chaises et d'une armoire. J'en demande 190 € par mois, charges comprises.

Pour la visiter, on peut me joindre au 01 45 98 75 02, tous les jours après 18 heures.

Dans l'attente de votre réponse, je vous prie d'agréer, Madame, l'expression de ma considération distinguée.

Demande de précisions concernant une petite annonce

Madame, Monsieur,

Intéressé[e] par votre annonce parue dans le *Journal des occasions* du 15 mars dernier sous la référence 110/FTO 6325, j'aimerais que vous me donniez des précisions sur le studio à louer, à partir du 15 décembre prochain, rue de la Belle-Arrivée, à Rivière-du-Loup.
- Quelle est son orientation ? Est-il calme ?
- Est-il proche de la gare ? des commerces ?
- À quel étage se trouve-t-il ?
- Y a-t-il un ascenseur ?
- Comment est-il chauffé ?
- Peut-on disposer d'une cave ? et d'un parking ? dans quelles conditions ?

Dans l'attente de votre réponse, croyez, Madame, Monsieur, à ma considération distinguée.

Annulation de la réservation d'un appartement vendu sur plan

Monsieur,

J'ai signé le 20 septembre 2000 un contrat de réservation de l'appartement référencé B25 dans l'immeuble situé 22, rue du Général-Leclerc, à Limoges (87).

Mais, en lisant le projet de contrat définitif que vient de m'envoyer le notaire, je remarque qu'il ne respecte pas les engagements du contrat préliminaire : le prix de vente a été révisé à la hausse de plus de 5 % *[la salle de bains a été remplacée par une simple douche, une fenêtre a été supprimée dans le séjour...]*.

Dans ces conditions, je préfère annuler ma réservation. Et je vous demande de me rembourser intégralement mon dépôt de garantie.

Veuillez agréer, Monsieur, l'expression de ma parfaite considération.

À envoyer en recommandé avec avis de réception. Renseignez-vous auprès d'un avocat ou d'une association de consommateurs sur les modifications permettant au client de se désengager.

Résiliation d'un contrat de promesse de vente par suite de refus de prêt

Monsieur,

Le prêt que j'avais demandé pour l'achat de l'appartement *[du terrain...]* situé 8, allée des Pinsons, à Arcueil (94), vient de m'être refusé (vous trouverez ci-jointe la photocopie de la lettre de refus de prêt).

En conséquence, et comme le prévoit la loi, je me vois dans l'obligation d'annuler notre contrat de promesse de vente.

Vous voudrez bien me rembourser l'intégralité de l'acompte, versé le 30 novembre, dans les quinze jours *[sachant que, passé ce délai, vous me devriez en outre les intérêts légaux]*.

Vous en remerciant, je vous prie d'agréer, Monsieur, l'expression de mes sentiments distingués.

À envoyer en recommandé avec avis de réception.

Voisinage

Affichette pour s'excuser de la gêne occasionnée par des travaux

> Monsieur et Madame Pascal MARTOL
>
> prient les propriétaires et les locataires de l'immeuble de bien vouloir les excuser de la gêne occasionnée par les travaux de rénovation qu'ils entreprennent dans leur appartement du 4ᵉ étage droite, à partir du 5 avril, et ce pendant un mois environ.

À placer près des boîtes aux lettres.

Lettre à un voisin pour s'excuser de la gêne occasionnée par des travaux

Monsieur,

Nouveau propriétaire du pavillon voisin du vôtre, je tiens à vous informer que nous allons procéder à des travaux de rénovation de notre maison à partir du 12 mai.

Ces travaux devraient durer un mois. Nous vous prions de bien vouloir nous excuser de la gêne qu'ils pourront vous causer et vous assurons que nous ferons notre possible pour que celle-ci soit réduite au minimum.

Espérant que nous aurons bientôt l'occasion de faire plus amplement connaissance, je vous prie d'agréer, Monsieur, l'expression de mes sentiments distingués.

Demande de droit de passage sur le terrain d'un voisin

Monsieur,

Je viens d'acquérir la parcelle de terrain cadastrée C.12, située au milieu de votre propriété, et à laquelle on ne peut accéder qu'à pied tant le chemin est étroit.

Pouvez-vous m'accorder un droit de passage plus large afin de me permettre d'accéder chez moi en voiture *[d'accéder à mon champ avec mon tracteur...]* ?

Nous pourrions en discuter lors de mon prochain séjour, du 12 au 30 mai.

Je souhaite vivement que nous trouvions un accord satisfaisant pour l'un et pour l'autre.

Dans l'attente de votre réponse, je vous prie d'agréer, Monsieur, l'expression de ma considération distinguée.

Plainte pour non-respect de la propriété privée

Monsieur,

Bien que je vous aie demandé à de nombreuses reprises de ne pas passer avec votre tracteur, ni même à pied, sur le chemin qui traverse mon champ *[terrain...]* pour aller de Villeneuve à Chadeleuf, vous vous entêtez à le faire.

Même si c'est, pour vous, un raccourci, je vous rappelle que ce chemin m'appartient. Il est strictement privé.

Je vous interdis donc de l'emprunter. Si vous franchissez à nouveau la limite de mon terrain avec votre tracteur, ou à pied, je ferai appel à la justice pour vous obliger à respecter mon droit.

Recevez, Monsieur, mes salutations distinguées.

Plainte concernant l'écoulement des eaux de pluie

Monsieur,

Je vous ai fait remarquer à plusieurs reprises que les eaux de pluie tombant sur votre toit s'écoulent sur mon terrain *[mon toit, mon garage, mon hangar...]*, et de ce fait endommagent mes plantations.

Je vous demande donc encore une fois de poser des gouttières afin que les eaux pluviales ne se déversent plus chez moi *[sans quoi je me verrai obligé de porter l'affaire en justice en réclamant une indemnité]*.

> Indiquez les dates de vos différents courriers et joignez éventuellement les photocopies de vos lettres.

En espérant que vous ferez exécuter ces travaux dans les plus brefs délais, je vous prie d'agréer, Monsieur, l'assurance de ma considération distinguée.

Demande à un voisin de couper un arbre menaçant

Madame,

Il me semble que le grand sapin *[chêne, noyer...]* situé en bordure de votre jardin menace de tomber sur mon terrain *[sur mon toit, sur notre mur mitoyen...]*. C'est pourquoi je vous suggère de le faire abattre avant qu'il ne cause des dégâts.

Je vous rappelle qu'en cas d'accident provoqué par la chute de cet arbre vous serez considérée comme entièrement responsable et devrez me verser une indemnité.

Espérant que vous comprendrez qu'il s'agit là de votre intérêt comme du mien, et dans l'attente d'une réponse rapide de votre part, je vous prie de croire, Madame, à l'expression de mes sentiments les meilleurs.

Demande à un voisin de ne pas ouvrir de fenêtre ayant vue chez soi

Monsieur,

En observant les travaux de construction que vous effectuez sur le terrain à côté du mien, il me semble que vous avez l'intention d'ouvrir une fenêtre donnant sur ma façade, sans respecter les distances prévues par la loi.

Je vous prie donc de bien vouloir renoncer à l'ouverture de cette fenêtre et de revoir votre construction afin qu'elle n'ait pas vue chez moi.

Veuillez agréer, Monsieur, l'expression de mes sentiments distingués.

À envoyer en recommandé avec avis de réception.

Mise en demeure à un voisin de supprimer une fenêtre ayant vue chez soi

Monsieur,

Dans ma lettre du 3 février dernier, je vous demandais de modifier l'ouverture d'une fenêtre qui avait vue chez moi et pour laquelle les distances légales n'étaient pas respectées.

Ma demande n'ayant pas été suivie d'effet, je vous mets en demeure de supprimer sous huitaine cette fenêtre et de revoir votre construction pour vous mettre en conformité avec la loi.

Souhaitant vivement conserver avec vous des rapports de bon voisinage, j'espère que vous accepterez de modifier votre projet. Dans le cas contraire, je me verrais malheureusement contraint de porter l'affaire en justice afin de faire respecter mes droits.

Recevez, Monsieur, l'assurance de mes sentiments distingués.

> À envoyer en recommandé avec avis de réception.

Plainte pour bruits excessifs

Monsieur,

Je vous ai déjà demandé de vive voix à plusieurs reprises de bien vouloir baisser votre radio *[chaîne hi-fi, télévision...]*.

Vous réglez en effet le son si fort qu'il est extrêmement difficile de lire en se concentrant dans la journée ou de dormir le soir *[mon studio n'étant séparé du vôtre que par une mince paroi...]*. Je suis actuellement en train de préparer des examens et suis très gêné *[Ma femme, sujette à la migraine, ne peut se reposer car elle est très gênée...]* par les bruits provenant de votre appartement. Je vous prie donc de mettre fin à ces nuisances sonores *[sans quoi je me verrai obligé de porter plainte...]*.

J'espère *[toutefois vivement que nous n'en arriverons pas à cette extrémité et]* que ma lettre suffira à vous faire comprendre combien vous me *[nous...]* dérangez.

Croyez que je souhaite préserver des rapports de bon voisinage et veuillez agréer, Monsieur, l'expression de mes sentiments distingués.

Plainte pour troubles causés par des animaux domestiques

Madame,

Votre chien vient aujourd'hui à nouveau de pénétrer dans mon jardin et il a piétiné les salades que je venais de repiquer *[il s'est introduit dans le poulailler et a tué cinq poussins, ou il a mangé toutes mes fleurs...]*.

Je vous ai déjà demandé à plusieurs reprises de surveiller votre animal. Cette fois, c'en est trop. Je vous prie donc de m'indemniser pour les dégâts causés, dont le montant s'élève à 15 euros. Vous voudrez bien me faire parvenir cette somme dans les plus brefs délais pour que je puisse remplacer ces pieds de laitue *[poussins, fleurs...]*.

J'espère que vous accepterez de réparer ainsi les dommages dont vous êtes responsable afin que nous puissions conserver des relations de bon voisinage, et que vous prendrez les mesures nécessaires pour que ce genre d'incident ne se reproduise pas.

Je vous prie d'agréer, Madame, l'expression de mes sentiments distingués.

Achats, réclamations

228 Achat : annulation
- 228 Renoncement à un achat pour lequel on a versé des arrhes
- 228 Renoncement à un achat à crédit
- 228 Annulation d'un achat effectué par un mineur

229 Achat : réclamation
- 229 Réclamation pour un retard de livraison
- 229 Demande d'échange pour une marchandise non conforme à la commande
- 230 Demande de remboursement pour tromperie sur la marchandise

230 Article reçu mais non commandé
- 230 Refus de payer un article reçu mais non commandé

231 Demande d'indemnité à un commerçant
- 231 Demande d'indemnité à un teinturier pour un vêtement abîmé
- 231 Demande d'indemnité à un réparateur pour un article perdu
- 232 Demande d'indemnité pour un vêtement disparu dans un restaurant
- 232 Demande de remboursement de frais occasionné par un prestataire de services
- 233 Rappel de demande de remboursement

233 Demande d'indemnité à un transporteur
- 233 Demande d'indemnisation pour retard de train
- 234 Demande d'indemnisation pour des bagages enregistrés perdus ou abîmés
- 234 Demande d'indemnisation en cas de surréservation en avion

Achat : annulation

Renoncement à un achat pour lequel on a versé des arrhes

Madame,

Le 7 novembre dernier, je vous ai commandé *[fait mettre de côté...]* un costume pour lequel je vous ai versé 90 euros d'arrhes par chèque sur le Crédit du Sud n° 884 022.

Après réflexion, je n'ai plus l'intention d'acheter cet article. Comme cela est la règle, vous pouvez conserver les arrhes mais je ne vous dois rien d'autre.

Veuillez agréer, Madame, l'expression de mes sentiments distingués.

> À envoyer en recommandé avec avis de réception.

Renoncement à un achat à crédit

Monsieur,

J'ai signé un engagement d'achat à crédit d'une encyclopédie le 15 novembre 2002.

Après réflexion, je désire renoncer à cet achat. Vous voudrez donc bien noter que j'annule mon engagement et, en conséquence, ne pas m'expédier cet ouvrage. Je vous prie également de me rembourser la somme de 120 euros que je vous ai déjà versée.

Veuillez agréer, Monsieur, l'expression de mes sentiments distingués.

Annulation d'un achat effectué par un mineur

Monsieur,

Notre fils Philippe, âgé de quinze ans, a acheté chez vous, le 12 février dernier, un vélomoteur *[une chaîne hi-fi...]* sans notre autorisation.

> À envoyer en recommandé avec avis de réception. Attention à bien respecter le délai prévu par la loi.

Étant donné qu'il est mineur, nous vous demandons l'annulation de cette vente. Nous vous rapporterons donc la marchandise et viendrons récupérer la somme versée par notre fils samedi. *[Nous vous renvoyons la marchandise et vous prions de nous rembourser au plus vite la somme versée par notre fils...]*

Veuillez agréer, Monsieur, mes salutations distinguées.

À envoyer en recommandé avec avis de réception.

Achat : réclamation

Réclamation pour un retard de livraison

Madame,

Vous ne m'avez toujours pas livré le canapé que je vous ai commandé le 6 février dernier.

Le bon de commande n° 157 910 prévoyait une livraison dans un délai de quinze jours, soit au plus tard le 21 février. Or ce délai est largement dépassé. Nous sommes aujourd'hui le 1er mars.

Je vous mets donc en demeure de me livrer mon canapé dans les huit jours. Passé ce délai, j'annulerai ma commande. *[Je vous prie d'annuler ma commande et de me rembourser sous huitaine la somme de ... francs que je vous ai versée...]*

Veuillez agréer, Madame, mes salutations distinguées.

À envoyer en recommandé avec avis de réception.

Demande d'échange pour une marchandise non conforme à la commande

Madame,

Suite à ma commande du 13 mai 2000 portant la référence n° 320 B 12, vous m'avez livré, le 7 juin, un canapé.

Or ce canapé ne correspond pas à celui que je vous avais commandé : il est recouvert de cuir brun au lieu de cuir beige, comme prévu.

À envoyer en recommandé avec avis de réception.

J'étais absent lors de la livraison et c'est la gardienne qui l'a réceptionné, ce qui explique l'absence de réserve sur le bon de livraison. Je vous prie donc de venir le reprendre, à vos frais, et de me livrer dans les huit jours *[dans les plus brefs délais]* le canapé conforme à ma commande.

Veuillez agréer, Madame, mes salutations distinguées.

Demande de remboursement pour tromperie sur la marchandise

Monsieur,

Vous m'avez vendu une table certifiée en chêne massif.

Or, en l'examinant avec attention, je me suis aperçu*[e]* qu'elle est en bois blanc, peint façon chêne.

Je vous demande donc de me rembourser la somme versée pour l'achat de ce meuble et de venir le chercher dans les huit jours. Passé ce délai *[À défaut d'accord amiable]*, je me verrai contraint*[e]* de porter plainte pour tromperie.

Veuillez agréer, Monsieur, mes salutations distinguées.

> Joignez les pièces justificatives : bon de commande, facture.

Article reçu mais non commandé

Refus de payer un article reçu mais non commandé

Monsieur,

Vous m'adressez une facture pour un service à café que j'ai effectivement reçu, mais que je n'ai jamais commandé.

Il est hors de question que je vous le règle ou que je me dérange pour vous le renvoyer. Venez le chercher vous-même si vous le désirez, en me prévenant à l'avance.

Veuillez agréer, Monsieur, mes salutations distinguées.

> À envoyer en recommandé avec avis de réception.

Demande d'indemnité à un commerçant

Demande d'indemnité à un teinturier pour un vêtement abîmé

Madame,

Je vous avais donné à nettoyer la semaine dernière une chemise qui était en parfait état. Lorsque je suis venu la récupérer hier, je vous ai fait remarquer que la manche droite était déchirée.

Vous avez prétendu que cette déchirure existait avant le nettoyage. Mais c'est impossible, sinon vous l'auriez indiqué sur le ticket de dépôt. Je vous demande donc de me verser la somme de 20 euros à titre d'indemnité.

Vous trouverez ci-jointes la photocopie du ticket de dépôt de cette chemise ainsi que celle de sa facture d'achat *[de cette chemise que j'avais achetée 45 euros il y a un mois...]*.

Veuillez agréer, Madame, mes salutations distinguées.

> À envoyer en recommandé avec avis de réception.

Demande d'indemnité à un réparateur pour un article perdu

Monsieur,

Je vous avais donné à réparer mon fer à repasser *[une paire de bottes...]* le 6 janvier dernier. Depuis, je suis venu trois fois le *[la]* rechercher et vous ne l'avez toujours pas retrouvé*[e]*. Il est maintenant évident que vous l'avez perdu*[e]*. Je vous demande donc de me verser une indemnité de 40 euros en remplacement de ce fer *[ces bottes...]*.

Vous trouverez ci-jointes la photocopie du ticket de dépôt ainsi que celle de la facture d'achat. *[Vous trouverez ci-jointe la photocopie du ticket de dépôt de ce fer à repasser, que j'avais acheté 105 euros il y a un an...]*

Veuillez agréer, Monsieur, mes salutations distinguées.

> À envoyer en recommandé avec avis de réception.

VIE PRATIQUE

Demande d'indemnité pour un vêtement disparu dans un restaurant

Madame,

Après avoir dîné dans votre restaurant le 14 avril dernier, je n'ai pas retrouvé en partant mon blouson que j'avais accroché au portemanteau, près de l'entrée. Quelqu'un avait dû le voler...

Vous êtes responsable des vêtements déposés au vestiaire, aussi je vous demande de me verser une indemnité de 120 euros en remplacement de ce vêtement.

Vous trouverez ci-jointe la photocopie de la facture d'achat de ce blouson. *[C'était un blouson de marque... que j'avais acheté 140 euros il y a six mois...]*

Je vous prie d'agréer, Madame, l'expression de mes sentiments distingués.

> À envoyer en recommandé avec avis de réception.

Demande de remboursement de frais occasionnés par un prestataire de services

Monsieur,

Lorsque je suis venue dîner dans votre restaurant le 3 mai dernier, l'un de vos serveurs a renversé de la sauce tomate sur ma robe.

Après cet incident, il a été convenu que je vous adresse la facture du teinturier. Vous en trouverez ci-jointe une photocopie, qui vous permettra de me rembourser dans les meilleurs délais. *[Malheureusement, ma robe était extrêmement fragile et le teinturier n'a pu enlever la tache, qui reste très apparente. C'est pourquoi je vous demande de bien vouloir me rembourser ce vêtement. C'était une robe de la marque ... qui valait 185 euros. Je n'ai plus la facture, mais j'ai demandé au magasin de me fournir un certificat d'achat dont vous trouverez la photocopie ci-jointe.]*

Avec mes remerciements anticipés, je vous prie d'agréer, Monsieur, l'assurance de mes sentiments distingués.

Rappel de demande de remboursement

Monsieur,

Veuillez trouver ci-jointe une photocopie de la lettre que je vous ai envoyée et dans laquelle je vous demandais de me régler le plus rapidement possible les frais de teinturerie occasionnés par la maladresse d'un de vos employés. À ce jour, je n'ai reçu aucune réponse à mon courrier.

Je vous prie donc instamment de bien vouloir m'adresser le règlement de cette facture par retour du courrier.

Dans cette attente, veuillez agréer, Monsieur, l'expression de mes sentiments distingués.

Demande d'indemnité à un transporteur

Demande d'indemnisation pour retard de train

Monsieur,

Le TGV 858 partant à 8 h 10 de Lille, le 3 juin, est arrivé à Paris avec 45 minutes de retard.

Je vous prie donc de bien vouloir m'adresser en compensation un « bon de voyage », comme vous vous y engagez par votre « contrat régularité ».

Vous trouverez ci-joint mon billet.

Veuillez croire, Monsieur, à l'assurance de mes sentiments distingués.

> Les transporteurs ne sont pas tenus d'indemniser les voyageurs pour les retards, mais ils acceptent parfois de le faire.

Demande d'indemnisation pour des bagages enregistrés perdus ou abîmés

Monsieur,

Le 7 juillet 2002, j'ai pris le vol 749, partant de Genève à 12 h 25 pour Marseille, et j'ai fait enregistrer deux valises. À l'arrivée, l'une de ces valises manquait.

Vous voudrez donc bien m'indemniser de la perte de ce bagage et de son contenu, que j'estime à 460 euros.

Vous trouverez ci-jointes les copies du bordereau d'enregistrement et de la déclaration de perte que j'ai faite dès l'arrivée. Je vous joins également la liste des objets qui se trouvaient dans ma valise, leur estimation et les copies des factures que j'avais conservées.

Avec mes remerciements, veuillez agréer, Monsieur, l'expression de mes sentiments distingués.

> À envoyer en recommandé avec avis de réception.

Demande d'indemnisation en cas de surréservation en avion

Monsieur,

J'avais acheté un billet de votre compagnie et confirmé ma réservation sur le vol 425 Bruxelles-Londres, partant le 8 novembre 2000 à 11 h 15. Arrivé à l'aéroport, un représentant de votre compagnie m'a prévenu que je ne pourrais pas partir par ce vol en raison d'une surréservation de votre part. Il m'a proposé de prendre le vol suivant à 15 h 30, ce qui m'a fait perdre une partie de la journée à l'aéroport et m'a empêché d'assister aux rendez-vous que j'avais prévus l'après-midi à Londres.

Je vous demande donc de bien vouloir m'indemniser pour ce contretemps et de me rembourser le déjeuner que j'ai pris à l'aéroport en attendant l'avion suivant.

Vous trouverez ci-jointes les photocopies de mon billet et de la note de restaurant.

Veuillez agréer, Monsieur, l'expression de mes sentiments distingués.

> À envoyer en recommandé avec avis de réception. La réglementation européenne prévoit le dédommagement des personnes victimes de surréservation (en anglais « surbooking »).

Automobile

237 Achat, vente : formalités
    237 Certificat de vente
    237 Demande de certificat de non-gage
    237 Vente-envoi à la casse d'un véhicule :
           lettre à la préfecture

238 Achat, vente : réclamations
    238 Réclamation pour un retard de livraison
    238 Demande de remboursement pour tromperie

239 Assurances
    239 Signalement du changement d'usage d'un véhicule
    239 Signalement d'un conducteur occasionnel
    240 Déclaration d'accident entre véhicules
    240 Demande de témoignage
    241 Rédaction de témoignage
    241 Déclaration de vol de véhicule
    242 Déclaration de vol dans une voiture
    242 Contestation de la valeur d'indemnisation
           d'un véhicule

243 Contraventions
    243 Contestation d'une contravention pour non-paiement
    243 Contestation d'une contravention pour stationnement
           devant une sortie de voiture

244 Réparations
    244 Réclamation pour des réparations mal faites

Pour écrire à l'assureur

Pour signaler un changement, vous pouvez téléphoner à votre assureur afin de l'informer au plus tôt. Mais confirmez toujours le contenu de votre entretien téléphonique par lettre recommandée avec avis de réception.

Rappelez toujours :

- vos nom, adresse et numéro de téléphone,
- la marque, le type et le numéro d'immatriculation de votre véhicule,
- le numéro de votre police d'assurance,
- les références du dossier concerné,
- le nom de la personne responsable de votre dossier, à l'aide de la formule « À l'attention de M. ou Mme... ».

François Despierres
15, rue des Lilas
92400 Courbevoie
Tél. : 01 43 84 13 22

Peugeot 106 : 725 RNH 92
Police n° 25 772 85
Votre réf. : 11 00004221/83/42

À l'attention de Mme Batre
Assurauto
25, rue Blanche
92400 Courbevoie

12 juin 2000

Madame,

Achat, vente : formalités

Certificat de vente

Je soussigné*[e]* Mme [M.] Dominique Territ, demeurant 8, rue de la Porte, à Cahors (46000), certifie avoir vendu à M. Claude Faber, demeurant 25, avenue de la Gare, à Limogne-en-Quercy (46260), ma Renault Laguna immatriculée 485 DG 46.

À Cahors, le 15 juin 2000

[signature du vendeur]

> Veillez à ce que la date du certificat de vente soit bien la même que celle de l'annulation de la carte grise.

Demande de certificat de non-gage

Monsieur,

Pouvez-vous avoir l'amabilité de m'adresser un certificat de non-gage pour ma Peugeot 605, immatriculée 5489 NV 80 ?

Vous trouverez ci-joint la photocopie de la carte grise.

Avec mes remerciements, je vous prie d'agréer, Monsieur, mes salutations distinguées.

> À envoyer en recommandé avec avis de réception.

Vente/envoi à la casse d'un véhicule : lettre à la préfecture

Monsieur le Préfet,

Je vous informe que j'ai vendu *[envoyé à la casse...]* le 30 mai 2000 la Renault R20, immatriculée 725 DNG 63, dont j'étais propriétaire. Je l'ai en effet cédée à Mme Anne Pernot, demeurant 12, rue des Monts, à Besse-et-Sainte-Anastaise (63610) *[à Kassauto, 35 avenue Pascal, à Allay (63)]*.

Vous trouverez ci-jointe la photocopie de la carte grise barrée *[la carte grise de ce véhicule désormais hors d'usage]*.

Veuillez agréer, Monsieur le Préfet, l'expression de ma respectueuse considération.

> À envoyer en recommandé avec avis de réception.

Achat, vente : réclamations

Réclamation pour un retard de livraison

Monsieur,

Je vous ai commandé une Opel Vectra qui devait m'être livrée le 25 avril 2000 comme il est indiqué sur le bon de commande n° 456 985 B du 15 mars.

Le 3 mai, vous m'avez affirmé qu'elle me serait livrée au plus tard le 10. Et aujourd'hui vous m'apprenez qu'il me faut encore attendre une semaine...

Comme je vous l'ai expliqué lors de notre entretien téléphonique, ce retard me cause de sérieux problèmes puisque je compte sur cette voiture pour partir en vacances.

Je vous mets donc en demeure de me livrer dans les huit jours la voiture commandée. Sinon, je considérerai notre contrat comme rompu et vous réclamerai le remboursement de la somme déjà versée *[ainsi que des dommages et intérêts]*.

Veuillez agréer, Monsieur, l'expression de ma considération.

À envoyer en recommandé avec avis de réception.

Demande de remboursement pour tromperie

Madame,

Vous m'avez vendu le 22 novembre 1999 une Peugeot 106 d'occasion de moins de cinq ans, décrite dans votre annonce comme un « véhicule en excellent état ».

Or elle vient de tomber en panne et le garagiste m'affirme que le problème d'embrayage *[de changement de vitesse...]* ne vient pas de l'usure normale mais du fait que la voiture a été accidentée.

Je vous mets donc en demeure de me rembourser la somme versée pour l'achat de ce véhicule et de venir le chercher sous huitaine *[Je vous demande donc de prendre en charge les réparations, dont vous trouverez le devis ci-joint...]*. Passé ce délai *[À défaut d'accord amiable]*, je porterai plainte pour tromperie.

Veuillez agréer, Madame, mes salutations distinguées.

Joignez l'attestation du garagiste. À envoyer en recommandé avec avis de réception.

Assurances

Signalement du changement d'usage d'un véhicule

Monsieur,

Comme je vous l'ai signalé par téléphone ce jour, je vous confirme le changement d'usage de ma Renault Espace, immatriculée 1745 GV 69. Alors que je l'utilisais uniquement pour des déplacements privés, elle servira, à compter de demain 10 décembre, à des livraisons dans Lyon et ses environs. Cette voiture sera également conduite par les employés habituels de mon entreprise.

Je vous remercie de bien vouloir modifier mon contrat en conséquence et de m'en donner confirmation dans les meilleurs délais.

Veuillez agréer, Monsieur, l'expression de ma considération distinguée.

> À envoyer en recommandé avec avis de réception.

Signalement d'un conducteur occasionnel

Madame,

Suite à notre entretien téléphonique de ce jour, je vous confirme mon intention de prêter ma voiture (Citroën AX, immatriculée 5897 BV 21) à mon neveu Jean-François Astruc, du 15 juin au 15 septembre de cette année. Je vous rappelle qu'il est âgé de 20 ans et n'a son permis que depuis 18 mois. Je vous adresse ci-jointe une photocopie de son permis de conduire.

J'ai bien noté que cela entraînera une augmentation de la franchise de 230 euros à 305 euros.

Veuillez agréer, Madame, l'expression de ma considération distinguée.

P.J. 1 photocopie

> À envoyer en recommandé avec avis de réception.

Déclaration d'accident entre véhicules

Madame,

Hier, lundi 2 novembre, je me rendais vers 13 h 30 à moto sur mon lieu de travail quand j'ai été renversé*[e]* par une voiture qui me doublait sur la droite. Le conducteur du véhicule, M. Seval, 3, rue Papin, 75018 Paris, a rempli et signé avec moi un constat que vous trouverez ci-joint.

[Je me suis relevé[e] rapidement et, pensant n'avoir aucune contusion, je n'ai pas voulu, comme me le suggérait un témoin, Mme Salsa, aller me faire examiner à l'hôpital. Cependant, je constate aujourd'hui que je souffre du dos et que j'ai du mal à respirer. J'ai pris un rendez-vous pour passer un examen médical jeudi prochain et vous en adresserai les conclusions immédiatement. J'émets donc des réserves sur les suites médicales de cet accident.]

S'il vous fallait davantage de précisions ou s'il y avait contestation, je pourrais demander à un témoin de donner sa version des faits. Mme Florence Salsa a en effet vu l'accident et s'est proposée pour témoigner si cela était nécessaire.

Veuillez agréer, Madame, l'expression de ma considération distinguée.

À envoyer en recommandé avec avis de réception.

Demande de témoignage

Madame,

Vous avez assisté le 2 novembre dernier, vers 13 h 30, à un accident à la hauteur du 25, boulevard du Maréchal-Leclerc, et vous m'avez aimablement proposé de témoigner si cela était nécessaire.

Il serait en effet très utile que vous rédigiez un court témoignage décrivant aussi précisément que possible les circonstances de l'accident. Je vous rappelle que je conduisais une moto Honda 250 rouge et que l'autre véhicule était une Renault 19 noire.

Avec mes remerciements, je vous prie d'agréer, Madame, mes salutations distinguées.

Envoyer la lettre avec une enveloppe timbrée à vos nom et adresse pour la réponse.

Rédaction de témoignage

Je soussignée Florence Salsa, née le 4 avril 1967, demeurant 10, rue des Loges, à Montreuil (93048), certifie avoir été témoin de l'accident survenu à Mme Dutilleux à la hauteur du 25, boulevard du Maréchal-Leclerc, le 2 novembre 2000 à 13 h 30, à Montreuil.

J'attendais le changement de feu pour traverser le boulevard, alors fort encombré, quand j'ai vu une Renault 19 noire tenter de doubler la file de voitures en empiétant sur la voie réservée aux autobus. Brutalement, sans doute parce qu'il avait aperçu un autobus venant en sens inverse sur cette voie, le conducteur de la Renault 19 noire s'est rabattu sur la gauche. C'est ainsi qu'il a heurté la moto Honda rouge et fait tomber sa conductrice.

Fait à Montreuil, le 20 novembre 2000

[signature]

> Le témoignage doit comporter une description précise des faits.

Déclaration de vol de véhicule

Monsieur,

J'ai le regret de vous informer que ma Honda Civic, immatriculée 498 DX 74, m'a été volée dans la nuit du 12 au 13 juin 2000. Elle se trouvait garée rue des Lices, presque à l'angle de la rue Clerc, à Lyon. Elle était fermée à clé.

Vous trouverez ci-jointes une copie de la plainte que j'ai déposée au commissariat de police dès le 13 au matin et une estimation du montant des objets volés dont j'ai établi une liste non exhaustive.

Bien entendu, si ma voiture était retrouvée, je vous en informerais aussitôt. Dans le cas contraire, je vous serais reconnaissant*[e]* de m'indemniser dès que possible.

Je vous prie d'agréer, Monsieur, l'expression de ma considération distinguée.

> À envoyer en recommandé avec avis de réception.

Déclaration de vol dans une voiture

Madame,

Ma Renault 19, immatriculée 878 JG 80, stationnée 12, rue La Fontaine, à Amiens (80001), a eu la vitre arrière brisée dans la nuit du 24 au 25 novembre 2002. On m'a volé mon lecteur de CD Sony D808K ainsi que cinq disques compacts.

Vous trouverez ci-jointes la photocopie de la plainte déposée au commissariat et les factures des objets volés, correspondant à un montant de 85 euros pour les disques compacts et de 380 euros pour le lecteur laser. Je vous adresserai la facture du remplacement de la vitre arrière dès que celui-ci aura été effectué.

En vous remerciant de me rembourser au plus vite ce qui est garanti par mon contrat n° 456 558 12 TF, je vous prie d'agréer, Madame, l'expression de ma considération distinguée.

> À envoyer en recommandé avec avis de réception.

Contestation de la valeur d'indemnisation d'un véhicule

Monsieur,

Par votre courrier daté du 14 mai 2002, vous me proposez une indemnisation d'un montant de 762 euros pour l'accident n° 689 368.

Cette estimation me paraît très insuffisante étant donné le parfait état dans lequel se trouvait ma voiture avant l'accident. Ma Renault Safrane, achetée neuve le 15 septembre 1998, n'avait que 45 000 kilomètres et sa carrosserie était impeccable. Je vous demande donc de revoir cette somme afin que je puisse me racheter une voiture équivalente.

Pour ce faire, je joins à ma lettre une attestation de mon garagiste habituel sur l'état de la voiture très peu de temps avant l'accident, ainsi que des annonces de ventes de véhicules d'occasion du *Journal des occasions*.

Dans l'attente de votre réponse, je vous prie d'agréer, Monsieur, l'expression de ma considération distinguée.

> À envoyer en recommandé avec avis de réception.

Contraventions

Contestation d'une contravention pour non-paiement

Monsieur le Préfet,

Ce matin 12 mars 2000, j'ai laissé ma voiture en stationnement devant le 18, rue des Bosquets, à Nice, sans pouvoir mettre de ticket de parcmètre car tous les horodateurs de la rue étaient en panne.

En revenant, j'ai eu la désagréable surprise de trouver sur mon pare-brise une contravention pour « stationnement non payé ».

Je vous demande l'annulation de cette contravention en raison du non-fonctionnement des appareils de paiement.

Veuillez agréer, Monsieur le Préfet, l'assurance de ma considération distinguée.

P.J. : Contravention du 12 mars.

> À adresser au préfet de police, service des contraventions.

Contestation d'une contravention pour stationnement devant une sortie de voiture

Monsieur le Préfet,

Lundi 5 octobre 2000, vers 12 h 30, j'avais garé ma voiture, immatriculée 963 GH 21, sur une place autorisée devant le 10, rue des Pénitents. Quand je suis revenu[e] à 14 h, ma voiture se trouvait devant le bateau situé en face du 8 de la rue et avait une contravention pour stationnement interdit avec enlèvement demandé.

En réalité, ma voiture avait été poussée jusque-là par un autre véhicule cherchant à se garer. Vous trouverez ci-joint le témoignage de Mme Blancot, gérante de la boutique Rêveries située juste en face, qui a observé la scène.

Je vous serais donc reconnaissant[e] de bien vouloir annuler cette contravention dont je ne suis pas responsable.

> À envoyer en recommandé avec avis de réception.

En vous remerciant de votre compréhension, je vous prie d'agréer, Monsieur le Préfet, l'expression de ma considération distinguée.

Réparations

Réclamation pour des réparations mal faites

Monsieur,

Je vous avais confié ma Fiat Panda Brio, immatriculée 485 GV 70, pour que vous répariez l'embrayage *[la boîte de vitesses...]*.

Je l'ai reprise le 7 mai 2002 après avoir réglé la facture d'un montant de 230 euros.

Or je viens de tomber à nouveau en panne lors d'un déplacement en province. Et le garagiste à qui j'ai été obligé de confier la voiture en urgence m'affirme que la réparation de l'embrayage *[la boîte de vitesses...]* a été mal faite.

Je vous demande donc de me rembourser le montant de cette seconde réparation due au fait que vous n'aviez pas bien remis le véhicule en état.

Vous trouverez ci-joints la photocopie de la facture ainsi que le constat du garagiste précisant les causes de cette nouvelle panne.

[J'espère que vous accepterez de me rembourser au plus vite cette facture, sans quoi je serais obligé[e] de porter plainte et réclamerais même des dommages et intérêts.]

Veuillez agréer, Monsieur, mes salutations distinguées.

Vacances, loisirs

246 Demande d'autorisation
- 246 Demande d'autorisation de camper
- 246 Demande d'autorisation de visite exceptionnelle

247 Demande de documentation
- 247 Demande de renseignements à un office de tourisme
- 247 Demande de documentation à un organisme de voyages ou de loisirs
- 248 Demande de renseignements à un média

248 Locations saisonnières
- 248 Demande de location à une agence
- 249 Petites annonces
- 250 Demande de précisions sur une location saisonnière

251 Réclamations
- 251 Réclamations auprès d'un loueur pour faux renseignements
- 252 Réclamations à une agence de voyages pour engagements non tenus

253 Réservations, annulations
- 253 Réservation d'une location de vacances
- 253 Annulation d'une réservation de logement
- 254 Annulation d'un contrat de voyage assuré
- 254 Annulation par suite de modification du voyage

Demande d'autorisation

Demande d'autorisation de camper

Monsieur *[le Maire]*,

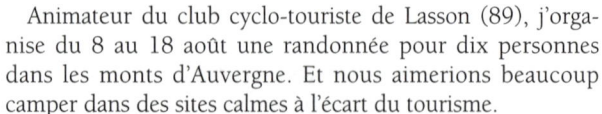

Animateur du club cyclo-touriste de Lasson (89), j'organise du 8 au 18 août une randonnée pour dix personnes dans les monts d'Auvergne. Et nous aimerions beaucoup camper dans des sites calmes à l'écart du tourisme.

Pourriez-vous avoir l'amabilité de nous autoriser à camper dans votre propriété *[à camper au bord de la Couze Pavin, à la hauteur du bois des Puys...]* durant deux jours, du 10 au 12 août ? Nous ne ferons pas de feu et laisserons, bien sûr, les lieux dans un état impeccable.

Vous remerciant de votre réponse, je vous prie d'agréer, Monsieur *[le Maire]*, l'assurance de ma considération distinguée.

> Vous pouvez joindre une enveloppe timbrée à vos nom et adresse pour la réponse.

Demande d'autorisation de visite exceptionnelle

Monsieur,

Professeur de 6e du collège Jules-Guesde de Saumur, j'aimerais emmener une trentaine de mes élèves visiter votre atelier de tapisserie. Accepteriez-vous de nous ouvrir vos portes, un jour qui vous conviendrait, de préférence un mercredi ou un vendredi ?

[Passionnée par le début de la Renaissance en Touraine, j'ai consulté en bibliothèque de nombreux documents concernant votre château. Je sais qu'il n'est pas ouvert au public, mais j'aimerais beaucoup le visiter. Pourriez-vous m'y autoriser, un jour qui vous conviendrait ?...]

Vous remerciant de votre réponse, je vous prie d'agréer, Monsieur, l'assurance de ma considération distinguée.

> Vous pouvez joindre une enveloppe timbrée à vos nom et adresse pour la réponse.

Demande de documentation

Demande de renseignements à un office de tourisme

Madame,

Désireux*[se]* de passer des vacances dans votre région, j'aimerais que vous m'adressiez une documentation sur les sites à visiter, les loisirs que l'on peut pratiquer, les fêtes et manifestations. *[Je suis particulièrement intéressé(e) par les monuments historiques, les traditions populaires, la randonnée à pied, la faune et la flore, la découverte des caves et des vins...]*

Si vous disposez de cartes touristiques de la région indiquant les sentiers de randonnée, je vous serais reconnaissant*[e]* de bien vouloir me les faire parvenir si elles sont gratuites ou de me préciser leur prix si vous les vendez.

Pouvez-vous également m'envoyer la liste des gîtes ruraux *[chambres d'hôte, campings, campings à la ferme, hôtels, villages de vacances, auberges de jeunesse, loueurs de VTT...]*

Avec mes remerciements, je vous prie d'agréer, Madame, l'assurance de ma considération distinguée.

> Précisez vos désirs pour qu'on vous envoie la (les) publications(s) qui correspond(ent) le mieux à vos projets.

Demande de documentation à un organisme de voyages ou de loisirs

Monsieur,

Pouvez-vous, je vous prie, avoir l'amabilité de m'adresser la *[les]* brochure*[s]* concernant les voyages en car en Europe de l'Est *[les circuits en Syrie-Jordanie, les vacances en clubs avec garderie d'enfant, les stages de poterie, les itinéraires de grande randonnée dans les Alpes, les sorties à la découverte des oiseaux, le festival musical de Saint-Florent-le-Vieil...]*.

Vous en remerciant d'avance, je vous prie d'accepter, Monsieur, l'expression de mes meilleurs sentiments.

> Précisez vos désirs pour qu'on vous envoie la (les) brochures(s) qui correspond(ent) le mieux à vos intérêts.

VIE PRATIQUE

Demande de renseignements à un média

Monsieur,

Dans votre émission de vendredi dernier (17 juillet) vers 10 heures, vous avez parlé d'une famille dans le Queyras qui fabrique du fromage de chèvre et propose des chambres d'hôte *[vous avez passé un disque des lieder de Schubert qui vient de sortir...]*.

Je n'ai malheureusement pas pu noter son nom et son adresse *[ses références...]*, car j'ai été dérangé*[e]* à ce moment-là. Pourriez-vous avoir l'amabilité de me les indiquer ?

Je vous en remercie d'avance et vous félicite pour cette émission sur le tourisme *[sur les livres, sur la musique...]* qui est toujours très intéressante.

Croyez, Monsieur, à mes meilleurs sentiments.

Locations saisonnières

Demande de location à une agence

Madame,

Nous sommes deux couples avec trois enfants en tout *[et un chien...]* et nous cherchons à louer une maison *[un appartement...]* du 7 au 21 août dans la région de La Grande-Motte.
Nous souhaitons :
• trois ou quatre chambres *[dont une de préférence avec un grand lit et une avec des lits jumeaux]* plus un séjour,
• une salle de bains ou, mieux, une salle de bains et une douche,
• être dans un quartier calme à moins de 500 mètres de la mer,
• si possible un parking ou un garage,
• si possible un jardin *[une terrasse, une piscine...]*.

Pouvez-vous nous faire parvenir des offres de location correspondant à ces critères ? Si vous pouviez nous joindre un plan de la ville, un plan de la maison *[de l'appartement]* et des photos, nous apprécierions vivement. Et nous vous renverrons au plus vite la documentation sur ce qui ne nous intéresse pas.

Vous remerciant de votre réponse, nous vous prions d'agréer, Madame, l'expression de nos sentiments distingués.

Petites annonces

Offres de locations saisonnières

- **Port-Leucate (11).** Dans résidence avec piscine. 600 m mer. 2 pièces, 4 personnes : chambre, mezzanine, séjour, cuisinette, TV, salle d'eau, W-C. Jardinet avec salon de jardin et barbecue. Parking. 1 200 € juillet, 1 375 € août. 04 68 85 97 24 (si absent laisser message répondeur).

- **Les Deux-Alpes (38).** Appartement 4 couchages, tout confort. Plein sud, balcon, pied des pistes. Parking couvert. Loue avril 245 €/semaine et juillet-août 215 €/semaine, charges comprises. 04 76 24 18 57 heures bureau.

- **Opio (06).** Attenant à villa. Petite maison 3 pièces, plain-pied : cuisine, salle de séjour, 2 chambres, salle de bains, W-C, lave-linge, terrasse plein sud, jardin. Parking fermé. Animaux acceptés. *[Animaux refusés.]* 04 93 78 54 55 ou 04 93 58 25 25.

- **35 km Gérardmer (88).** Hautes Vosges. Propriété, pleine campagne, sans voisin. 3 chambres, beau séjour avec poutres et cheminée. 6/8 personnes. Tout confort, chauffage central, téléphone, télévision, lave-linge. Grand terrain. Proximité rivière et lac pour la pêche, forêt, cascades, grottes. Vacances scolaires : 305 à 765 €/ semaine. Hors vacances scolaires : 230 à 380 €/semaine. 05 46 52 63 25 (province).

Demandes de locations saisonnières

• **Recherche villa avec piscine** (06, 84, 83, 13) 6 personnes. Calme. Du 2 au 30 juillet ou à la quinzaine. Prix correct. 01 45 89 78 24 ou fax : 01 45 89 63 12.

• **Cherche à louer en Espagne,** Malaga ou environs proches, villa ou appartement 4 à 5 chambres. Pour vacances de Pâques : 6-20 avril. Situation calme, bon environnement. 02 48 58 63 23 (si absent laisser message répondeur).

• **Bord rivière indispensable pour pêche.** De préférence en Maine-et-Loire, Mayenne ou Vienne. Personnes sérieuses références cherchent maison tout confort, 3 chambres minimum. Écrire au journal qui transmettra.

Demande de précisions sur une location saisonnière

Madame,

Intéressé*[e]* par votre annonce parue dans le Journal du Vacancier sous la référence 110/ASF 4685 *[Intéressé(e) par la location que vous me proposez à proximité de Guérande...]*, j'aimerais que vous me donniez quelques précisions :
• Où se trouve exactement la maison ? *[Au centre de la ville, à combien de kilomètres du bourg, dans une rue calme ou bruyante, en pleine campagne, à quel étage, y a-t-il un ascenseur ?...]*
• À quelle distance exacte se trouve la maison de la mer *[des pistes de ski, de la rivière, d'une piscine publique...]* et du centre-ville *[des commerces alimentaires, d'une pharmacie, d'une garderie d'enfants...]* ?
• Existe-t-il un moyen de transport (autobus ou car) à proximité permettant d'aller facilement à la plage *[aux pistes de ski, à la ville la plus proche...]* ? À quelle fréquence passe-t-il et combien de temps met-il ?
• Quelle est l'orientation de la maison ?
• Quelle est la disposition et la superficie des pièces ? Combien y a-t-il de lits dans chaque chambre ? S'agit-il de lits doubles, lits jumeaux, lits superposés ?
• Combien y a-t-il de salles de bains, de douches, de

Normalement, le loueur doit remplir un « état descriptif » des lieux, mais, s'il ne le fait pas ou si ce formulaire vous paraît incomplet, n'hésitez pas à lui demander des précisions. L'obliger à répondre par écrit vous permet de vous retourner contre lui s'il vous donne des informations fausses.

lavabos ? Combien y a-t-il de W-C ? Précisez s'ils sont dans la salle d'eau ou séparés.
• Quel est l'équipement de la cuisine ? *[Comporte-t-elle une table (si oui, à combien peut-on y prendre des repas ?), un lave-vaisselle, un four à micro-ondes, un four normal ?...]*
• Y a-t-il une télévision ?
• Y a-t-il un garage, un jardin (si oui, est-il clôturé et quelles sont ses dimensions ?), un barbecue *[un bac à sable, une piscine privée et de quelles dimensions...]* ?
• *[Ma fille étant handicapée, j'aimerais savoir s'il y a quelques marches pour accéder à la maison, si l'on peut stationner juste à côté de la porte d'entrée et s'il y a une chambre en rez-de-chaussée.]*
• Pouvons-nous amener notre chien ?
• Quel est le tarif du 1er au 30 août ? Quelles sont les charges ?
Vous serait-il possible de nous envoyer quelques photos et un plan de la maison ?
Vous remerciant vivement de ces renseignements, nous vous prions d'agréer, Madame, l'expression de nos sentiments distingués.

Réclamations

Réclamations auprès d'un loueur pour faux renseignements

Monsieur,

L'appartement que vous m'avez loué ne correspond pas du tout à votre description. Vous aviez indiqué dans votre annonce *[dans votre courrier...]* : « appartement tout confort, calme, à 200 mètres de la mer ». C'est peut-être vrai à vol d'oiseau, mais par la route il faut compter plus de deux kilomètres, ce qui n'est pas du tout la même chose à pied !

Le confort est quasiment inexistant, les sanitaires sont sales et en mauvais état. Quant au calme, n'en parlons pas. Avec l'aéroport situé à proximité, on est réveillé dès 6 heures

> Vous pouvez aussi joindre la photocopie d'un constat d'huissier que vous aurez fait faire sur les lieux.

du matin et il est impossible de se reposer ni même de lire tranquillement pendant la journée.

Vous comprendrez parfaitement que nous n'ayons pas pu y rester plus de 48 heures ! *[Vous comprendrez parfaitement notre mécontentement...]*

Je vous demande donc de me rembourser totalement les sommes que je vous ai versées. *[Je vous demande donc de nous rembourser le tiers du prix de la location, soit ... francs...]*

[J'espère que vous accepterez cette solution amiable plutôt que de m'obliger à porter plainte pour renseignements mensongers et à vous demander des dommages et intérêts...]

Veuillez agréer, Monsieur, mes salutations distinguées.

Réclamations à une agence de voyages pour engagements non tenus

Madame,

Le voyage *[séjour...]* que j'ai fait en Espagne du 15 au 30 juillet ne correspondait pas du tout à ce pour quoi j'avais payé.

Votre catalogue et le contrat que j'ai signé annonçaient un hôtel trois étoiles avec piscine en bordure de mer. En réalité, l'hôtel se trouvait dans le quartier du port, à deux kilomètres de la première plage. Sale et sans eau chaude, il ne méritait pas mieux qu'une étoile au maximum. Et sa piscine n'était qu'un petit bassin pour les enfants.

Je vous demande donc de me rembourser ce séjour qui ne correspondait pas du tout à ce à quoi vous vous étiez engagée. *[Je vous demande donc de me rembourser la différence entre le prix d'un séjour en hôtel « trois étoiles » avec « piscine en bordure de mer » et celui d'un séjour dans cet hôtel sinistre.]*

[Votre catalogue et le contrat que j'ai signé annonçaient une excursion de cinq jours à Cordoue, Grenade et Séville qui a été annulée et remplacée par une simple excursion de la journée à Séville. Je vous demande donc de me rembourser la différence entre l'excursion de cinq jours et celle de la journée...]

Veuillez agréer, Madame, mes salutations distinguées.

À envoyer en recommandé avec avis de réception.

À envoyer en recommandé avec avis de réception. Si les autres participants étaient également mécontents, vous pouvez rédiger une lettre commune.

Réservations, annulations

Réservation
d'une location de vacances

Monsieur,

Suite à notre entretien téléphonique *[à notre correspondance...]*, je vous confirme ma réservation de votre appartement à Namur *[d'une chambre à deux lits, d'un emplacement pour une caravane et pour une tente...]* pour la période du 1er au 21 juillet.

J'ai bien noté que le tarif était de ... euros par semaine charges comprises *[de ... euros par jour et par personne petit déjeuner et dîner compris...]*.

Comme convenu, je vous adresse... euros d'arrhes par chèque sur la banque du Nord. Vous voudrez bien, en retour, confirmer cette réservation au prix convenu.

Veuillez agréer, Monsieur, mes salutations distinguées.

> Les arrhes demeurent acquises en cas d'annulation de séjour.

Annulation
d'une réservation de logement

Monsieur,

Par suite d'un empêchement, je vous prie de bien vouloir annuler ma réservation de votre appartement à Namur *[d'une chambre à deux lits...]* pour la période du 1er au 21 juillet.

Comme le prévoit notre contrat de location, je vous adresse un chèque de 60 euros à titre d'indemnité.

Espérant que vous pourrez facilement le *[la]* relouer, je vous prie d'agréer, Monsieur, mes sincères regrets et l'expression de mes sentiments distingués.

> À envoyer en recommandé avec avis de réception.

VIE PRATIQUE

Annulation d'un contrat de voyage assuré

Madame,

J'ai signé avec votre agence un contrat pour un voyage organisé au Maroc du 15 au 25 avril. Or je viens de me casser la jambe *[ma mère vient de mourir...]* et je ne pourrai partir à cette date.

Il s'agit là d'un empêchement couvert par l'assurance annulation que j'ai souscrite en m'inscrivant. Vous voudrez donc bien me rembourser les sommes que je vous ai déjà versées.

Je vous adresse ci-joint un certificat médical *[un extrait de l'acte de décès de ma mère...]*.

Croyez, Madame, à mes sentiments les meilleurs.

Annulation par suite de modification du voyage

Madame,

Vous m'apprenez que le voyage organisé en Russie du 15 au 25 avril pour lequel je m'étais inscrit*[e]* ne passera pas par Saint-Pétersbourg, contrairement à ce qui était prévu.

Dans ces conditions, je préfère annuler mon voyage. Vous voudrez bien me rembourser la somme que je vous ai déjà réglée et me verser une indemnité égale à celle que j'aurais dû payer si j'avais moi-même annulé le contrat sans raison majeure.

[Je souhaite malgré tout participer à ce voyage et vous renvoie donc signé l'avenant du contrat que vous m'avez adressé...]

Veuillez agréer, Madame, mes salutations distinguées.

Prévenez aussi l'assurance par lettre recommandée dans les 48 heures. Même sans assurance, vous pouvez annuler un voyage sans pénalité pour cas de « force majeure ».

À envoyer en recommandé avec avis de réception.

Organismes sociaux

259 Allocations chômage
- 259 Lettre d'accompagnement d'un dossier de demande d'allocations chômage
- 259 Contestation d'un refus de versement des allocations chômage

260 Allocations familiales et assurance maladie
- 260 Demande de renseignements
- 260 Demande d'affiliation au régime d'assurance de son concubin
- 261 Signalement d'un changement de situation
- 261 Demande de bilan de santé gratuit
- 261 Réclamation concernant le décompte des indemnités maladie
- 262 Demande d'expertise médicale
- 262 Demande d'aide exceptionnelle à un fonds de secours

263 Allocations de retraite
- 263 Demande du relevé de compte d'assurance vieillesse
- 263 Demande de rectification du relevé de cotisations d'assurance vieillesse
- 264 Demande d'imprimés pour faire la demande officielle de retraite
- 264 Demande de renseignements sur la retraite
- 265 Demande de renseignements sur la possibilité de travailler pendant la retraite
- 265 Demande de majoration de retraite pour conjoint à charge
- 265 Demande d'attribution du minimum vieillesse

266 **Maisons de retraite**
- 266 Demande de renseignements sur les maisons de retraite
- 266 Demande d'admission dans une maison de retraite

267 **Réclamations pour retard de paiement**
- 267 Retard de paiement
- 267 Non-paiement d'allocations à la suite d'un déménagement

268 **Demande d'immatriculation comme employeur**
- 268 Demande d'immatriculation en tant qu'employeur de gens de maison
- 268 Demande d'inscription à la Sécurité sociale d'une aide familiale

Pour écrire aux organismes sociaux

Rappelez toujours
- vos nom et adresse,
- votre numéro d'immatriculation à la Sécurité sociale ou votre numéro d'immatriculation à la caisse concernée (ne confondez pas le numéro de Sécurité sociale et le numéro d'allocataire des caisses d'allocations familiales),
- éventuellement la référence de votre dossier.

Annie Faber
125, boulevard du Général-de-Gaulle
91500 Wissous
N° Sécurité sociale :
2 75 03 63 113 107 14
Votre réf. : 00 748

                      Caisse d'assurance maladie
                                centre 261
                               23, rue Madame
                     63005 Clermont-Ferrand

                                   12 janvier 2000

VIE PRATIQUE

Quelques termes que vous risquez de rencontrer dans le courrier des organismes sociaux

- **Assuré :** personne qui cotise à un organisme social.
- **Ayants droits :** personnes qui ne cotisent pas personnellement, mais bénéficient de la protection sociale d'un assuré. Par exemple, le conjoint qui ne travaille pas ou les enfants à charge.
- **Liquidation d'une pension :** calcul et paiement d'une pension.
- **Ticket modérateur :** part des dépenses de santé laissée à la charge de l'assuré après le remboursement de la Sécurité sociale.
- **Tiers payant :** système permettant à l'assuré de ne payer (chez le pharmacien, à l'hôpital, etc.) que le ticket modérateur sans avoir à avancer les sommes remboursées par la Sécurité sociale.

Allocations chômage

Lettre d'accompagnement d'un dossier de demande d'allocations chômage

Monsieur,

Veuillez trouver ci-jointes ma demande d'allocations chômage ainsi que l'attestation de mon ancien employeur.

J'espère que mon dossier est ainsi complet. Dans le cas contraire, je reste à votre disposition pour vous fournir toute pièce complémentaire dont vous pourriez avoir besoin.

Je vous prie d'agréer, Monsieur, l'expression de mes sentiments distingués.

Contestation d'un refus de versement des allocations chômage

Monsieur le Directeur,

Par lettre du 15 avril, vos services m'informent que ma demande d'allocations chômage est rejetée parce que j'ai démissionné.

En réalité, j'ai été obligée de démissionner à la suite de la mutation de mon mari à Fécamp [ou *parce que mon employeur a fait pression sur moi pour que je démissionne, ou parce que mon état de santé ne me permettait plus de supporter les conditions de travail particulièrement dures...*].

[*Par lettre du 15 avril, vous m'informez que vous cesserez de me verser les allocations chômage à partir du 15 mai par suite de mon refus d'accepter plusieurs emplois proposés par l'ANPE. En réalité, ces emplois ne correspondaient pas à ma qualification...*]

Je vous demande donc de bien vouloir réexaminer mon dossier dans l'espoir d'une décision favorable.

Veuillez agréer, Monsieur le Directeur, l'expression de mes sentiments distingués.

> Joignez si possible les photocopies de pièces expliquant votre démission et/ou prouvant les démarches que vous entreprenez pour retrouver un emploi.

VIE PRATIQUE

Allocations familiales et assurance maladie

Demande de renseignements

Madame,

Étant séparée de mon ami depuis trois mois, je vis seule avec notre enfant de 3 ans et un salaire de 1 070 euros seulement par mois. Pouvez-vous me dire si je peux bénéficier d'une allocation et quelles démarches je dois entreprendre pour l'obtenir ?

[Mon mari et moi travaillons à plein temps et souhaiterions faire garder à domicile nos trois enfants âgés de 1, 2 et 4 ans. Nos salaires s'élevant respectivement à 12 840 euros et 14 940 euros par an, je pense que nous avons droit à une allocation de garde d'enfant à domicile. Pouvez-vous nous indiquer les démarches à entreprendre pour en faire la demande et nous adresser éventuellement les formulaires correspondants ?]

Vous remerciant de votre réponse, je vous prie d'agréer, Madame, l'assurance de ma considération.

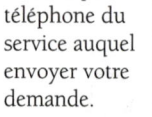

Demande d'affiliation au régime d'assurance de son concubin

Monsieur,

Vivant maritalement avec Patrick Despois et ne travaillant pas, je vous demande de bien vouloir prendre en charge mes frais médicaux sur son assurance maladie.

Voici son numéro d'immatriculation à la Sécurité sociale : Patrick Despois : n° 1 76 02 80 112 108 15.

Vous trouverez ci-joint un certificat de concubinage.

Veuillez agréer, Monsieur, l'expression de mes sentiments distingués.

> Informez-vous d'abord par téléphone du service auquel envoyer votre demande.

Signalement d'un changement de situation

Monsieur,

Je vous informe que je suis désormais séparée de mon ancien concubin, Patrick Despois. Je vis donc seule avec mes deux enfants âgés de 3 et 6 ans, qui sont à ma charge.

Pouvez-vous le noter dans mon dossier et me dire si cela modifie les allocations auxquelles j'ai droit ?

[Je vous demande de bien vouloir m'adresser désormais les virements sur le compte 458 899 du Crédit de l'Ouest. Ci-joint un relevé d'identité bancaire.]

Vous remerciant de votre réponse, je vous prie d'agréer, Monsieur, l'expression de mes sentiments distingués.

> À envoyer en recommandé avec avis de réception.

Demande de bilan de santé gratuit

Madame,

Âgé*[e]* de 55 ans, j'aimerais me faire faire un bilan de santé gratuit. Pouvez-vous me dire quelles sont les conditions pour en bénéficier et me communiquer l'adresse des centres où je puis le faire pratiquer ?

Vous remerciant de votre réponse, je vous prie d'agréer, Madame, l'expression de mes sentiments distingués.

Réclamation concernant le décompte des indemnités maladie

Madame,

En examinant le décompte de mes indemnités maladie de la période du 5 au 15 juin 2000, je m'aperçois que vous n'avez pas compté la journée du 15 juin. Je vous serais donc reconnaissant*[e]* de revoir mon dossier afin de réparer cette erreur ou cet oubli, ou de m'expliquer pourquoi vous n'avez pas pris en compte cette journée.

En vous remerciant, je vous prie d'agréer, Madame, l'expression de mes sentiments les meilleurs.

Demande d'expertise médicale

Monsieur le Directeur,

Par lettre du 12 mai dernier *[dont je vous joins la photocopie]*, vous m'informez que je n'ai plus droit à l'indemnité journalière de quatre-vingts francs que vous m'aviez accordée à la suite de mon accident du travail *[que le médecin-conseil de votre caisse a émis un avis défavorable à ma demande de remboursement de séances de kinésithérapie adressée le 29 avril]*.

Contestant votre décision, je vous prie donc de bien vouloir réexaminer mon dossier et je demande un contrôle médical par votre médecin expert pour faire constater mon état.

Voici le nom et l'adresse de mon médecin traitant pour que vous puissiez vous mettre en rapport avec lui dans les meilleurs délais :
Dr Pierre Tracot
58, avenue de la Gare
03200 Vichy
Tél. : 04 70 58 96 23
Veuillez agréer, Monsieur le Directeur, l'expression de ma considération distinguée.

À envoyer en recommandé avec avis de réception.

Demande d'aide exceptionnelle à un fonds de secours

Monsieur le Directeur,

Traversant de graves difficultés, j'aimerais savoir si vous ne pourriez pas m'accorder une aide exceptionnelle sur votre fonds de secours.

En arrêt de travail depuis le 15 mai, je ne touche plus que 915 euros par mois. Vivant seule avec un enfant de 12 ans à charge, je n'arrive plus à payer mon loyer de 410 euros par mois et mes frais médicaux qui se montent à 180 euros par mois.

Vous trouverez ci-jointes les photocopies des pièces justificatives concernant mon état médical, mes ressources et mes charges. Je reste à votre disposition pour vous fournir tout renseignement complémentaire.

Vous remerciant de l'attention que vous voudrez bien porter à ma demande, je vous prie d'agréer, Monsieur le Directeur, l'expression de ma considération distinguée.

Allocations de retraite

Demande du relevé de compte d'assurance vieillesse

Monsieur,

Pouvez-vous, je vous prie, m'adresser mon relevé de cotisations d'assurance vieillesse en m'indiquant le nombre de trimestres durant lesquels j'ai cotisé jusqu'à ce jour ?

Avec mes remerciements, je vous prie d'agréer, Monsieur, l'expression de mes sentiments distingués.

> Vous pouvez aussi dire : le nombre de trimestres « validés » à ce jour.

Demande de rectification du relevé de cotisations d'assurance vieillesse

Madame,

J'ai bien reçu mon relevé de cotisations d'assurance vieillesse. Mais il me semble que vous avez oublié de prendre en compte la période du 1er septembre 1989 au 30 juin 1990, durant laquelle j'étais au chômage *[en arrêt de travail, où je travaillais en tant qu'intérimaire...]*.

Vous trouverez ci-jointe la photocopie des justificatifs des allocations que j'ai perçues *[des salaires que j'ai perçus]* durant cette période.

En vous remerciant de bien vouloir réparer cet oubli *[erreur...]*, je vous prie d'agréer, Madame, l'expression de mes sentiments distingués.

VIE PRATIQUE

Demande d'imprimés pour faire la demande officielle de retraite

Monsieur,

Étant âgé*[e]* de soixante ans, j'envisage de prendre ma retraite à partir du 1er juin prochain.

Pouvez-vous m'indiquer les démarches à entreprendre et m'adresser les imprimés à remplir pour faire ma demande officielle ?

Je vous précise que je suis né*[e]* le 12 janvier 1934 et que je suis actuellement salarié*[e]* de la société Primevère, 4, rue Blanche, à Libourne *[menuisier à mon compte, 12, impasse Renan, à Libourne...]*.

Dans l'attente de votre réponse, je vous prie de croire, Monsieur, à mes meilleurs sentiments.

> La demande officielle de retraite s'appelle aussi demande de « liquidation des droits à la retraite ».

Demande de renseignements sur la retraite

Madame,

Après avoir été mariée pendant dix ans, j'ai divorcé et élevé, seule, mes trois enfants avec la pension que me versait mon ancien conjoint. Je n'ai travaillé que durant 12 ans, entre le 1er septembre 1988 et ce jour *[Je suis salarié(e) de la société Larose, 3, rue Bleue, à Vesoul]*. Et je ne me suis pas remariée.

Pouvez-vous me dire si le fait de m'être consacrée à l'éducation de mes enfants me donne droit à des compensations en matière de retraite ? Et, si oui, lesquelles ?

[Mon ex-mari, Frédéric Rouart, affilié à votre caisse sous le n° 584 896, est décédé le 12 juin dernier. Nous avions été mariés du 4 mai 1977 au 15 avril 1981, date de notre divorce. Il s'est ensuite remarié en 1983. Pouvez-vous me dire si j'ai droit à une partie de sa retraite ? Et, si oui, quelles sont les démarches à entreprendre pour en bénéficier ?]

En vous remerciant de bien vouloir me répondre rapidement, je vous prie d'agréer, Madame, l'expression de mes sentiments distingués.

Demande de renseignements sur la possibilité de travailler pendant la retraite

Monsieur,

Ancien chef de gare, à la retraite depuis le 1er novembre 1990, j'aimerais savoir si je peux reprendre un emploi salarié à mi-temps et à quelles conditions ? *[Boulanger à la retraite, j'aimerais savoir si je peux prendre un emploi de gardien, non salarié, en échange d'un logement ?]*

Pourrai-je continuer à toucher mes allocations ou, du moins, une partie de celles-ci ?

Dans l'attente de votre réponse, je vous prie d'agréer, Monsieur, mes sentiments distingués.

> Écrivez à votre caisse de retraite pour avoir une réponse précise : chacune a des règles différentes.

Demande de majoration de retraite pour conjoint à charge

Madame,

Ma femme, âgée de 65 ans, ne touche aucune retraite et a pour toutes ressources 455 euros par an. M'est-il possible de bénéficier d'une majoration de ma retraite, qui se monte à 10 980 euros par an, pour conjoint à charge ? Si oui, quelles pièces dois-je vous fournir ? Et quel serait le montant de cette majoration ?

Dans l'attente de votre réponse, je vous prie d'agréer, Madame, l'expression de mes sentiments distingués.

Demande d'attribution du minimum vieillesse

Madame,

Mon mari et moi-même ne touchons que 10 050 euros par an d'allocation retraite. Nous serait-il possible de bénéficier du fonds national de solidarité ? *[Vivant seul, âgé de 68 ans, et n'ayant jamais cotisé à un organisme de retraite, j'aimerais savoir si je peux obtenir le minimum vieillesse...]*

Si oui, quelles sont les démarches à entreprendre ?

Dans l'attente de votre réponse, je vous prie d'agréer, Madame, l'expression de mes meilleurs sentiments.

VIE PRATIQUE

Maisons de retraite

Demande de renseignements sur les maisons de retraite

Madame,

Âgé*[e]* de 72 ans et vivant seul*[e]*, j'aimerais entrer dans une maison de retraite.

Pouvez-vous me donner la liste des différentes maisons accueillant des personnes âgées dans mon département.

Je vous précise que j'ai beaucoup de mal à marcher et que je ne vois plus très bien. De plus, mes ressources financières sont très limitées puisque je ne dispose que de 78 000 francs par an.

Dans l'attente de votre réponse, je vous prie d'agréer, Madame, mes salutations distinguées.

Demande d'admission dans une maison de retraite

Monsieur le Directeur,

Âgé*[e]* de 82 ans, je souhaiterais entrer dans votre maison de retraite, si possible en juin de l'année prochaine, quand mon petit-fils, qui vit actuellement chez moi, partira faire son service national.

[Âgé de 69 ans, veuf depuis trois ans, je ne supporte plus de vivre seul dans mon appartement et souhaiterais entrer dans votre établissement dès que vous aurez une place disponible.]

Pouvez-vous avoir l'amabilité de m'envoyer les renseignements sur vos conditions d'admission et les services que vous proposez ?

Je vous précise que je suis en relative bonne santé et encore parfaitement autonome. *[Je vous précise que j'ai du mal à monter les escaliers par suite d'une fracture.]*

J'aimerais savoir si vous gardez les personnes ayant besoin de soins et les personnes dépendantes ?

En vous remerciant, je vous prie d'agréer, Monsieur le Directeur, l'expression de ma considération distinguée.

> Il n'est pas nécessaire d'indiquer dans une première lettre les raisons de son inscription.

Réclamations pour retard de paiement

Retard de paiement

Monsieur,

Je vous ai adressé le 3 octobre une demande de remboursement de frais médicaux *[d'allocations chômage...]*. À ce jour, je n'ai toujours rien reçu.

Ma situation financière étant très difficile, je vous serais reconnaissant*[e]* de faire le nécessaire pour que ce remboursement *[ces allocations]* me parvienne*[nt]* rapidement.

En vous remerciant de votre intervention, je vous prie d'agréer, Monsieur, mes salutations distinguées.

Non-paiement d'allocations à la suite d'un déménagement

Madame,

À l'occasion de mon déménagement, j'ai écrit, le 5 janvier dernier, à mon ancienne caisse d'allocations de Dijon et à la vôtre, dont je dépends maintenant, pour faire part de mon changement d'adresse et demander le transfert de mon dossier. C'est pourquoi je m'étonne de n'avoir perçu aucune allocation depuis trois mois *[je vous joins une photocopie de ma lettre]*.

Pouvez-vous avoir l'amabilité de vérifier que mon dossier a bien été transféré et faire le nécessaire pour que je touche le plus rapidement possible les allocations qui me sont dues.

Vous remerciant de votre intervention, je vous prie d'agréer, Madame, l'expression de mes salutations distinguées.

Demande d'immatriculation comme employeur

Demande d'immatriculation en tant qu'employeur de gens de maison

Madame,

Je vous informe que, à partir du 1er septembre prochain, je vais embaucher, pour garder mes enfants à domicile, Mlle Isabelle Leteau, demeurant 18, rue des Bassins, à Marennes (17320), et dont le numéro de Sécurité sociale est : 2 72 17 65 118 107 18.

Je vous prie donc de m'indiquer les formalités à remplir pour mon immatriculation en tant qu'employeur.

Veuillez croire, Madame, en mes sentiments distingués.

Demande d'inscription à la Sécurité sociale d'une aide familiale

Madame,

Je vous informe que je vais engager à partir du 1er septembre prochain une aide familiale qui n'a encore jamais travaillé. Vous voudrez donc bien l'inscrire à la Sécurité sociale.

Il s'agit de Mlle Anne Durand, née le 3 janvier 1978, à Houilles (78800), domiciliée 5, rue des Abbesses, à Lille (59000).

Croyez, Madame, à mes sentiments les meilleurs.

Administration

271 Adoption
271 Demande de renseignements sur les possibilités et conditions de l'adoption
271 Demande d'agrément en vue d'une adoption
272 Demande d'informations sur l'adoption d'un enfant étranger
273 Lettre de motivation en vue d'une adoption

275 Certificat de domicile
275 Attestation d'hébergement

275 Élections
275 Inscription sur les listes électorales
275 Changement de circonscription électorale

276 Enquête publique
276 Réponse à une enquête publique

276 Pétition
276 Pétition adressée au maire

277 État civil
277 Demande d'acte d'état civil
277 Demande d'extrait de casier judiciaire
278 Demande de bulletin de décès
278 Demande de traduction d'un acte d'état civil

Pour écrire à l'Administration

Quand vous écrivez à l'Administration pour demander des renseignements ou l'envoi de documents, n'oubliez pas de joindre une enveloppe timbrée à vos nom et adresse pour la réponse.
Conservez toujours un double de votre lettre.

Rappelez toujours
- vos nom et adresse,
- éventuellement la référence de votre dossier,
- le titre et/ou le nom de la personne à qui vous adressez votre courrier.

Annie FABER
125, bd du Général-de-Gaulle
91500 Wissous
N° Sécurité sociale :
2 75 03 63 113 107 14
Votre réf. : 00 748

Caisse d'assurance maladie
centre 261
23, rue Madame
63005 Clermont-Ferrand

12 janvier 1999

Adoption

Demande de renseignements sur les possibilités et conditions de l'adoption

Monsieur,

Nous vivons en couple depuis plus de six ans, mais ne pouvons avoir d'enfant. C'est pourquoi nous aimerions en adopter un. *[Étant célibataire, âgée de 38 ans, j'aimerais accueillir un enfant dans mon foyer.]*

Pouvez-vous nous *[m']* indiquer les conditions à remplir pour avoir le droit d'adopter un enfant et nous *[me]* donner la liste des organismes sérieux auxquels nous *[m']* adresser ?

Je vous précise que nous préférerions *[je préférerais]* adopter un enfant de moins de deux ans, si possible originaire d'un pays d'Asie. *[Je vous précise que nous sommes prêts à accueillir un enfant d'un certain âge, des frères et sœurs ou un enfant handicapé, de quelque origine que ce soit...]*

En vous remerciant de ces renseignements, nous vous prions *[je vous prie]* d'agréer, Monsieur, l'expression de nos *[mes]* sentiments distingués.

> À adresser à une filière légale d'adoption.

Demande d'agrément en vue d'une adoption

M. et Mme Patrick MARTEL
[Mlle Hélène RATIER]
15, rue Racine
59000 Lille

Objet : demande d'agrément en vue d'une adoption

Madame,

Désirant accueillir un *[ou deux]* enfant*[s]* dans notre *[mon]* foyer, nous vous adressons *[je vous adresse]* une demande d'agrément en vue d'une adoption.

Nous sommes mariés depuis le 14 janvier 1990 et n'avons pas d'enfant. Ma femme est née le 8 mai 1965 (32 ans) et moi-même le 15 janvier 1964 (33 ans). *[Je suis célibataire, sans enfant, âgée de 38 ans.]*

Nous avons tous deux un emploi régulier et fixe. Je suis programmeur dans une société depuis plus de cinq ans et ma femme est gérante d'une librairie qui marche très bien.

Nous habitons, dans le quartier de la Motte, un pavillon de cinq pièces que nous louons. *[J'habite en centre-ville un appartement de trois pièces dont je suis propriétaire.]*

Nous restons *[Je reste]* à votre disposition pour vous fournir tous les renseignements complémentaires dont vous auriez besoin.

Veuillez agréer, Madame, l'expression nos *[mes]* sentiments distingués.

> En Belgique et au Canada, il n'est pas nécessaire de faire une demande spéciale d'agrément.

Demande d'informations sur l'adoption d'un enfant étranger

Madame, Monsieur,

Désirant offrir un foyer à un enfant qui n'en a pas, nous avons fait, ma femme *[mon amie]* et moi, une demande d'agrément en vue d'une adoption à la direction de l'action sociale de l'enfance et de la santé. Notre dossier est actuellement en cours d'instruction.

Mais nous souhaiterions déjà que vous nous indiquiez quelles sont les procédures légales d'adoption à l'étranger et quels peuvent être les intermédiaires sérieux. En particulier en Inde et au Viêt Nam, pays que nous connaissons assez bien pour y avoir fait de nombreux voyages. *[Nous aimerions recevoir les dossiers de tous les pays, car nous sommes prêts à accueillir un enfant quelle que soit sa race ou sa nationalité.]*

Avec nos remerciements, nous vous prions d'agréer, Madame, Monsieur, l'expression de notre considération distinguée.

> À adresser à une filière d'adoption internationale.

Lettre de motivation en vue d'une adoption

Monsieur le Directeur,

Mariés *[Vivant ensemble...]* depuis sept ans, mon mari *[ami...]* et moi souhaitons vivement adopter un enfant.

Nous savons maintenant que nous ne pouvons pas avoir d'enfant. Et c'est tout naturellement que nous nous sommes tournés vers l'adoption.

Nous avons bien sûr longuement réfléchi et mûri ce projet en commun. Le fait d'avoir eu à surmonter des difficultés a renforcé notre entente. Notre désir de construire notre vie ensemble est plus fort que jamais.

Nous souhaitons consacrer notre amour, notre jeunesse et notre énergie à élever un ou plusieurs enfants, s'il s'agit de frères et sœurs, auxquels nous serions très heureux de pouvoir offrir une vraie famille.

Permettez que nous nous présentions tour à tour en quelques mots.

Anne (33 ans). « Ayant toujours regretté d'être fille unique, je m'étais promis d'avoir une nombreuse famille... Et je n'ai toujours pas renoncé à ce projet, en dépit des obstacles rencontrés.

Aujourd'hui professeur d'espagnol, je mets tout en œuvre pour rendre mes cours vivants et pour établir un très bon contact avec mes élèves, âgés de 14 à 18 ans. Ce métier a aussi pour avantage d'être stable et de me laisser du temps libre, que je consacre au théâtre : je fais partie d'une troupe d'amateurs. Je voudrais partager toutes mes passions avec ceux qui deviendront « nos » enfants et découvrir avec eux de nouveaux centres d'intérêt. »

Pierre (35 ans). « Troisième d'une famille de cinq enfants, j'ai perdu ma mère quand j'avais 12 ans et j'ai dû beaucoup m'occuper de mes deux derniers petits frères. J'étais le grand frère qui les aidait à faire leurs devoirs et inventait des jeux pour eux.

Aujourd'hui, je dirige une petite entreprise de portage à domicile que j'ai créée avec deux amis il y a sept ans et qui marche très bien. Mais cela ne me suffit pas. Le plus important pour moi est maintenant de fonder une famille. »

Une lettre de motivation doit, par définition, être personnelle. Aussi ne copiez surtout pas ce modèle. Qu'il vous serve seulement à comprendre qu'il faut à la fois mettre les formes et laisser passer l'émotion. Précisez vos motifs et donnez des indications sur votre profession, votre mode de vie, votre environnement familial et social et éventuellement votre religion.

VIE PRATIQUE

Élevés tous deux dans la religion protestante, nous ne sommes plus pratiquants. Mais nous souhaiterions donner une éducation religieuse à notre *[nos]* enfant*[s]* pour qu'il*[s]* puisse*[nt]* ensuite choisir lui *[eux]*-même*[s]*.

Nous habitons un pavillon à 10 minutes du centre de Toulouse, que nous avons acheté à crédit et entièrement restauré nous-mêmes. Une grande chambre claire et ensoleillée attend celui ou celle qui sera « notre » enfant *[ceux qui seront « nos » enfants]*.

Nos parents et nos amis nous soutiennent dans notre démarche en vue d'une adoption. L'enfant *[les enfants]* que vous voudrez bien nous confier trouvera *[trouveront]* donc chez nous la stabilité matérielle, mais aussi beaucoup d'attention et d'amour. Notre joie est immense à l'idée de pouvoir aider un petit garçon ou une petite fille *[des enfants]* à retrouver des racines.

Nous avons fait ensemble de nombreux voyages en Amérique latine, en particulier en Colombie, pays que nous aimons tout particulièrement. C'est pourquoi nous nous adressons à vous, car nous souhaitons adopter un enfant originaire d'un pays et d'une culture que nous connaissons et qui nous passionnent.

Nous espérons de tout cœur que vous accueillerez favorablement notre demande et que vous nous confierez un enfant *[ou plusieurs enfants]* à aimer...

Veuillez agréer, Monsieur le Directeur, l'expression de notre considération distinguée.

> À adresser à l'œuvre d'adoption ou aux instances concernées du pays étranger.

Certificat de domicile

Attestation d'hébergement

Je soussigné Olivier Charrier, demeurant 35, rue du Lac, à Largentière (07), certifie que ma fille Laura Gratien *[que ma fille Laura Charrier]* est domiciliée chez moi à l'adresse ci-dessus.
Fait à Largentière le 12 novembre 2000.
[signature]

Élections

Inscription sur les listes électorales

Madame,
Je vous serais reconnaissant*[e]* de m'inscrire sur les listes électorales de votre commune.
Vous trouverez ci-jointes la photocopie recto verso de ma carte d'identité ainsi que la photocopie d'un justificatif de domicile dans votre commune.
Avec mes remerciements, je vous prie d'agréer, Madame, l'expression de ma considération distinguée.

> À envoyer en recommandé avec avis de réception.

Changement de circonscription électorale

Madame,
Ayant déménagé de Lyon (12, rue du Puits, Lyon 6e) à Apt, je vous prie de bien vouloir m'inscrire sur les listes électorales de votre ville. Vous voudrez bien aussi demander ma radiation des listes de Lyon 6e.
Avec mes remerciements, je vous prie d'agréer, Madame, l'expression de ma considération distinguée.
P. J. Photocopie de ma carte d'identité, justificatif de domicile.

> À envoyer en recommandé avec avis de réception.

VIE PRATIQUE

Enquête publique

Réponse à une enquête publique

Madame *[Monsieur]* le Maire,

En réponse à l'enquête publique concernant l'aménagement d'une déviation pour contourner la partie nord de Ferréoles, je vous informe de mon soutien à ce projet. Je parle en mon nom personnel et au nom de l'association des parents d'élèves de l'école Charlemagne.

En effet, malgré l'installation d'un feu tricolore et, depuis peu, de « gendarmes couchés », les voitures continuent à rouler trop vite dans la traversée du village. Et, vu le nombre d'accidents évités de justesse à la hauteur de la maternelle, il risque un jour d'arriver un drame si on ne dévie pas la circulation.

En espérant qu'il sera tenu compte de nos arguments, je vous prie d'agréer, Madame *[Monsieur]* le Maire, l'assurance de ma considération distinguée.

Pétition

Pétition adressée au maire

Madame *[Monsieur]* le Maire,

Habitants du quartier Saint-Charles, nous ne disposons d'aucun jardin à proximité pour y promener les enfants. Le plus proche se situe à plus de vingt minutes à pied.

C'est pourquoi nous vous demandons de bien vouloir étudier l'aménagement d'un petit parc de jeux dans notre quartier, par exemple à l'emplacement du terrain municipal en friche, à l'angle de la rue Blanche et de la rue du Puits.

[Nous sommes nombreux à souhaiter que la rue des Escouffes soit réservée aux piétons. C'est en effet une rue commerçante où il

est très difficile de circuler à pied vu l'étroitesse des trottoirs. Nous vous serions donc reconnaissants de bien vouloir étudier son aménagement en zone piétonnière...]

Espérant que notre pétition retiendra toute votre attention, nous vous prions d'agréer, Madame *[Monsieur]* le Maire, l'assurance de notre considération distinguée.

[nom, prénom et signature de chacun des pétitionnaires]

État civil

Demande d'acte d'état civil

Madame,

Pouvez-vous, je vous prie, m'adresser une copie de mon acte de mariage *[un extrait de l'acte de naissance de ma fille, une copie de l'acte de décès de ma mère...]* ?
Claude, Marie, Anne Gagnère
Née le 12 juillet 1970
à Loctudy (29)
mariée avec Dominique Roubion
le 18 avril 1995 à Loctudy

Ci-joint une enveloppe timbrée pour la réponse.

Avec mes remerciements, je vous prie d'agréer, Madame, l'expression de mes sentiments distingués.

> N'oubliez pas d'indiquer vos nom et adresse sur l'enveloppe timbrée pour la réponse.

Demande d'extrait de casier judiciaire

Monsieur,

Je vous serais reconnaissant de bien vouloir m'adresser un extrait de mon casier judiciaire.

Nom, prénoms : Rabotet Pierre, Jean

Date et lieu de naissance : 2 décembre 1980 à Nancy (54).

Ci-joint une enveloppe timbrée pour la réponse et une fiche d'état civil.

Avec mes remerciements, je vous prie d'agréer, Monsieur, l'expression de ma considération distinguée.

> N'oubliez pas d'indiquer vos nom et adresse sur l'enveloppe timbrée pour la réponse.

Demande de bulletin de décès

Monsieur,

Je vous serais reconnaissant de bien vouloir m'adresser un bulletin de décès *[une copie d'acte de décès]* concernant ma mère *[nom et prénom de la personne]*, née le *[date de naissance]* à *[lieu de naissance]*, et décédée à *[lieu du décès]* le *[date du décès]*.

Avec mes remerciements, je vous prie d'agréer, Monsieur, l'expression de mes sentiments distingués.

Demande de traduction d'un acte d'état civil

Madame,

Suite à notre conversation téléphonique, je vous fais parvenir comme convenu l'acte de naissance rédigé en polonais à traduire en français.

Vous trouverez ci-joint également un chèque couvrant le montant de vos honoraires.

Avec mes remerciements, recevez, je vous prie, l'assurance de ma parfaite considération.

> Demandez à la mairie de votre ville la liste des traducteurs agréés.

Justice, recours

282 Aide judiciaire
282 Demande d'aide juridictionnelle
282 Relance de demande d'aide juridictionnelle

283 Avocats, notaires
283 Lettre à un avocat concernant un dossier en cours
283 Relance à un avocat pour une affaire qui tarde
284 Envoi de témoignage à un avocat
284 Témoignage destiné à servir en justice
285 Demande à un avocat de préciser ses honoraires
285 Demande à un avocat d'échelonner le paiement de ses honoraires
285 Demande de transfert de dossier (d'avocat à avocat)
286 Lettre à un notaire concernant un dossier en cours
286 Relance à un notaire pour une succession qui tarde à être réglée

287 Défense du consommateur
287 Demande de renseignements à une organisation de consommateurs
287 Plainte auprès d'un organisme officiel de lutte contre la fraude

288 Demandes d'indemnisation
288 Demande d'indemnisation au fonds de garantie automobile
288 Demande d'indemnité à l'Administration

VIE PRATIQUE

289 Recours aux élus

289 Demande d'intervention à un conseiller municipal
289 Demande d'intervention à un député
290 Demande à un député de faire intervenir le médiateur de la République

Quelques termes que vous risquez de rencontrer dans le courrier juridique :

- **Acte authentique :** contrat, témoignage, etc., reçu par un officier public (greffier, huissier, notaire, maire) et signé par le témoin *[les parties]*.
- **Acte sous seing privé :** contrat, témoignage, etc., rédigé et signé librement par un *[des]* particulier*[s]*.
- **Aide juridictionnelle :** prise en charge accordée par l'État aux personnes disposant de ressources modestes, et sous certaines conditions, de la totalité ou d'une partie des frais d'un procès (frais de justice et honoraires d'avocat).
- **Expédition :** copie d'un acte notarié ou d'un jugement.
- **Grosse :** exemplaire d'un acte notarié ou d'un jugement revêtu de la « formule exécutoire » (qui permet de le faire appliquer).
- **Mandat :** pouvoir que l'on donne à une autre personne d'agir à sa place. Le mandant est celui qui donne le pouvoir ; le mandataire, celui qui le reçoit.
- **Médiateur de la République** ou ombudsman (au Canada, on dit « protecteur du citoyen ») : fonctionnaire désigné pour examiner les plaintes des citoyens contre l'Administration.
- **Minute :** original d'un jugement, d'un acte notarié.
- **Produire en justice :** montrer, présenter devant un tribunal pour prouver que ce que l'on dit est vrai.

Aide judiciaire

Demande d'aide juridictionnelle

Monsieur,

Mon épouse ayant demandé le divorce *[Mon employeur m'ayant licencié et refusant de me verser mes indemnités...]*, j'aurais besoin de l'aide d'un avocat pour me défendre.

Malheureusement, mes ressources sont extrêmement limitées et je ne pourrai pas payer d'honoraires *[ni même les frais du procès]*.

Aussi, je vous prie de bien vouloir m'adresser un dossier de demande d'aide *[un dossier de demande d'aide juridictionnelle]* dans les meilleurs délais.

Avec mes remerciements, je vous prie d'agréer, Monsieur, l'assurance de ma considération distinguée.

À envoyer en recommandé avec avis de réception.

Relance de demande d'aide juridictionnelle

Monsieur,

Je vous ai adressé une demande d'aide juridictionnelle le 15 mars dernier. Au téléphone, vous m'aviez dit que l'on me désignerait un avocat vers le 15 avril. Or, je n'ai toujours pas reçu de nouvelles à ce jour.

Pourriez-vous avoir l'amabilité de reconsidérer mon dossier afin de tenter d'accélérer les choses, car je suis dans une situation financière *[familiale...]* extrêmement difficile ? Il est urgent que je puisse toucher mes indemnités de licenciement, je n'ai, en effet, pas d'autres ressources actuellement. *[Il est urgent que je puisse entamer une procédure de divorce, car mes enfants, âgés de 3 et 8 ans, sont très perturbés par le comportement de mon mari...]*

Dans l'attente de votre réponse et en vous remerciant de votre intervention, je vous prie d'agréer, Monsieur, l'expression de mes sentiments distingués.

À envoyer en recommandé avec avis de réception.

Avocats, notaires

Lettre à un avocat concernant un dossier en cours

Cher Maître,

Comme vous me l'avez demandé lors de notre dernier entretien, vous trouverez ci-joints les certificats médicaux et les justificatifs de mes dépenses dont vous aviez besoin pour régler le conflit qui m'oppose à M. Patout.

J'espère que le dossier est maintenant complet et je compte sur vous pour agir le plus rapidement possible.

Avec mes remerciements, je vous prie d'agréer, cher Maître, l'expression de ma considération distinguée.

Relance à un avocat pour une affaire qui tarde

Cher Maître,

Par ma lettre du 4 novembre, je vous ai fait parvenir les pièces qui manquaient au dossier concernant le litige qui m'oppose à M. Patout.

J'espérais que vous pourriez ainsi régler rapidement cette affaire. Mais voilà deux mois que je suis sans nouvelles de vous. Quand je téléphone à votre étude, votre secrétaire me répond toujours que vous êtes en rendez-vous et que vous me rappellerez dès que possible...

J'ai maintenant un besoin urgent de l'indemnité que j'espère toucher.

Je vous serais donc reconnaissant de vous occuper au plus vite de mon dossier et de m'en tenir informé. Vous pouvez me joindre dans la journée au 01 42 44 12 12.

Dans l'attente de votre réponse ou d'un rendez-vous que vous voudrez bien me fixer, je vous prie d'agréer, cher Maître, l'expression de ma considération distinguée.

VIE PRATIQUE

Envoi de témoignage à un avocat

Maître,

Comme vous me l'avez fait demander, je vous prie de bien vouloir trouver, ci-joint, mon témoignage concernant l'affaire Ménard.

Je suis à votre disposition pour tout renseignement complémentaire et vous prie d'agréer, Maître, l'expression de mes sentiments distingués.

Témoignage destiné à servir en justice

Je soussigné Pierre, Henri RENAUD, né le 22 juillet 1960 à Brassac (81260), de nationalité française, pharmacien *[sans activité professionnelle ou à la retraite]*, demeurant 8, rue La Fontaine à Calais (62100), certifie avoir vu Sébastien Ménard le jeudi 12 mai 1994 sortir de son domicile, entre 10 et 11 heures, et monter dans une Citroën Xantia noire, conduite par un homme chauve qui, apparemment, l'attendait. J'ai cru reconnaître dans le fond de la voiture une silhouette de femme blonde.

Je n'ai ni lien de parenté ni alliance avec Sébastien Ménard. Je le connais de vue parce qu'il est mon voisin et que nos enfants fréquentent la même école. *[Je le connais pour avoir travaillé avec lui dans la société Acard, 12, place des Maréchaux à Calais.]*

Je sais que ce témoignage pourra servir en justice et que toute fausse déclaration peut entraîner des poursuites pénales.

Fait à Calais, le 14 octobre 1999.

[signature]

Ci-joint photocopie recto verso de ma carte nationale d'identité.

On dit témoignage ou « attestation ».

Demande à un avocat de préciser ses honoraires

Maître,

J'ai été heureuse de vous rencontrer lundi dernier, 12 janvier, et de vous confier mon affaire *[mes intérêts]*, mais j'ai oublié de vous demander quels étaient vos honoraires.

Pouvez-vous avoir l'amabilité de m'établir un forfait ? Sinon, voulez-vous m'indiquer votre tarif horaire et me donner une première estimation du nombre d'heures de travail que vous devrez consacrer à mon dossier ?

Dans l'attente de votre réponse, je vous prie d'agréer, Maître, l'assurance de ma considération distinguée.

Demande à un avocat d'échelonner le paiement de ses honoraires

Maître,

J'ai bien reçu votre lettre m'adressant le relevé de vos honoraires. Comme vous le savez, je suis dans une situation financière très difficile et je ne suis pas en mesure actuellement de vous verser l'intégralité de cette somme. Vous serait-il possible d'envisager un échelonnement des paiements sur les six prochains mois ?

Avec mes remerciements, je vous prie d'agréer, Maître, l'expression de ma parfaite considération.

Demande de transfert de dossier (d'avocat à avocat)

Maître,

Pour des raisons personnelles, je souhaite confier désormais le dossier concernant mon litige avec la société Caper à Maître Charbonneau, 5, rue de Bretagne, 29200 Brest.

Pouvez-vous donc avoir l'amabilité de lui transmettre toutes les pièces que je vous avais confiées au sujet de cette affaire ?

Veuillez agréer, Maître, l'expression de mes sentiments distingués.

De nombreux avocats établissent avec leurs clients une « convention d'honoraires », fixant les honoraires de base et une éventuelle prime de résultat.

Lettre à un notaire concernant un dossier en cours

Cher Maître,

Comme vous me l'avez demandé, vous trouverez ci-jointe la procuration de mon frère, nécessaire pour réaliser la vente de la maison de Namur. Quant à moi, je peux venir signer avec l'acheteur dès que le dossier sera prêt, à l'exception de la semaine du 3 au 10 mars, période pendant laquelle je m'absente pour un voyage d'affaires.

Avec mes remerciements, je vous prie d'agréer, cher Maître, l'expression de ma considération distinguée.

Relance à un notaire pour une succession qui tarde à être réglée

Maître,

Mes frères et moi vous avons fait, je crois, parvenir toutes les pièces qui vous manquaient pour régler la succession de notre père.

Or, chaque fois que je vous appelle, vous m'affirmez que le dossier est presque prêt et que vous allez nous réunir d'ici peu pour la signature. Cette situation est la même depuis plus de quatre mois maintenant.

Je vous serais donc reconnaissant de vous occuper au plus vite du règlement de cette succession. Dans l'attente d'un rendez-vous à votre étude que vous voudrez bien nous fixer, je vous prie d'agréer, Maître, l'expression de ma considération distinguée.

Défense du consommateur

Demande de renseignements à une organisation de consommateurs

Madame,

J'ai acheté le 12 mai dernier une robe rouge dans la boutique Rêves, 15, rue Maréchal, à Corbeil (91100). Après avoir mis cette robe une matinée, je me suis aperçue qu'elle déteignait tellement que je ne pouvais plus la porter. Je l'ai donc rapportée au magasin en demandant qu'on me l'échange ou qu'on me la rembourse. Mais je me suis heurtée à un refus catégorique.

Pouvez-vous m'aider à obtenir satisfaction ou me dire comment procéder ? Vous trouverez ci-jointe la photocopie de la facture. Je peux vous montrer la robe et prouver ce que j'avance.

Avec mes remerciements, je vous prie d'agréer, Madame, l'expression de mes sentiments distingués.

Plainte auprès d'un organisme officiel de lutte contre la fraude

Monsieur,

J'ai passé mes vacances du 5 au 25 août à la pension des Thermes, rue du Lac, à Vallières-les-Eaux, où l'on m'a facturé le prix d'une chambre avec salle de bains alors que j'occupais une chambre avec douche.

Malgré mon insistance, le directeur de la pension n'a pas voulu revoir la facturation. C'est pourquoi je vous demande d'agir auprès de lui afin qu'il me rembourse le trop-perçu.

Vous trouverez ci-jointe la facture que je lui ai réglée, avec la description de la chambre que j'ai occupée.

En vous remerciant de votre intervention, je vous prie d'agréer, Monsieur, l'assurance de ma considération distinguée.

À envoyer en recommandé avec avis de réception à un organisme de défense des usagers ou à un organisme officiel de lutte contre la fraude.

Demandes d'indemnisation

Demande d'indemnisation au fonds de garantie automobile

Messieurs,

Lundi 5 janvier à 6 h 30, alors que le feu venait de passer au vert pour les piétons, j'étais en train de traverser le boulevard Diderot sur le passage clouté, quand une voiture a brûlé le feu rouge et m'a renversé*[e]*.

Le conducteur a pris la fuite si vite que les rares personnes présentes n'ont pu relever le numéro d'immatriculation du véhicule. Et la police ne l'a pas retrouvé.

Aussi, je vous demande de bien vouloir m'accorder une indemnisation de votre fonds de garantie. Vous trouverez ci-jointe la photocopie de mon dossier, avec le rapport des témoins de l'accident, le procès-verbal de la police et des certificats médicaux indiquant la nature de mes blessures et des séquelles qui en résultent.

Je reste à votre disposition pour vous fournir tout renseignement complémentaire.

Vous remerciant de l'attention que vous voudrez bien porter à ma situation, je vous prie d'agréer, Messieurs, l'expression de mes sentiments distingués.

> À envoyer en recommandé avec avis de réception. Dans le dossier, donnez le maximum de renseignements.

Demande d'indemnité à l'Administration

Monsieur,

Le 14 juin vers 17 heures, me rendant en moto de Champeix à Coudes par la D12, j'ai fait une chute à cause d'une tranchée non signalée. Je n'ai heureusement pas été blessé, mais la roue avant de mon véhicule a été sérieusement tordue. *[Le 14 juin, vers 15 heures, un des ouvriers qui construisent la nouvelle mairie a laissé glisser une énorme pierre qui est tombée sur le toit de ma voiture et l'a sérieusement enfoncé.]*

> À envoyer en recommandé avec avis de réception.

Je vous demande donc de bien vouloir me rembourser les frais de réparation de ma moto *[de m'indemniser pour le dommage causé à ma voiture]*.

Vous trouverez ci-joints le témoignage d'une personne qui a assisté à l'accident ainsi que le devis de mon garagiste.

Dans l'attente de votre réponse, je vous prie d'agréer, Monsieur, l'expression de mes sentiments distingués.

Recours aux élus

Demande d'intervention à un conseiller municipal

Monsieur *[Madame]* le Maire,

Mon fils Alain, âgé de 12 ans, ne peut se déplacer qu'en fauteuil roulant, car il a les jambes paralysées. Il ne peut monter les marches menant au collège Bergson où il est inscrit. Comme il n'y a pas de rampe d'accès, il faut toujours quelqu'un pour le porter. *[À l'intérieur du bâtiment, il peut utiliser l'ascenseur.]*

J'ai donc demandé à plusieurs reprises au directeur, M. Arnaud, que soit aménagée une rampe d'accès. Mais en vain... Pourriez-vous insister pour que cet équipement peu coûteux, mais qui faciliterait beaucoup la vie de mon fils et celle d'autres enfants handicapés, soit installé ?

En vous remerciant de votre intervention, je vous prie d'agréer, Monsieur *[Madame]* le Maire, l'expression de toute ma considération.

Demande d'intervention à un député

Madame le Député,

Devant être expulsée de mon studio à la fin du mois de juin, j'ai déposé, le 5 janvier 1994, une demande de logement de type F2 à l'office du logement de Namur. Je n'ai toujours pas obtenu de réponse malgré mes nombreuses relances.

Pourriez-vous intervenir en ma faveur auprès de cet organisme ?

Avec mes remerciements, je vous prie d'agréer, Madame le Député, l'assurance de ma respectueuse considération.

Demande à un député de faire intervenir le médiateur de la République

Monsieur le Député,

Ayant été victime d'un accident de chemin de fer qui s'est produit sur la ligne Valence-Montélimar le 12 juillet 1999, je n'ai toujours pas été indemnisé*[e]* par la SNCF des dommages que j'ai subis.

Plusieurs lettres de réclamations envoyées en recommandé avec avis de réception sont restées sans réponse. *[Je me heurte à un refus sans explications.]*

C'est pourquoi je vous demande de bien vouloir transmettre mon dossier au médiateur de la République.

Je reste à votre disposition pour vous fournir tout renseignement complémentaire et vous remercie de votre intervention.

Veuillez agréer, Monsieur le Député, l'assurance de ma respectueuse considération.

Joignez toutes les photocopies des lettres et des réponses en votre possession. Au Canada, le médiateur s'appelle le « protecteur du citoyen ».

argent et assurances

page **293 Argent, crédit, banques**

page **309 Assurances**

page **321 Impôts**

Argent, crédit, banques

297 Relations avec les banques et autres organismes financiers
- 297 Demande de prêt à une banque ou à un autre organisme de crédit
- 297 Renoncement à un crédit après l'avoir accepté
- 297 Demande d'autorisation de découvert
- 298 Demande d'ouverture de compte en cas de refus des banques
- 298 Remise de chèques en compte
- 299 Ordre de virement
- 299 Ordre de virement automatique
- 299 Annulation d'un ordre de virement automatique
- 300 Lettre d'accompagnement d'une procuration
- 300 Procuration sur un compte
- 300 Révocation d'une procuration
- 301 Déclaration de vol d'une carte de crédit bancaire
- 301 Déclaration de vol d'un chéquier
- 301 Demande de levée d'une interdiction bancaire pour chèque sans provision
- 302 Réclamation pour erreur sur le relevé bancaire
- 302 Demande d'explications sur le mode de calcul des agios
- 303 Ordre d'achat en Bourse
- 303 Ordre de transfert puis de clôture de compte

304 Prêts et dons entre particuliers

- 304 Demande de prêt
- 304 Acceptation de prêt d'argent
- 305 Refus de prêt d'argent
- 305 Remerciements pour un prêt
- 305 Reconnaissance de dette
- 306 Reconnaissance de dette précisant les conditions de remboursement
- 306 Lettre de caution pour un prêt entre particuliers
- 306 Demande d'un délai pour le remboursement d'un prêt
- 307 Réclamation du remboursement d'un prêt
- 308 Circulaire pour demander un don d'argent

Pour écrire à la banque

La plupart des relations avec les banques se passent de vive voix. Souvent même par téléphone. Mais, dans certains cas, il vaut mieux écrire ou, du moins, confirmer votre entretien par courrier : pour donner un ordre en Bourse, demander une autorisation de découvert, contester un relevé de compte, etc. En cas de perte ou de vol, c'est même indispensable. N'oubliez pas alors de poster votre lettre en recommandé avec avis de réception.

Rappelez toujours
- votre nom et votre adresse,
- le numéro de votre compte,
- le nom de la personne qui s'en occupe, à l'aide de la formule « À l'attention de M. ou Mme... »,
- et, le cas échéant, la référence de la lettre à laquelle vous répondez.

Catherine Picon
95, avenue Saint-Michel
44000 Nantes
Compte n° 0070 100 7895
Votre réf. : 102655

À l'attention de Madame Guérin
BNP
12, quai de l'Erdre
44000 Nantes

Lundi 3 mai 1999

Quelques termes utiles

- **Agios :** frais bancaires (intérêts débiteurs, commission de découvert, frais d'encaissement, etc.) perçus notamment en cas de découvert et calculés au nombre de jours.
- **Caution :** engagement de s'acquitter d'une obligation (prêt d'argent) si le débiteur s'y soustrait.
- **Chèque certifié :** chèque revêtu par la banque d'une mention certifiant que le compte est bien provisionné.
- **Découvert :** prêt à court terme accordé par une banque au titulaire d'un compte courant.
- **Mandant :** personne qui donne procuration sur un compte bancaire à une autre personne.
- **Mandataire :** personne qui reçoit mandat ou procuration pour agir sur un compte.
- **RIB :** relevé d'identité bancaire. C'est la carte d'identité de votre compte.
- **TEG :** taux effectif global. C'est le taux réel d'un crédit tout compris : intérêts, frais, commissions, etc.

Relations avec les banques et autres organismes financiers

Demande de prêt à une banque ou à un autre organisme de crédit

Madame,

Souhaitant installer une salle de bains dans le pavillon que je possède 12, avenue de la Belle-Arrivée, à Montréal *[Désirant m'acheter un ordinateur portable...]*, j'aurais besoin d'emprunter une somme de 7 650 euros.

Pouvez-vous me consentir un tel prêt sur une durée d'un an *[de 2 à 5 ans...]* ? Et dans quelles conditions ?

Je reste à votre disposition pour vous fournir tout renseignement complémentaire.

Dans l'attente de votre réponse, je vous prie d'agréer, Madame, l'expression de ma considération distinguée.

Renoncement à un crédit après l'avoir accepté

Messieurs,

Après avoir demandé un prêt de 7 650 euros sur 2 ans, j'avais accepté votre offre de crédit le 2 mars dernier.

Aujourd'hui, je regrette ma décision et préfère bénéficier du délai légal de rétractation. Veuillez donc l'annuler.

Veuillez agréer, Messieurs, mes salutations distinguées.

> À envoyer en recommandé avec avis de réception.

Demande d'autorisation de découvert

Madame,

Le montant de ma prime de fin d'année, soit 3 825 euros, doit être viré sur mon compte le 25 janvier prochain.

Or, d'ici là, je dois faire face à des dépenses urgentes qui risquent de m'amener à faire des chèques pour un montant global d'environ 2 285 euros.

Mon compte n'étant pas suffisamment approvisionné, je vous demande exceptionnellement de bien vouloir m'autoriser un découvert de 2 285 euros (deux mille deux cent quatre-vingt-cinq euros) jusqu'au 31 janvier.

Si vous en êtes d'accord, je vous serais reconnaissant de bien vouloir me le confirmer par écrit, en m'indiquant précisément les conditions de ce crédit *[et en particulier le taux effectif global]*.

Veuillez agréer, Madame, l'assurance de ma considération distinguée.

Demande d'ouverture de compte en cas de refus des banques

Messieurs,

Je me suis adressé à plusieurs banques afin d'ouvrir un compte, toutes ont refusé. Vous trouverez ci-jointes leurs lettres de refus.

Je vous serais donc reconnaissant de bien vouloir me désigner, le plus rapidement possible, une banque auprès de laquelle je puisse ouvrir un compte.

Dans l'attente de votre réponse, je vous prie d'agréer, Messieurs, l'expression de ma considération distinguée.

> À adresser à la Banque de France de votre région.

Remise de chèques en compte

Madame,

Veuillez trouver ci-joints trois chèques à déposer sur mon compte n° 000158 458 798.

Le tout pour un montant de 1 400 euros (mille quatre cents euros).

Avec mes remerciements, je vous prie d'agréer, Madame, l'assurance de ma considération distinguée.

Ordre de virement

Madame,

Pouvez-vous, je vous prie, virer, à la date du 18 mai, la somme de 2 285 euros (deux mille deux cent quatre-vingt-cinq euros) de mon compte n° 5686 579 512 sur le compte de Mlle Éliane Béthysy, à l'agence Bellefontaine, 22, av. Krieg, à Bruxelles.

Vous trouverez ci-joint son relevé d'identité bancaire.

Veuillez agréer, Madame, l'assurance de ma considération distinguée.

> Donnez le nom exact de la banque.

Ordre de virement automatique

Madame,

Pouvez-vous, je vous prie, effectuer tous les 5 du mois un virement automatique de 105 euros (cent cinq euros) de mon compte n° 9865 587 863 sur le compte de M. Nicolas Rossot, à l'agence CIC, 4, rue de Jouy, Verneuil (78). Et ce à dater du mois de mai prochain.

Vous trouverez ci-joint le relevé d'identité bancaire de M. Nicolas Rossot.

Veuillez agréer, Madame, l'assurance de ma considération distinguée.

Annulation d'un ordre de virement automatique

Monsieur,

Veuillez, s'il vous plaît, mettre fin à l'ordre de virement automatique mensuel de 105 euros (cent cinq euros) de mon compte n° 9865 587 863 sur le compte de M. Nicolas Rossot, à l'agence CIC, 4, rue de Jouy, Verneuil (78). Cette annulation devra prendre effet dès aujourd'hui, 1er juin 1995 [à la date du 1er septembre prochain...].

Veuillez agréer, Monsieur, mes salutations distinguées.

> À envoyer en recommandé avec avis de réception.

Lettre d'accompagnement d'une procuration

Madame,

Victime d'un accident qui m'a contrainte à être hospitalisée d'urgence, je vous serais reconnaissante de bien vouloir accepter la procuration que je donne à mon fils sur mon compte durant mon immobilisation.

Veuillez agréer, Madame, l'assurance de ma considération distinguée.

Procuration sur un compte

Je soussignée, Sonia Moreau,
demeurant 12, rue des Pyrénées, à Paris (75020),
titulaire du compte 458 866 95 B au Crédit industriel (agence 12, rue de Charonne, 75020 Paris),
autorise mon fils
Adrien Moreau, né le 4 mai 1955, demeurant 5, rue des Abattoirs, à Morsang-sur-Seine (91),
à effectuer toutes les opérations nécessaires sur mon compte désigné ci-dessus.
À Paris, le ...

[Signature du mandataire   [Signature du mandant
à faire précéder de   à faire précéder de
la mention manuscrite   la mention manuscrite
« Accepté »]   « Bon pour pouvoir »]

Révocation d'une procuration

À envoyer en recommandé avec avis de réception.

Madame,

J'avais donné procuration le 12 avril 1993 à M. Philippe Dupoutre sur mon compte n° 986 365 87 Z.

Pouvez-vous noter qu'à dater de ce jour, 3 juin 1999, je révoque totalement cette procuration et que M. Philippe Dupoutre n'a plus aucun pouvoir sur mon compte ?

Veuillez agréer, Madame, mes salutations distinguées.

Déclaration de vol
d'une carte de crédit bancaire

Monsieur,

Je vous confirme avoir téléphoné aujourd'hui, 12 juillet, à 14 h 15, au centre de carte de crédit afin de faire opposition sur ma carte bancaire numéro 8471 5012 6010 6918 que l'on m'a volée avec mon sac *[que je pense avoir perdue]* à l'heure du déjeuner.

Vous trouverez ci-joint le récépissé de ma déclaration de vol *[ou de perte]* à la police.

Veuillez agréer, Monsieur, l'expression de ma considération distinguée.

> Confirmez au plus vite votre opposition à votre banque par lettre recommandée, avec avis de réception.

Déclaration
de vol d'un chéquier

Monsieur,

Comme je viens de vous le signaler par téléphone, je pense m'être fait voler *[avoir perdu]* ce matin mon chéquier. Je vous serais donc reconnaissant d'avertir au plus vite vos services de cette disparition afin de faire opposition sur tous les chèques portant les numéros 2735021 à 2735040.

Vous trouverez ci-joint le récépissé de ma déclaration de vol *[ou de perte]* à la police.

Veuillez agréer, Monsieur, l'expression de ma considération distinguée.

> Confirmez au plus vite votre opposition à votre banque par lettre recommandée, avec avis de réception.

Demande de levée d'une interdiction
bancaire pour chèque sans provision

Messieurs,

Mon compte n° 8418 312 K étant insuffisamment approvisionné, vous avez rejeté le 9 octobre le paiement de mon chèque n° 8863 578 et vous m'avez adressé une lettre recommandée m'interdisant de faire de nouveaux chèques et me demandant de vous rendre mon chéquier.

J'ai régularisé ma situation le 18 octobre en réglant en espèces le bénéficiaire du chèque impayé que je vous retourne ci-joint *[en approvisionnant mon compte par virement d'un montant de 760 euros* ou *en déposant au guichet la somme de ...].*

En conséquence, je vous prie de bien vouloir lever la mesure d'interdiction bancaire dont je fais l'objet.

Veuillez agréer, Messieurs, mes salutations distinguées.

Réclamation pour erreur sur le relevé bancaire

Messieurs,

Sur mon dernier relevé, daté du 17 novembre, je constate que mon compte a été débité de 129 euros pour un chèque n° 4153983 en date du 15 mars. Or je n'ai jamais fait un chèque d'un tel montant.

D'ailleurs, le chéquier que j'utilise actuellement et ceux dont je me suis servi au cours des six derniers mois ne comportent pas ce numéro.

Il doit s'agir d'une confusion avec un autre client de votre établissement.

Vous voudrez bien rectifier cette erreur dans les plus brefs délais *[en créditant mon compte en bonne date de valeur du montant injustement débité].*

Avec mes remerciements, je vous prie d'agréer, Messieurs, l'expression de ma considération distinguée.

> Si vous n'êtes pas d'accord sur votre relevé de compte, contestez rapidement auprès de votre banquier.

Demande d'explications sur le mode de calcul des agios

Monsieur,

À l'examen de mon relevé de compte du 15 juin, je m'aperçois que les agios *[le taux effectif global...]* que vous m'avez facturés se montent à 17,15 %.

Ce taux me paraissant plus élevé que celui que vous m'aviez indiqué lors de notre dernier entretien, je vous serais reconnaissante de bien vouloir m'en préciser les modalités de calcul et les justifications.

Dans l'attente de votre réponse, je vous prie d'agréer, Monsieur, l'assurance de ma considération distinguée.

Ordre d'achat en Bourse

Monsieur,

Je vous confirme mon ordre d'achat ce jour de dix actions de la société Héracles au prix maximum de 40 euros chacune.

Pour régler le montant de cette opération, vous voudrez bien débiter mon compte n° 589 68 749.

Croyez, Monsieur, à l'assurance de ma considération distinguée.

> Soyez très précis sur la dénomination des titres.

Ordre de transfert puis de clôture de compte

Madame,

Vous voudrez bien faire virer le solde de mon compte n° 897 658 967 YZ, soit 220 euros (deux cent vingt euros), sur mon compte ouvert au Crédit industriel sous le n° 912 624 AT (ci-joint un relevé d'identité bancaire).

Je vous serais reconnaissant de procéder à ce virement dans les plus brefs délais, puis de clôturer définitivement mon compte dans votre établissement.

Pour ce qui est de mon chéquier et de ma carte de paiement, je passerai vous les remettre au cours de la semaine prochaine *[je m'engage à les détruire...]*. Ils ne m'ont servi ni l'un ni l'autre depuis plus de trois mois. Vous voudrez bien me rembourser le trop-perçu sur ma cotisation annuelle de carte bleue en fonction du nombre de mois pour lesquels celle-ci est effectivement due.

Veuillez agréer, Madame, mes salutations distinguées.

> À envoyer en recommandé avec avis de réception. Laissez sur votre compte une somme suffisante pour permettre le paiement des chèques encore en circulation.

Prêts et dons entre particuliers

Demande de prêt

Ma chère Carine,

Si je t'écris aujourd'hui, c'est pour te demander un service. Je traverse actuellement de graves difficultés financières. Depuis que la société où je travaillais a déposé son bilan, je n'ai pas encore touché d'allocations de chômage. *[François ne m'a pas versé ma pension alimentaire depuis plus de cinq mois...]*

Pourrais-tu me prêter 760 euros ? Bien entendu, je te signerai une reconnaissance de dette et je te rembourserai dès que j'aurai touché mes indemnités de licenciement *[ma pension...]* Au plus tard d'ici à deux ou trois mois *[d'ici au 30 juin...]*.

Dis-moi franchement si cela t'est possible sans trop de difficulté. Sinon, je comprendrai parfaitement et chercherai une autre solution. C'est d'ailleurs pourquoi j'ai préféré t'écrire afin de te laisser le temps de la réflexion.

Je t'embrasse.

> Précisez les raisons de vos difficultés financières et le délai sous lequel vous comptez rembourser.

Acceptation de prêt d'argent

Mon cher Laurent,

Ta lettre m'est parvenue ce matin et j'y réponds aussitôt. Bien sûr, tu peux compter sur moi.

Envoie-moi ton relevé d'identité bancaire afin que je donne l'ordre de virement sur ton compte *[Je t'envoie ci-joint le chèque que tu me demandes...]*.

Comme tu me le proposes *[Si cela ne t'ennuie pas]*, j'accepte ta reconnaissance de dette. Ce sera plus clair entre nous *[Mais il est inutile que tu me signes une reconnaissance de dette, j'ai parfaitement confiance en toi...]*.

Je t'embrasse *[Avec ma fidèle amitié]*.

Refus de prêt d'argent

Ma chère Virginie,

Tu me vois vraiment désolé*[e]* de ne pouvoir te rendre le service que tu me demandes. Mais je suis moi-même actuellement dans une situation financière difficile. *[Nous avons subi ces derniers temps de lourdes pertes avec la concurrence du nouveau magasin qui s'est installé à quelques pas d'ici...]*

J'espère que tu vas trouver rapidement une solution à ton problème.

Je t'embrasse avec toute mon amitié *[affection...]*.

Remerciements pour un prêt

Ma chère Carine,

Comment te remercier ? Ton aide m'enlève bien des soucis. Ton chèque vient de me parvenir avec ton petit mot si affectueux, si encourageant ! Sentir que je peux compter à la fois sur ton aide et sur ton affection m'a profondément émue...

[Je t'envoie une reconnaissance de dette.] Je te rembourserai dès que j'aurai touché mon treizième mois *[dès que j'aurai touché ma pension alimentaire...]*.

Ma chère Carine, merci encore de ta gentillesse.

Bien affectueusement.

Reconnaissance de dette

Je soussigné, Laurent Tellier, reconnais avoir reçu de M. Édouard Driard la somme de 4 575 euros (quatre mille cinq cent soixante-quinze euros) le 18 juillet 2002. Je m'engage à rembourser ce prêt au plus tard le 18 janvier 2005 avec un intérêt de 10 % l'an.

Strasbourg, le 23 juillet 2002

[signature]

À écrire de la main de l'emprunteur.

Reconnaissance de dette précisant les conditions de remboursement

M. Frédéric Fassois, demeurant 12, rue de l'Arbalète, à Annecy (74), reconnaît avoir reçu ce jour de

M. Luc Gall, demeurant 15, rue Taine, à Annecy (74),

un prêt de 7 630 euros (sept mille six cent trente euros) par chèque sur le compte du Crédit agricole n° 5244046.

Ce prêt d'une durée de cinq ans portera un intérêt de 10 % (dix pour cent) l'an.

Le remboursement devra s'effectuer par fractions de 1 526 euros, plus les intérêts correspondants, au plus tard le 31 décembre de chaque année.

À Annecy, le ...

Lu et approuvé	Lu et approuvé
Frédéric Fassois	Luc Gall
[signature]	*[signature]*

> À écrire de la main de l'emprunteur.

Lettre de caution pour un prêt entre particuliers

Je soussignée, Élisabeth Métry-Picot, demeurant 61, boulevard Saint-Jacques, à Toulouse (31), déclare me porter garante de Francis Picot, demeurant 6, rue des Plantes, à Paris (75014), à concurrence de 1 220 euros (mille deux cent vingt euros).

Fait à Toulouse, le ...
Élisabeth Métry-Picot
[signature]

> À écrire de la main de celui qui cautionne.

Demande d'un délai pour le remboursement d'un prêt

Cher Éric,

Nous étions convenus que je devais te rembourser au plus tard à la fin de décembre les 1 830 euros que tu m'as prêtés.

Je pensais effectivement pouvoir régler ma dette grâce à

ma prime de fin d'année *[grâce à la vente d'un meuble...]*. Malheureusement, les affaires ayant été très mauvaises, je ne toucherai pas de prime cette année *[la vente aux enchères a été désastreuse et ma table n'a pas trouvé acheteur]*.

Te serait-il possible de m'accorder un délai supplémentaire de deux mois ? Je suis en effet sûr de pouvoir te rembourser fin février *[grâce à un petit héritage que je dois recueillir...]*.

Dis-moi franchement si cela te met dans la gêne, auquel cas je me débrouillerai pour trouver malgré tout cet argent au plus tôt.

Bien amicalement.

Réclamation du remboursement d'un prêt

Chère Marie,

Tu me places vraiment dans une situation gênante ! Tu sais bien que, lorsque je t'ai prêté 760 euros il y a six mois, j'ai insisté pour que tu me les rembourses au plus tard le 15 janvier.

J'étais ravie de pouvoir te rendre service dans la mesure où je disposais alors de cette somme. Mais je t'avais expliqué que cet argent me serait absolument nécessaire le 15 janvier pour régler mes impôts.

Or nous voilà le 25 janvier et je n'ai toujours rien reçu de toi. Impossible de te joindre au téléphone...

Peux-tu avoir la gentillesse de m'envoyer un chèque sans plus attendre ou de faire virer la somme sur mon compte (je t'envoie mon relevé d'identité bancaire) ? De toute façon téléphone-moi ou laisse un message sur le répondeur, que je sois rapidement rassurée.

J'espère que tu ne m'en voudras pas d'être aussi pressante, mais je suis vraiment dans la gêne à mon tour.

Amitiés.

Circulaire pour demander un don d'argent

Chers amis,

Vous savez tous que Mathilde Terron est actuellement dans une situation extrêmement difficile. Son compagnon a disparu sans laisser d'adresse et elle se retrouve seule avec la charge de leur petite fille, hospitalisée depuis deux mois par suite d'un très grave accident de voiture.

Les médecins consultés estiment que les meilleurs chirurgiens susceptibles d'opérer l'enfant se trouvent à Lyon. Mais Mathilde est, bien évidemment, dans l'incapacité d'assumer les frais correspondants.

Nous avons donc pensé nous réunir pour rassembler la somme nécessaire au transport de l'enfant par avion, à son hospitalisation et au séjour de sa mère à ses côtés.

D'après nos estimations, il faudrait pour cela recueillir environ 3 050 euros, soit 30 à 75 euros par personne contactée.

Si vous souhaitez participer à cette action, adressez vos dons à Valérie Dreou, 54, rue Daumesnil à Paris (75012), qui se chargera de transmettre la somme recueillie à Mathilde Terron.

Merci de ce que vous pourrez faire.

Veuillez agréer, chers amis, nos salutations distinguées.

> Lettre circulaire à envoyer à des amis ou à des collègues.

Assurances

312 Déclaration de sinistre
- 312 Déclaration d'incendie
- 312 Déclaration de dégâts des eaux
- 313 Déclaration d'une blessure causée à votre enfant
- 314 Témoignage sur un accident
- 314 Déclaration de vol

315 Demande d'assurance
- 315 Lettre de confirmation à un assureur

315 Demande d'informations
- 315 Demande d'informations sur la garantie « responsabilité civile »

316 Modifications de contrat
- 316 Aggravation du risque
- 317 Diminution du risque

317 Relances, contestation
- 317 Relance d'une demande d'expertise avant d'engager les travaux
- 318 Relance d'une demande d'indemnisation
- 318 Contestation d'une proposition d'indemnisation

319 Résiliation d'une assurance
- 319 Résiliation d'une assurance en cours de contrat
- 319 Résiliation d'une assurance par suite de hausse abusive de la prime
- 320 Résiliation d'une assurance à la date d'échéance
- 320 Résiliation d'une assurance à la suite de la disparition du risque

Quelques conseils pour écrire à l'assureur

Pour déclarer un accident ou signaler un changement, vous pouvez téléphoner à votre assureur afin de l'informer au plus tôt. Mais confirmez toujours le contenu de votre entretien téléphonique par courrier. Pour toute correspondance importante (déclaration de sinistre ou d'aggravation de risque, résiliation de contrat, litige, etc.), postez votre lettre en recommandé avec avis de réception. Conservez toujours un double de votre lettre. Et joignez à votre courrier les photocopies des pièces justificatives : rapport d'expert, témoignages, etc.

Rappelez toujours
- vos nom et adresse,
- le numéro de votre police d'assurance,
- les références de la lettre à laquelle vous répondez et les références du dossier concerné,
- le nom de la personne responsable de votre dossier, à l'aide de la formule « À l'attention de M. *[de Mme]* ».

François Despierres
15, rue des Lilas
92400 Courbevoie
Police n° 25 772 85
Votre réf. : 11 00004221/83/42

         À l'attention de M. Pichot
            C.A.I.P. La Lyonnaise
             125, avenue de Lille
               92300 Levallois

          Courbevoie, le 4 février 2000

Quelques termes utiles à connaître

- **Avenant :** écrit apportant des modifications aux conditions (clauses) du contrat.
- **Clause :** condition particulière fixée par le contrat.
- **Police :** contrat d'assurance.
- **Préjudice :** tort, dommage.
- **Prime :** somme due chaque année par l'assuré à l'assureur, en vertu de sa police.
- **Résilier :** mettre fin.
- **Sinistre :** événement qui se traduit par des pertes et/ou des dommages pour des personnes et/ou des objets assurés.
- **Tacite reconduction :** renouvellement automatique d'année en année tant qu'on n'écrit pas pour mettre fin au contrat ou pour le modifier.

Déclaration de sinistre

Déclaration d'incendie

Messieurs,

J'ai le regret de vous informer que notre cuisine a été ravagée par le feu la nuit dernière, 12 février. Grâce à l'intervention rapide des pompiers, le reste de l'appartement n'a pas été touché. La police est venue sur les lieux mais n'a pu déterminer les causes de l'incendie.

La pièce est totalement dévastée et les appareils ménagers qui s'y trouvaient sont très endommagés. Je vous serais donc reconnaissant[e] de demander à votre expert de passer le plus rapidement possible afin qu'il chiffre le montant des dommages.

Vous pouvez me joindre dans la journée à mon bureau au 01 45 20 12 10, poste 3224.

Croyez, Messieurs, à l'assurance de ma considération distinguée.

À envoyer en recommandé avec avis de réception.

Déclaration de dégâts des eaux

Monsieur,

Je vous signale que la rupture du tuyau d'eau chaude de ma baignoire a entraîné une fuite d'eau dans ma chambre *[et dans celle du locataire de l'appartement de l'étage au-dessous, M. Pascal Boyer]*.

L'incident s'est produit lundi 21 février dans l'après-midi et, dès que j'ai été prévenu, par un appel à mon bureau, j'ai fait venir le plombier. Celui-ci a aussitôt réparé la canalisation, comme en témoigne sa facture dont je vous adresse la photocopie. Mais l'eau avait coulé sous la porte et abîmé la moquette de ma chambre *[ainsi que le plafond et un mur de l'appartement de mon voisin du dessous]*.
[Vous trouverez ci-joint le constat de dégâts des eaux que nous avons signé ensemble.] J'émets d'ores et déjà toutes réserves sur d'autres dommages non encore décelés à ce jour.

À envoyer en recommandé avec avis de réception.

Je suis à votre disposition pour recevoir votre expert s'il désire se rendre sur place. *[Le numéro de téléphone de bureau de M. Pascal Boyer est le 02 35 04 20 00.]*

Dans l'attente de votre réponse, je vous prie d'agréer, Monsieur, l'assurance de ma considération distinguée.

Déclaration d'une blessure causée à votre enfant

Monsieur,

Le chien de M. Jean-François Despois, mon voisin, demeurant 12, impasse Moderne, à Annecy (74), a mordu, hier 15 avril, mon fils Sylvain. Celui-ci, blessé à la joue, à proximité de la bouche, a dû être transporté d'urgence à l'hôpital où il est encore en observation. Sylvain, âgé de deux ans, jouait tranquillement dans notre jardin quand le chien, qui s'était échappé, a voulu lui prendre sa balle. C'est en résistant que mon fils s'est fait mordre par l'animal. Heureusement, ma fille aînée, qui a entendu les cris de son petit frère, est arrivée rapidement et a réussi à faire fuir le chien. Sylvain est très traumatisé.

Pour le moment, M. Despois n'a pas voulu reconnaître sa responsabilité.

Pouvez-vous me dire si mon assurance multirisque (n° 895 67 48 BN) garantit ce type d'accident ou si elle m'assure la protection juridique en cas de litige avec la personne responsable ? Dans l'un ou l'autre cas, quelles sont les démarches que je dois entreprendre ?

Vous trouverez ci-joint le témoignage de Mlle Francine Firtel, qui a vu la scène de sa fenêtre. Je vous joins également le certificat du médecin de l'hôpital précisant la nature des blessures et leur évolution prévisible.

Dans l'attente de votre réponse, je vous prie d'agréer, Monsieur, l'assurance de ma considération distinguée.

À envoyer en recommandé avec avis de réception.

Témoignage sur un accident

Je soussignée Francine Firtel, née le 3 mai 1950, demeurant 11, impasse Moderne, à Annecy (74), certifie avoir vu le chien de M. Jean-François Despois, demeurant 12, impasse Moderne, à Annecy (74), mordre le petit Sylvain Barrichou.

Hier, 15 avril, vers 17 heures, j'étais en train d'arroser mes plantes sur mon balcon quand j'ai vu le chien de M. Despois s'échapper de chez lui et pénétrer dans le jardin de M. Barrichou. L'animal a essayé d'attraper la balle du petit Sylvain qui jouait tranquillement. Et, comme l'enfant ne voulait pas lâcher son jouet, le chien l'a mordu. L'enfant a hurlé, sa sœur est arrivée et le chien s'est enfui.

Fait à Annecy, le 16 avril 1995
[signature]

Déclaration de vol

Messieurs,

Des cambrioleurs se sont introduits chez moi dans la journée du 2 avril, alors que j'étais à mon bureau. Ils ont forcé la porte et, malgré l'alarme, ils ont emporté un certain nombre d'objets de valeur. Dès mon retour, vers 19 heures, j'ai fait venir la police, qui a établi un constat d'effraction.

Vous trouverez ci-joints le récépissé du dépôt de plainte, les photographies des objets volés et la copie de leur expertise, établie par maître Peignot, ainsi que la copie de la facture du serrurier.

Je vous prie donc de bien vouloir m'indemniser comme le prévoit mon contrat d'assurance vol n° 963725. Et je reste à votre disposition pour tout renseignement complémentaire dont vous pourriez avoir besoin.

Veuillez agréer, Monsieur, l'expression de ma considération distinguée.

Demande d'assurance

Lettre de confirmation à un assureur

Madame,

Suite à notre entretien téléphonique, je vous prie de bien vouloir assurer mon appartement à usage d'habitation *[à usage professionnel]*, situé 20, avenue Ulysse (deuxième étage à droite), à Bruxelles, à partir de ce jour.

Je suis propriétaire *[locataire]* de cet appartement qui comporte cinq pièces pour une surface de 106 m², plus cave et parking. *[Il dispose de portes blindées et de volets.]* J'estime la valeur du contenu à 38 000 euros *[121 950 euros]*.

Je reste à votre disposition pour tout renseignement complémentaire ou pour vous le faire visiter. Vous pouvez me joindre à mon bureau (2 240 95 23, poste 3234).

Veuillez agréer, Madame, l'expression de ma considération distinguée.

> À envoyer en recommandé avec avis de réception.

Demande d'informations

Demande d'informations sur la garantie « responsabilité civile »

Madame,

J'ai souscrit auprès de votre compagnie une assurance responsabilité civile chef de famille n° 289742. Or l'association de parents d'élèves du collège Jules-Ferry me conseille de prendre une assurance scolaire pour mon fils.

Afin de savoir si ces deux assurances sont complémentaires ou si elles couvrent les mêmes risques, pouvez-vous me préciser quelles sont, en ce qui concerne mes enfants, les garanties figurant dans mon contrat responsabilité civile.

> On peut dire « souscrire » ou « contracter » une assurance.

En particulier :
- Mon assurance responsabilité civile couvre-t-elle les accidents causés à (ou par) mes enfants à l'école, sur le trajet, à la maison et en vacances ?
- Quel est le montant de la garantie ? Celle-ci s'ajoute-t-elle à celle de l'assurance scolaire ou fait-elle double emploi avec elle ?
- Mon assurance responsabilité civile couvre-t-elle les accidents causés par mes enfants en bicyclette ? en vélomoteur ? dans la pratique des sports ? Et, si oui, quels sont les sports couverts par l'assurance et ceux qui en sont exclus ?

Je vous remercie de ces informations et vous prie d'agréer, Madame, l'expression de ma considération distinguée.

Modification de contrat

Aggravation du risque

Madame,

Les travaux que j'ai entrepris dans mon pavillon, 5, place Saint-Lambert, à Lamotte-Beuvron (41), ont porté la surface habitable de celui-ci de 85 m^2 à 110 m^2. Cette maison comporte désormais six pièces principales et non plus quatre.

Pouvez-vous modifier en conséquence mon contrat multirisque habitation *[multirisque professionnel]* n° 197845 et m'en expédier un exemplaire.

Si vous désirez envoyer un expert sur place, je suis à sa disposition pour prendre rendez-vous. Il peut me joindre aux heures de bureau au 02 54 12 24 38.

Veuillez agréer, Madame, l'expression de ma considération distinguée.

À envoyer en recommandé avec avis de réception.

Diminution du risque

Monsieur,

J'avais souscrit auprès de votre compagnie une assurance spéciale objets d'art n° 547A10 garantissant une collection d'armes et divers autres objets mobiliers que je possédais dans mon appartement situé 25, rue de Tolbiac, 75013 Paris.

Or hier, 6 mars, j'ai vendu à un antiquaire ces armes de collection. Je vous prie de revoir en conséquence le montant de mon assurance. L'expertise que je vous avais communiquée, et à partir de laquelle vous aviez établi la prime, en fixait la valeur à 10 650 euros.

Vous voudrez bien également me rembourser le montant de prime correspondant au temps restant à couvrir jusqu'à l'échéance.

Je reste à votre disposition pour tout renseignement complémentaire, et vous prie d'agréer, Monsieur, mes salutations distinguées.

À envoyer en recommandé avec avis de réception.

Relances, contestation

Relance d'une demande d'expertise avant d'engager les travaux

Monsieur,

Par ma lettre du 20 mai je vous signalais les importants dégâts des eaux produits sur les murs de ma chambre à la suite de violents orages.

Vous m'avez demandé, avant toute indemnisation, de faire réparer la toiture par le plombier de l'immeuble. Il a remis en place les tuiles déplacées, comme en témoigne la photocopie de sa facture que je vous ai adressée le 2 juin.

Depuis lors, et malgré mes relances téléphoniques, votre expert n'est toujours pas venu pour constater les dégâts causés par l'eau sur le mur. Pouvez-vous insister pour obtenir son passage au plus vite ou m'autoriser à faire réparer les

À envoyer en recommandé avec avis de réception.

dégâts de peinture par mon entrepreneur dont je vous adresse le devis ci-joint?

Dans l'attente de votre réponse, je vous prie de croire, Monsieur, à l'expression de ma considération distinguée.

Relance d'une demande d'indemnisation

Madame,

Par ma lettre du 13 juillet 1996, je vous ai déclaré que j'avais été victime d'un accident trois jours auparavant.

Deux mois plus tard, le 10 septembre, je vous ai adressé un nouveau courrier recommandé comportant un dossier justifiant ma demande de remboursement des frais et de versement d'une indemnité pour le préjudice que j'ai subi.

Depuis lors, l'expert est passé et a dû établir son rapport. Or, malgré mes multiples relances par téléphone, vous ne m'avez toujours pas fait d'offre d'indemnisation.

Je vous prie donc d'examiner mon dossier dans les plus brefs délais afin de m'indemniser sans tarder.

Dans l'attente de votre réponse, je vous prie d'agréer, Madame, l'expression de ma considération.distinguée.

> À envoyer en recommandé avec avis de réception.

Contestation d'une proposition d'indemnisation

Madame,

Je viens de prendre connaissance de votre offre d'indemnisation pour le préjudice que j'ai subi à la suite de l'accident du 21 juin 1996.

Cette offre me paraît tout à fait insuffisante étant donné les séquelles dont je souffre. J'ai conservé une raideur dans les doigts qui est un handicap sérieux pour mon travail sur ordinateur.

En conséquence je refuse cette proposition et je vous demande une contre-expertise.

Veuillez agréer, Madame, l'expression de ma considération distinguée.

> À envoyer en recommandé avec avis de réception.

Résiliation d'une assurance

Résiliation d'une assurance en cours de contrat

Madame,

Ayant acheté une maison à Verrières-le-Buisson, je compte m'y installer prochainement et quitterai donc l'appartement que j'occupais, 33, rue des Abbesses, à Paris (75018).

Par conséquent, je vous prie de résilier l'assurance multirisque habitation, souscrite auprès de votre compagnie, qui couvrait cet appartement, et ce à dater du 12 juillet 1999.

Vous voudrez bien également me rembourser le plus rapidement possible le montant de la prime correspondant à la période restant à courir jusqu'à l'échéance.

Croyez, Madame, à l'assurance de ma considération distinguée.

> Un changement de domicile, de situation matrimoniale ou de profession permettent généralement de résilier un contrat avant l'échéance.

Résiliation d'une assurance par suite de hausse abusive de la prime

Monsieur,

En regardant l'avis d'échéance de mon assurance multirisque habitation *[automobile...]*, je constate que vous avez augmenté ma prime de 130 euros, soit une hausse de plus de 15 % pour l'année d'assurance.

Une telle augmentation n'étant aucunement justifiée, je la refuse et vous prie de bien vouloir résilier ma police n° 886521DR.

Pouvez-vous m'envoyer une lettre de confirmation de cette résiliation et m'indiquer le montant de la prime à payer pour la période restant à courir entre la réception par vos services de ma lettre recommandée et la date d'effet de la résiliation.

Je vous prie de croire, Monsieur, à l'expression de ma considération distinguée.

> À envoyer en recommandé avec avis de réception. Respectez le délai autorisant à résilier son contrat pour augmentation de la prime.

Résiliation d'une assurance à la date d'échéance

À envoyer en recommandé avec avis de réception.

Monsieur,

Je vous informe de mon intention de mettre fin à mon contrat d'assurance n° 623738, à sa date d'échéance, soit le 24 mai 1999.

Je vous remercie de bien vouloir me donner confirmation de cette résiliation.

Croyez, Monsieur, à l'expression de ma considération distinguée.

Résiliation d'une assurance à la suite de la disparition du risque

Monsieur,

La très violente crue de la Meuse, dans la nuit du 12 mars, a emporté la petite maison que nous possédions à proximité et que nous louions à des vacanciers. Ce bâtiment était assuré contre les dégâts des eaux par la police n° 873947.

Nous n'avons pas l'intention de le reconstruire avant deux ou trois ans pour des raisons personnelles. *[Nous n'avons pas l'intention de le reconstruire car notre terrain est trop souvent inondé...]* En conséquence, nous vous prions de bien vouloir résilier ce contrat d'assurance et nous rembourser le montant de prime correspondant.

À envoyer en recommandé avec avis de réception.

Croyez, Monsieur, à l'assurance de notre considération distinguée.

Impôts

324 Demande de délai de paiement
324 Demande d'un délai
324 Renonciation à la mensualisation de l'impôt

325 Demande de remise ou d'exonération d'impôts
325 Demande de diminution ou de suppression d'impôts
325 Demande de suppression des pénalités de retard
326 Demande d'exonération de la redevance TV
326 Demande d'exonération de la taxe d'habitation

327 Demande de renseignements
327 Demande de renseignements sur un mode de déclaration
327 Demande de renseignements sur des conditions d'exonération

328 Réclamations
328 Réclamation contre une erreur d'imposition
328 Contestation d'une majoration

Pour écrire aux services des impôts

Pour toutes les réclamations, demandes de délai de paiement, de diminution ou de suppression d'impôts ou de pénalités, etc., joignez une copie de votre avis d'imposition ainsi que les pièces justificatives s'il y a lieu : fiche d'état civil, certificat de scolarité des enfants, etc.

Rappelez toujours
- votre nom et votre adresse,
- le cas échéant, la référence de la lettre à laquelle vous répondez,
- le titre et/ou le nom de la personne à qui vous adressez votre courrier.

François Despierres
15, rue des Lilas
92400 Courbevoie
Votre réf : Z 89332 F

                        Monsieur le chef du centre des impôts
                                     5, rue Blanche
                                     93004 Les Lilas

                                        18 octobre 2000

Quelques termes utiles à connaître

- **Abattement :** réduction de la somme sur laquelle est calculé l'impôt.
- **Assiette :** base de calcul de l'impôt.
- **Avoir fiscal :** crédit d'impôt.
- **Exonération :** dispense d'imposition totale ou partielle.
- **Dégrèvement :** diminution du montant de l'impôt.
- **Prélèvement libératoire :** pourcentage forfaitaire prélevé par l'État sur les revenus d'obligations, de sicav, etc., et qui les libère de l'impôt.
- **Recouvrement :** perception des sommes dues.
- **Rôle :** registre où sont inscrits les contribuables, leurs revenus et leurs impôts.
- **Tiers provisionnel :** acompte sur les impôts à verser, fixé forfaitairement au tiers des impôts de l'année précédente.
- **TVA :** taxe à la valeur ajoutée.

Demande de délai de paiement

Demande d'un délai

Monsieur,

La société Caber, dans laquelle j'étais salarié*[e]*, ayant déposé son bilan le 14 juin de cette année et les premières allocations chômage ne devant m'être versées que d'ici à trois mois, je suis actuellement dans l'incapacité de payer mon premier tiers provisionnel.

Je vous serais donc très reconnaissant*[e]* de bien vouloir m'accorder un délai de paiement de trois mois.

Vous trouverez ci-joints la photocopie de mon avis d'imposition, la lettre du syndic de faillite confirmant la liquidation de la société Caber et mon licenciement, ainsi que mes derniers relevés de compte bancaire.

Je vous remercie de votre compréhension, et vous prie d'agréer, Monsieur, l'assurance de ma considération distinguée.

> Vous pouvez aussi proposer de régler en plusieurs fois en adressant déjà un chèque d'acompte pour prouver votre bonne foi.

Renonciation à la mensualisation de l'impôt

Monsieur,

J'ai signé un contrat de mensualisation du paiement de l'impôt sur le revenu sous le n° 9212.

Or j'ai décidé de renoncer à ce système de paiement mensuel et vous demande de m'appliquer à nouveau le système traditionnel des tiers provisionnels. Vous voudrez donc bien interrompre les prélèvements sur mon compte bancaire *[ou Mes revenus étant inférieurs à ceux de l'année précédente, j'ai calculé que l'impôt ne s'élèverait qu'à 185 euros. Je vous prie donc d'interrompre provisoirement les prélèvements mensuels à partir du mois de juin lorsque leur total aura atteint le montant prévisible de mon impôt].*

Veuillez agréer, Monsieur, l'expression de ma considération distinguée.

> À envoyer en recommandé avec avis de réception.

Demande de remise ou d'exonération d'impôts

Demande de diminution ou de suppression d'impôts

Monsieur,

Je viens de recevoir un avis d'imposition que je suis dans l'incapacité totale de payer, car ma situation financière est actuellement catastrophique.

Ayant été licencié pour raisons économiques le 8 avril dernier, je ne perçois que 840 euros mensuels d'allocations chômage *[ou Mon mari est malade depuis trois mois et ne touche qu'une indemnité mensuelle de ... francs]*. Or le loyer de mon appartement s'élève à 425 euros par mois et j'ai deux enfants à charge.

C'est pourquoi je vous serais très reconnaissant*[e]* de bien vouloir m'accorder une remise gracieuse partielle *[ou totale] [la suppression ou, du moins, une diminution...]* de cet impôt.

Vous trouverez ci-joints la photocopie de l'avis d'imposition ainsi que les documents justifiant de ma situation, de mes revenus et de mes charges.

Je vous remercie de votre compréhension et vous prie d'agréer, Monsieur, l'expression de ma considération distinguée.

Au Canada, on dit « avis de cotisation » au lieu de « avis d'imposition ».

À envoyer en recommandé avec avis de réception.

Demande de suppression des pénalités de retard

Monsieur,

Par suite d'hospitalisation *[du décès de ma femme...]*, je n'ai pas pu acquitter mon tiers provisionnel *[ma taxe d'habitation...]* à temps.

Je vous adresse ci-joint le chèque correspondant à ce montant. Mais, étant donné les raisons qui m'ont empêché d'effectuer ce paiement dans les délais voulus, je vous serais

À envoyer en recommandé avec avis de réception.

reconnaissant*[e]* de ne pas m'imposer la majoration de retard de 10 %.

Vous trouverez ci-joint le bulletin de situation remis par l'hôpital indiquant la durée de mon hospitalisation *[un certificat de décès de ma femme...]*.

Je vous remercie d'avance de votre compréhension et vous prie d'agréer, Monsieur, l'assurance de ma considération distinguée.

Demande d'exonération de la redevance TV

Monsieur,

Étant âgé*[e]* de 65 ans, vivant seul*[e]* et n'étant pas soumis*[e]* à l'impôt sur le revenu ni à l'impôt sur la fortune, je demande à bénéficier de l'exonération de la redevance TV, comme je pense en avoir le droit.

Vous trouverez ci-jointes la photocopie de l'avis de redevance que j'ai reçu ainsi que les pièces justifiant de ma situation.

Veuillez agréer, Monsieur, l'assurance de ma considération distinguée.

> À envoyer en recommandé avec avis de réception.

Demande d'exonération de la taxe d'habitation

Messieurs,

Ma femme vient d'avoir 60 ans et j'en ai 63. Nous vivons seuls et ne sommes soumis ni à l'impôt sur le revenu ni à l'impôt sur la fortune. C'est pourquoi je vous demande de bien vouloir nous accorder l'exonération de la taxe d'habitation, à laquelle, je crois, nous avons droit.

Vous trouverez ci-jointes les pièces justifiant de notre situation.

En vous remerciant, je vous prie d'agréer, Messieurs, l'assurance de ma considération distinguée.

> Renseignez-vous sur les conditions exactes d'exonération et joignez les pièces justificatives.

Demande de renseignements

Demande de renseignements sur un mode de déclaration

Monsieur,

Malgré une lecture attentive de la notice explicative pour remplir la déclaration de revenus, j'ai quelque difficulté à la comprendre. Je vous écris donc pour vous demander des renseignements.

J'ai touché cette année des commissions pour avoir joué, grâce à mes relations, le rôle d'intermédiaire dans la vente de compteurs d'eau à l'étranger. Pouvez-vous me préciser sous quelle rubrique je dois les déclarer ? Quels sont les frais que je peux déduire ? Est-il possible d'étaler sur plusieurs années l'imposition sur ces rentrées, relativement importantes mais tout à fait exceptionnelles ?

Vous remerciant d'avance de votre réponse, je vous prie d'agréer, Monsieur, l'expression de ma considération distinguée.

Demande de renseignements sur des conditions d'exonération

Monsieur,

Ma mère, ayant souffert d'un grave accident, est titulaire depuis six mois d'une carte d'invalidité à 90 %. Je suis venu*[e]* habiter dans son appartement afin de m'occuper d'elle, mais je n'ai moi-même que très peu de revenus car je suis actuellement au chômage.

Pouvez-vous me dire si nous remplissons les conditions pour être exonéré*[e]*s de la taxe foncière et de la taxe d'habitation ?

Vous trouverez ci-jointes les pièces justifiant de notre situation.

Veuillez agréer, Monsieur, l'expression de ma considération distinguée.

Réclamations

ARGENT, ASSURANCES

Réclamation contre une erreur d'imposition

Monsieur,

Après avoir lu attentivement mon avis d'imposition sur le revenu pour l'année 1999, dont je vous joins la copie, il me semble que celui-ci comporte une erreur.

En effet, notre quotient familial devrait s'élever à 2,5, et non à 2, par suite de la naissance de notre 3e enfant le 15 décembre 1998 *[En effet, vos services ont oublié de déduire du montant de mes revenus la pension alimentaire versée à mon fils majeur étudiant...].*

En conséquence, je vous serais reconnaissant de bien vouloir rectifier cette erreur et ne pas exiger d'ici là le paiement de la somme que je conteste.

Dans l'attente de votre réponse, je vous prie d'agréer, Monsieur, l'expression de ma considération distinguée.

> À envoyer en recommandé avec avis de réception.

Contestation d'une majoration

Monsieur,

Vos services m'ont adressé une lettre de rappel d'impôt de 740 euros avec majoration de 10 %, soit 74 euros.

Or, ayant emménagé à Lille le 15 juillet 2002, j'ai versé mes deux premiers acomptes provisionnels à la perception de mon ancien domicile, à Baugé (49), dans les délais réglementaires (ci-jointes copies des demandes d'acompte avec mention du numéro et de la date des chèques).

Je pense donc que le retard que vous me reprochez est en réalité attribuable au délai de transfert de mon dossier de Baugé à Lille.

En vous remerciant de bien vouloir réexaminer ma situation, je vous prie d'agréer, Monsieur, l'assurance de ma considération distinguée.

> Expliquez les raisons précises de votre contestation. Joignez la photocopie de l'avis d'imposition et, éventuellement, les pièces justificatives : fiche familiale d'état civil, etc.

langue française

page **331** **Quelques fautes courantes à éviter**

page **336** **Quelques mots mal orthographiés**

Quelques fautes courantes à éviter

N'écrivez pas	Écrivez
la sœur **à** Patrick	la sœur **de** Patrick
compteur **à** gaz	compteur **de** gaz
partir **à** Marseille	partir **pour** Marseille
deux **à** trois personnes	deux **ou** trois personnes
il **s'en est** accaparé	il **l'a** accaparé(e)
à ce qu'il paraît que	**il paraît** que
de manière, de façon **à ce que**	de manière, de façon **que**
s'attendre (consentir, aimer, demander) **à ce que**	s'attendre (consentir, aimer, demander) **que**
faire attention **à ce que**	faire attention **que**, faire attention **à** ou **de**
un magasin bien **achalandé**	un magasin bien **approvisionné**
j'**acquerre**	j'**acquiers**
par **acquis** de conscience	par **acquit** de conscience
avoir **à faire à**	avoir **affaire à**
à force, on finit par	**à la longue**, on finit par
avoir **forte affaire**	avoir **fort à faire**
agoniser quelqu'un d'injures	**agonir** quelqu'un d'injures
ainsi donc, ainsi par conséquent	**ainsi** (ou **donc** ou **par conséquent**)
ainsi par exemple	**par exemple** (ou **ainsi**)
à l'intention de	**à l'attention** de
aller **au** dentiste	aller **chez le** dentiste
aller sur ses vingt ans	**avoir bientôt** vingt ans
je **me suis en** allé	je **m'en suis** allé
j'**ai été**	je **suis allé**
hésiter **entre deux alternatives**	hésiter **devant une alternative, entre deux partis**
la **deuxième alternative**	la **deuxième éventualité** (ou « seconde » s'il n'y en a que deux)
amener quelque chose	**apporter** quelque chose (qu'on porte !)
il m'**est apparu** sérieux	il m'**a paru** sérieux
en colère (furieux) **après** quelqu'un	en colère (furieux) **contre** quelqu'un
il **a demandé après toi**	**il t'a demandé(e)**
il **m'**a couru après	il a couru **après moi**
le jour (le mois) **après**	le jour (le mois) **d'après**

N'écrivez pas	Écrivez
les roues **arrières**	les roues **arrière**
il **n'arrête pas** de parler	il **ne cesse pas** de parler
il **n'arrive pas vite**	il **tarde à venir**
dans l'attente de **vous lire**	dans l'attente de **votre réponse**
attraper une maladie	**contracter** une maladie
au jour d'aujourd'hui	**à ce jour**
au point de vue affaires	**en ce qui concerne** les affaires
aussi curieux que cela paraisse	**si** curieux que cela paraisse
aussitôt mon arrivée	**dès** mon arrivée
arriver **avec** le train de 7 heures	arriver **par** le train de 7 heures
s'avérer faux	**se révéler (apparaître)** faux
la nouvelle **s'avère** exacte	la nouvelle **est** exacte
se **baser** sur	se **fonder** sur (s'**appuyer** sur)
à cinq heures **battant**	à cinq heures **battantes**
j'ai cassé mon bras	**je me suis cassé le** bras
dans le but de	**pour** (ou **dans le dessein de**)
poursuivre un but	**tendre vers** un but, **le but est de**
remplir un but	**atteindre** un but
il ne faut **rien bouger**	il ne faut **rien déplacer**
si **ça** vous fait plaisir	si **cela** vous fait plaisir
car en effet	**car** (ou **en effet**)
en **tous cas**	en **tout cas**
être **catastrophé**	être **bouleversé**
peu **causant**	peu **bavard**
causer de	**parler** de
causer à	**causer avec** (ou **parler à**)
ceci dit	**cela** dit (rappelle ce qui précède)
dites **cela** :	dites **ceci** : (annonce ce qui va suivre)
celui vendu hier	**celui qui** a été vendu hier
ce n'est pas que je suis	**ce n'est pas que je sois**
à six **du cent**	à six **pour cent**
ce que tu es gentil	**comme** tu es gentil
ce qui faut	**ce qu'il faut**
à chaque fois, à chaque fois que	chaque fois, chaque fois que
chercher **un alibi**	chercher **une excuse**
cher monsieur Dupont	cher monsieur

Fautes courantes

N'écrivez pas	**Écrivez**
chercher **après** quelqu'un ou quelque chose	chercher quelqu'un ou quelque chose
clarifier la situation	**éclaircir** la situation
clôturer un débat (un compte)	**clore** un débat (un compte)
il est grand **comme** toi	il est **aussi** grand **que** toi
comme par exemple	**comme** (ou **par exemple**)
comme prévu (convenu, de juste)	**comme il est** prévu (convenu, juste)
comme de bien entendu	bien entendu
comparer **ensemble**	comparer
y comprises les primes	**y compris** les primes (mais les primes y comprises)
consentir **à ce** que	consentir **que**
une somme **conséquente**	une somme **importante**
nous **avons convenu**	nous **sommes convenus**
contacter quelqu'un	**prendre contact** avec quelqu'un
contrôler la situation	**dominer (maîtriser)** la situation
passez-moi un **coup de fil**	**téléphonez-moi**, vous pouvez me **joindre au téléphone**
un point **crucial**	un point **capital (décisif)**
il a **davantage** de dons que	il a **plus** de dons que
s'étonner (s'affliger) **de ce que**	s'étonner (s'affliger) **que**
en définitif	**en définitive**
à **son** dépens	à **ses** dépens
descendre **en bas**	descendre
des fois il est	**certaines fois (parfois)** il est
parler **de trop**	parler **trop**
mardi **en huit**	**de** mardi **en huit**
d'ici lundi	**d'ici à** lundi
dile**mn**e	dile**mm**e
vous **disez** que	vous **dites** que
ils traitent **d'égals à égale** avec elle	ils traitent **d'égal à égal** avec elle
en égard à	**eu égard** à
être **émotionné**	être **ému**
émotionnant	**émouvant**
enfin bref	**enfin**
ennuyant	ennuyeux
je m'ennuie **après** toi	je m'ennuie **de** toi
s'entraider **mutuellement**	s'entraider
coûter **aux environs de** 2 €	coûter **environ** 2 €
votre **épouse**	votre femme

333

N'écrivez pas	Écrivez
votre **époux**	votre **mari**
monter **les escaliers**	monter **l'escalier**
un espèce de	**une espèce** de
présenter un examen	**se présenter à** un examen
un prix **trop excessif**	un prix **excessif**
je m'excuse de	**veuillez m'excuser** de/**excusez-moi** de
en face la mairie	en face **de la** mairie
faire une lettre	**écrire** une lettre
je **m'en fais** beaucoup	je **m'inquiète** beaucoup
fin mai	**à la fin de** mai
elle se fait **forte** de	elle se fait **fort** de
c'est la faute **à**	c'est la faute **de**
il **s'en est guère** fallu	il **ne s'en est guère** fallu
gagner 8 € **de l'heure**	gagner 8 € **l'heure** (ou **à l'heure**)
l'idée lui **a pris** de	l'idée lui **est venue** de
ce bruit m'**insupporte**	ce bruit m'**est insupportable**
intervenir **près** de quelqu'un	intervenir **auprès** de quelqu'un
jouir d'une mauvaise santé	**souffrir** d'une mauvaise santé
lire **sur** le journal	lire **dans** le journal
malgré que	**bien que, quoique**
réduire au **maximum**	réduire au **minimum**
au **grand** maximum	au maximum
milieu ambiant	**milieu** (ou l'ambiance **du milieu**)
on a été	**nous avons** été
en outre de cela	**outre** cela
pallier à un inconvénient	**pallier un** inconvénient
tu as fait **pareil que** moi	tu as fait **comme** moi
ta veste est **pareille** que la mienne	ta veste est **semblable** à la mienne
prendre quelqu'un **à parti**	prendre quelqu'un **à partie**
partir **pour** la campagne	partir **à** la campagne
je suis **partisane** de faire	je suis **partisan (d'avis)** de faire
une rue **passagère**	une rue **passante**
problème **pécunier**	problème pécuniaire
aller de mal en **pire**	aller de mal en **pis**
tant **pire**	tant **pis**
moins **pire**	moins **mal**
rester **en plan**	rester **en suspens**

N'écrivez pas	Écrivez
à mon **point de vue**	à mon **avis**
un **faux prétexte**	un prétexte **fallacieux** (un **mauvais prétexte**)
une condition **primordiale**	un condition **essentielle**
il est **primordial** de	il est **très important** de
je **te promets** que je suis	je **t'assure** que je suis
puis ensuite, puis après	**puis** (ou **et puis**, ou **ensuite**)
quasiment vide	**quasi** vide
quelques 15 €	**quelque** 15 €
quelque soit la raison	**quelle que soit** la raison
les jours **rallongent**	les jours **s'allongent**
s'en rappeler	**se rappeler** (ou **s'en souvenir**)
rapport à mes difficultés	**en raison de** (**à cause de**) mes difficultés
réaliser son erreur	**prendre conscience** de son erreur
retour de	**de retour de** (**à mon retour de**)
retrouver sa liberté	**recouvrer** sa liberté
réunir **ensemble**	réunir
comme si **rien n'était**	comme si **de rien n'était**
il **risque** de gagner	il **a des chances** de gagner
vous n'êtes pas **sans ignorer** (= vous ignorez)	vous n'êtes pas **sans savoir** (= vous savez)
je vous **serais** gré	je vous **saurais** gré
il ne semble pas que **c'est** vrai	il ne semble pas que **ce soit** vrai
la **soi-disant** affaire	la **prétendue** affaire
solutionner un problème	**résoudre** un problème
arriver **de suite**	arriver **tout de suite**
lire **sur** le journal	lire **dans** le journal
surtout que	**d'autant plus que**
tant qu'à faire	**à tant faire que**
tant qu'à lui	**quant** à lui
je l'ai reçu **tel que**	je l'ai reçu **tel quel**
avoir le **temps matériel**	avoir le **temps voulu** pour
tomber sur quelqu'un	**rencontrer** quelqu'un
toute affaire cessante	**toutes affaires cessantes**
de **toutes manières**	de **toute manière**
cela m'a **stupéfait**	cela m'a **stupéfié**
veillez **que ceci** ne tarde pas	veillez **à ce que cela** ne tarde pas
vis-à-vis de	**à l'égard** de
ne m'en **voulez** pas	ne m'en **veuillez** pas

Quelques mots mal orthographiés

aboi**e**ment	il est **bien venu** (il est effectivement venu)
abo**y**er	une bo**î**te
un **à-c**ôté, des **à-c**ôtés (des aspects accessoires)	il boite
acc**ueil** (et non pas acceuil)	un bonhomme, des bon**s**homme**s**
a**c**qu**é**rir, j'acque**rr**ai, si j'acque**rr**ais (deux r au futur simple et au conditionnel présent)	en bra**s de c**hemise (sans trait d'union)
ad**é**quat	à bras-**le**-**c**orps (avec deux traits d'union)
un dîner d'adieu**x** (non pas d'adieu)	un mur en brique (sans s ; mais un mur de briques rouges)
aigu, aigu**ë**	un cahier de brouillon**s**
des **à-peu-p**rès (des approximations)	de bu**t** en blanc
à peu près correct (sans trait d'union)	ç**à** et là
appar**e**mment	cach**e**ter, je cach**ette** (et non pas cachète)
un après-midi, **des** après-**midi** (invariable)	**c**a**hot** (saut, secousse) à ne pas confondre avec **c**haos (désordre)
je viendrai aprè**s** **m**idi (sans trait d'union)	cela (pas d'accent)
au-dessus, au-dessous, au-dedans, au-delà, etc. (avec un trait d'union)	**c**ensé (supposé) à ne pas confondre avec **s**ensé (conforme au bon sens)
au di**r**e des experts (non pas aux dires)	cent un, cent deux, cent deuxième, cent vingtième (sans trait d'union)
un autographe (masculin)	
une autoroute (féminin)	prendre le cent-**v**ingtième d'un nombre
av**è**nement	ils font chacun (pas de pluriel)
a**y**on**s**, a**y**e**z** (et non pas ayions, ayiez)	cha**î**ne
un bail, **des baux**	cha**p**itre (sans accent circonflexe)
un bailleur, une bailleresse (celui qui donne à bail)	un chef-d'œuvre, des chef**s**-d'œuvre
balade (promenade, mot familier)	un chef-lieu, des chef**s**-lieu**x**
ballade (poème)	chute (pas d'accent)
barème (pas d'accent circonflexe)	cime (pas d'accent)
ba**t**eau (pas d'accent circonflexe)	il clôt
bâtiment	coïncider
une belle-sœur, des belles-sœur**s**	un compte courant, des compte**s** courant**s** (sans trait d'union)
à **bientôt** (sous peu)	un compte rendu, des compte**s** rendus (sans trait d'union)
il est **bien tôt** (fort tôt)	
bienvenu (celui qui est accueilli avec plaisir)	

je conclus, je conclurai (et non je conclue, je concluerai)	dompter
	son dû, une chose due (de devoir)
concourir	dûment
concurrence	**un effluve** embaumé (masculin)
conjecture (supposition) à ne pas confondre avec conjoncture (situation)	embonpoint
	éminent (supérieur, qui dépasse) ne pas confondre avec **imminent** (près de survenir, proche)
son conjoint (s'emploie même s'il s'agit d'une femme)	
conscience	sans encombre (singulier)
consumer (être détruit par le feu) ne pas confondre avec consommer	en dessous (sans trait d'union)
	un en-tête, des en-têtes
monter une côte	sur ces **entrefaites**
une cote en Bourse	erroné (un seul n)
courir, je courrai, je courrais si (deux r au futur simple et au conditionnel présent)	espérer, il espérera, il espère (le e devient è devant une syllabe muette finale)
coût, coûter	banc d'essai, tube à essai (sans s)
un bon cru (vin)	état civil (sans trait d'union)
il a cru (de croire)	homme d'**État** (majuscule à État)
il a crû (de croître)	événement (deux accents aigus)
cueillir (et non ceuillir)	exorbitant (sans h)
des places **debout** (invariable)	extrême, extrêmement
déclencher	extrémité (sans accent circonflexe)
au-delà	un **faire-part**, des faire-part (invariable)
dénouement	dans son **for** intérieur (non pas fort)
dénuement	fraîche
déploiement	il fut (du verbe être)
un député, une femme député	un fût (tronc, tonneau)
dès demain	gaiement, gaieté
désobéir (sans tréma)	gêne, gêneur (avec un accent circonflexe)
détoner (faire explosion)	grâce
détonner (chanter ou jouer faux)	gracier
un détritus, des détritus	gracieux
dévouement	un gratte-ciel, des gratte-ciel (invariable)
diffamer (pas d'accent circonflexe)	bon gré mal gré (sans virgule)
différend (débat, contestation) ne pas confondre avec différent (non semblable)	haïr, je hais, tu hais, il hait, hais ! (haïr perd le tréma aux trois premières personnes de l'indicatif présent et à la deuxième personne de l'impératif)
digression (non pas disgression)	
dilemme (non pas dilemne)	
diplôme, diplômer, diplomate	hôpital
disciple	hôtel
disgracier (sans accent circonflexe ; mais disgrâce)	s'immiscer
	indemne
distinct, distincte	infâme (accent circonflexe)

337

infamie (sans accent circonflexe)	de plain-pied (et non pas de plein-pied)
ingénieur-conseil (avec un trait d'union)	le **plus tôt** sera le mieux (idée de temps)
joliment (sans e ni accent circonflexe)	fais ceci **plutôt** que cela (idée de choix)
laissez-passer	un post-scriptum, des post-scriptum (invariable)
laps de temps	
un legs	prompt, prompte
licenciement	pouvoir, je peux, tu peux, je pourrai, je pourrais (x aux deux premières personnes de l'indicatif présent ; deux r au futur simple et au conditionnel présent)
malin, maligne	
malintentionné (un seul mot)	
manœuvre	
un match, des matches	un quiproquo, des quiproquos
un maximum, des maximums ou des maxima	non sans raison, pour raison de santé (sans s)
mentir, je mens, tu mens, mens ! (le t disparaît aux deux premières personnes de l'indicatif présent et à la deuxième personne de l'impératif)	être au regret de (non pas aux regrets)
	un (des) remords
	rémunérer (non pas rénumérer)
	sans réserve (singulier)
des mille et des cents	respect
un minimum, des minimums ou des minima	roder (user)
	rôder, rodage (errer)
mourir, je mourrai, je mourrais si (deux r au futur simple et au conditionnel présent)	sain et sauf, saine et sauve
	schéma
	sèche, sèchement
naître, tu nais, il naît (accent circonflexe devant un t)	sécher, sécheresse
	seing privé (acte sous)
en l'occurrence (deux c, deux r)	semer, il sème, sèmera (le e devient è devant un syllabe muette finale)
un on-dit, des on-dit (invariable)	
paiement, paye ou paie, payer	sentir, je sens, tu sens, sens ! (le t disparaît aux deux premières personnes de l'indicatif présent et à la deuxième personne de l'impératif)
paraître, je parais, il paraît (accent circonflexe devant un t)	
partir, je pars, tu pars, pars !, il part (le t disparaît aux deux premières personnes de l'indicatif présent et à la deuxième personne de l'impératif)	sitôt que (dès que)
	si tôt (aussi tôt)
	sortir, je sors, tu sors, sors ! (le t disparaît aux deux premières personnes de l'indicatif présent et à la deuxième personne de l'impératif)
un passe-partout, des passe-partout (invariable)	
pérégrinations (non pas pérignations)	
péripétie	soyons, soyez (non pas soyions, soyiez)
il viendra peut-être (adverbe : trait d'union)	un spécimen, des spécimens
	succès
Il peut être reconnu (verbes pouvoir et être : pas de trait d'union)	succinct
	sur (aigre, dessus)
piqûre	sûr (certain)
plaidoirie (non pas plaidoierie)	surcroît

suspe**ct**	vouloir, je veu**x**, tu veu**x**, il veut (x aux deux premières personnes de l'indicatif présent)
s**y**mpt**ô**me	
tache (saleté)	voir, je ve**rr**ai, je ve**rr**ais (deux r au futur simple et au conditionnel présent)
t**â**che (travail)	
un timbre-poste, des timbre**s**-post**e**	v**o**tre bien (et non pas vôtre bien)
to**i**t (pas d'accent)	je suis des v**ô**tres (non pas je suis des votres)
valoir, je vau**x**, tu vau**x**, il vaut (x aux deux premières personnes de l'indicatif présent)	
	zone (pas d'accent)

Mots mal orthographiés

Index

Les termes et les paginations en caractères italiques correspondent à une définition.

A

Accident
  D'un enfant (pour exprimer sa sympathie à ses parents), 75
  D'une amie (pour lui exprimer sa sympathie), 74
  Déclaration d'accident entre véhicules, 240
  Demande de témoignage (automobile), 240
  Indemnisation auprès de l'Administration, 288
  Rédaction de témoignage (automobile), 241
Accident d'un enfant provoqué par un animal
  Déclaration auprès de l'assureur, 313
  Témoignage pour l'assurance, 314
Achat
  À crédit, annulation, 228
  Avec arrhes, annulation, 228
  Par un mineur, annulation, 228
Acte authentique, 281
Acte d'état civil, 276
Acte sous seing privé, 281
Administration, conseils pour écrire, 270
Adoption
  Agrément, 271
  D'un enfant étranger, 272
  Félicitations, 85
  Lettre de motivation, 273-274
  Renseignements sur les conditions, 271
  Voir aussi congé d'adoption
Adresse
  Avis de changement, 205
  Modification sur les chéquiers, 206
  Rédaction de l'adresse, 19-21
  Transfert de dossier, 206
Agios, explications sur le mode de calcul, 296, 302
Aide familiale, inscription à la Sécurité sociale, 268
Aide financière exceptionnelle (scolarité), 106
Aide juridictionnelle, 281
Aide judiciaire
  Demande, 282
  Relance, 282
Allocations familiales, 260
Animaux domestiques
  Accident d'un enfant, 313
  Troubles, 226
Anniversaire
  Carte avec chèque, 58
  Voir aussi remerciements
Appartement
  Voir aussi assurances, dégâts des eaux, location, logement, vol
Apprentissage
  Demande de placement, 131
  Inscription, 131
Arbre menaçant, demande de coupe auprès du voisin, 224
Argent
  Voir banque, crédit, prêt
Assiette fiscale, 323

Assurance maladie
  Affiliation au régime
  de son concubin, 260
  Changement de situation, 261
  Expertise médicale, 262
  Réclamation à propos
  d'un décompte, 261
  Renseignements, 260
Assurances
  Automobile, 239-242
  Conseils pour écrire, 310
  Contestation d'une
  indemnisation, 318
  Contrat modifié pour aggravation
  du risque, 316
  Contrat modifié pour diminution
  du risque, 317
  Lettre de confirmation, 315
  Relance pour indemnisation, 318
  Résiliation de contrat
  à échéance, 320
  Résiliation de contrat en cours, 319
  Résiliation de contrat pour disparition
  du risque, 320
  Résiliation de contrat pour hausse
  abusive, 319
  Voir aussi accident, expertise,
  incendie, responsabilité civile
Assuré, 258
Attestation d'emploi, 170
Attestation d'hébergement, 275
Automobile
  Certificat de vente, 237
  Changement d'usage
  d'un véhicule, 239
  Conducteur occasionnel, 239
  Réparations mal faites, 244
  Valeur d'indemnisation
  d'un véhicule, 242
  Voir aussi accident, assurances,
  casse, contravention, non-gage, vol
Autorisation de sortie (scolarité), 111
Avenant, 311
Avion
  Surréservation, 234
Avocat
  Envoi de témoignage, 284
  Envoi d'informations pour dossier
  en cours, 283
  Paiement échelonné, 285
  Précision des honoraires, 285
  Relance pour affaire qui tarde, 283
  Transfert de dossier d'avocat
  à avocat, 285
Avoir fiscal, 323
Ayants droit, 258

B

Bagages
  Voir perte
Banque
  Autorisation de découvert, 297
  Clôture de compte, 303
  Conseils pour écrire, 295
  Levée d'interdiction bancaire pour
  chèque sans provision, 301
  Ordre de transfert de compte, 303
  Réclamation pour erreur
  sur relevé, 302
Banque de France, ouverture
  de compte, 298
Bilan de santé gratuit, 261
Bourse
  Voir ordre d'achat
Bourse d'enseignement, 106
Bruits excessifs, 225

341

C

Camping, demande d'autorisation, 246
Candidature
   Conseils, 148-149
   Réponses à une annonce, 149-152
Candidature spontanée, 153-154
Cantine, inscription provisoire, 110
Carte de visite, 44-48
Carte postale, 50
Casier judiciaire, 276
Casse, vente/envoi d'un véhicule, 237
Caution bancaire, 296
Caution pour un prêt
entre particuliers, 306
Centre de loisirs
   Demandes de renseignements, 103
   Reproches à l'animateur
   d'un club, 104
Centre de vacances
   Envoi d'un dossier médical, 125
   Informations concernant l'enfant, 124
   Renseignements, 123
   Tristesse de l'enfant signalée
   au directeur, 125
Certificat de non-gage, 237
Certificat de travail
   Demande, 170
   Modèle, 170
Chèque certifié, 296
Chômage
   Contestation d'un refus
   de versement, 259
   Demande d'allocations, 259
Clause d'assurance, 311
Club de vacances sportives,
   renseignements, 123
Commencer une lettre,
   formules d'appel, 26
Conditions de travail, amélioration, 179
Condoléances
   À un ami dont le fils s'est suicidé, 66
   À un patron par ses employés, 66
   À une amie qui a perdu son mari, 65
   Au conjoint d'une collègue
   de travail, 67
   Carte pour accompagner
   des fleurs, 64
   Sur carte de visite, 65
   Télégramme, 64
   Voir aussi décès, excuses, obsèques,
   remerciements
Congé d'adoption, 171
Congé de formation, 173
Congé parental d'éducation
   À temps partiel, 172
   Avec résiliation de contrat, 171
   Avec suspension de contrat, 172
   Prolongation, 173
   Réembauchage prioritaire, 189
   Réintégration, 188
   Réintégration anticipée, 188
   Congé pour création d'entreprise, 174
   Avec rupture du contrat
   de travail, 175
   Demande, 174
   Prolongation, 174
   Réintégration, 189
Congé sabbatique, 175
Consommateurs
   Plainte pour fraude, 287
   Renseignements auprès d'un
   organisme, 287
Construction
   Contestation de facture, 202
   Dégâts commis
   par un ouvrier, 201
   Demande pour déclaration, 199

Devis à un entrepreneur, 199
Garantie légale, 202
Refus de surfacturation, 201
Retard d'exécution des travaux, 200
Voir aussi permis de construire, terrain
Contrat à durée déterminée,
non-renouvellement, 176
Contravention
Pour non-paiement (automobile), 243
Pour stationnement devant
une sortie de voiture, 243
Copropriété
Convocation d'une assemblée
générale, 203
Délégation de pouvoir, 204
Lettre d'accompagnement
de délégation de pouvoir, 204
Mise à l'ordre du jour d'une
assemblée générale, 203
Cours particuliers
Demandes, 115
Généralités, 115
Offres, 116
Crèche
Demande d'adresses, 100
Demande de place, 100
Curriculum vitae
Autodidacte, 146
Conseils, 133-137
Expérimenté
(« trous » dans le CV), 144
Inactif depuis
une longue période, 138
Jeune diplômé (BTS), 141
Jeune diplômé
(École de commerce), 142
Non diplômé, 140

D

Décès
Annonce à un ami du défunt, 63
Annonce à un parent, 63
Démarches à accomplir, 68
Fermeture du compte bancaire, 69
Information auprès d'un organisme
de crédit, 70
Information auprès des organismes
sociaux, 70
Lettre au propriétaire, 69
Voir aussi condoléances, pension de
réversion, prime d'assurance
Découvert bancaire, 296, 297
Dégâts des eaux, déclaration auprès
de l'assureur, 312
Dégrèvement d'impôts, 323, 325
Déménagement
Demande de devis, 207
Indemnisation pour objets abîmés
ou perdus, 207
Démission
Dispense de préavis, 178
Lettre officielle d'un employé, 177
Raccourcissement du préavis, 178
Retrait par l'employé, 177
Dépôt de garantie
Contestation d'une partie des frais
de remise en état, 216
Contestation des frais de remise
en état, 216
Demande de remboursement
(logement), 215
Député, intervention, 289
Difficultés passagères d'un élève, 113
Dispense d'éducation physique, 112
Divorce
Lettre d'intention, 90

Lettre de séparation, 91
Voir aussi droit de visite, pension alimentaire
Documents pour un exposé (scolarité), 112
Don d'argent, 308
Dossier médical
    Demande à l'hôpital pour le médecin traitant, 76
    Pour un autre médecin, 75
    Pour un centre de vacances, 125
Drogue, mise en garde auprès du chef d'établissement, 117
Droit de passage sur le terrain d'un voisin, 222
Droit de visite
    Intervention d'un avocat (divorce), 92
    Réclamation pour respect (divorce), 91

E

Emploi
    Demande de recommandation, 165
    Demande par petites annonces, 132
    Lettre de recommandation, 165
    Voir aussi candidature, curriculum vitae, formation, remerciements, stage
Employeur de gens de maison, immatriculation, 268
Enfance
    Information auprès d'un psychologue, 105
    Voir aussi accident, crèche
Enquête publique, 277
Enseignement
    Voir bourse, examens, excuses, inscription, scolarité

Enseignement à distance
    Adresses d'organismes, 118
    Annulation d'un cours payant, 118
Enveloppe, 18-22
Examens
    Autorisation de se présenter à la session de septembre, 107
    Se faire communiquer sa copie d'examen, 107
Excuses
    À ses voisins pour la gêne occasionnée par des travaux, 222
    Pour impossibilité d'assister à un enterrement, 64
    Pour prévenir d'une absence (scolarité), 111
    Pour un devoir non fait, 112
    Pour un rendez-vous manqué, 90
    Pour un rendez-vous oublié, 89
    Pour un retard de paiement de loyer, 211
    Pour une longue absence pour cause de maladie (scolarité), 111
Exonération d'impôts, 323
Expédition (justice), 281
Expertise pour travaux, relance auprès de l'assureur, 317

F

Faire-part
    Voir baptême, décès, fiançailles, mariage
Fax, 49
Félicitations et réponse à une invitation
    Voir adoption, fiançailles, mariage, naissance

Fenêtre ayant vue chez soi
    Demande de renoncement, 224
    Mise en demeure
    pour suppression, 225
Fiançailles
    Faire-part, 72
    Félicitations, 73
    Invitation par les familles, 73
    Invitation par les fiancés, 73
Fleurs
    Voir condoléances, mariage
Fonds de garantie automobile, recours, 288
Formules particulières d'appel
    et de politesse
    Abbé, aumônier, 42-43
    Abbesse, 42-43
    Adjoint au maire, 40-41
    Agent de change, 36-37
    Ambassadeur, 32-33
    Archevêque, évêque, 42-43
    Avocat, 34-35
    Baron, 34-35
    Cardinal, 40-41
    Chef d'État, 30-31
    Colonel, 36-37
    Commandant, 36-37
    Commissaire-priseur, 36-37
    Comte, vicomte, 34-35
    Conseiller général,
    conseiller municipal, 40-41
    Député, 38-39
    Directeur d'un établissement scolaire, 34-35
    Doyen d'université, 32-33
    Épouse d'un ambassadeur, 32-33
    Épouse de militaire gradé, 36-37
    Général, 36-37
    Grand maître de l'ordre souverain
    de Malte, 36, 37
    Huissier, 36-37
    Imam, 42-43
    Inspecteur d'académie, 32-33
    Maire, 38-39
    Marquis, 34-35
    Médecin, 34-35
    Membres de l'Académie, 32-33
    Ministre de la Justice, 38-39
    Ministre, secrétaire d'État, 38-39
    Nonce apostolique, 42-43
    Notaire, 36-37
    Pape, 40-41
    Pasteur, 42-43
    Préfet, sous-préfet, 38-39
    Premier ministre, 38-39
    Premier président
    de la Cour de cassation,
    de la Cour des comptes,
    des cours d'appel, 40-41
    Président,
    vice-président du Sénat,
    de l'Assemblée nationale,
    du Conseil d'État, 38-39
    Prince, duc (noblesse), 34-35
    Prince, princesse
    (prétendants au trône), 30-31
    Procureur de la République, 38-39
    Professeur de faculté, 32-33
    Professeur, 34-35
    Rabbin, 42-43
    Recteur d'université, 32-33
    Religieux, 42-43
    Sénateur, 38-39
    Supérieur(e) d'une communauté religieuse, 42-43
Foyer d'hébergement, 101

G

Garde d'enfants
  Demandes, 102
  Offres, 103
  Réponse à une offre d'emploi, 102
Grosse (justice), 281

H

Harcèlement sexuel, 182
Heures supplémentaires, réclamation, 192
Horaires de travail, aménagement, 179

I

Impôts
  Annulation du paiement par mensualité, 324
  Conseils pour écrire, 322
  Contestation d'une majoration, 328
  Délai de paiement, 324
  Diminution ou suppression, 325
  Réclamation pour une erreur d'imposition, 328
  Renseignements sur la déclaration, 327
  Renseignements sur les exonérations, 327
  Suppression des pénalités de retard, 325
Incendie, déclaration auprès de l'assureur, 312
Inscription
  Auprès du recteur d'académie, 110
  Dans un établissement scolaire, 109
  Dans une école d'un autre secteur, 109

Inspection du travail, demande d'intervention, 180
Interdiction bancaire
  Voir banque
Invitation
  À un baptême, 61
  À une bar-mitsva, 62
  À une circoncision, 61
  À une profession de foi, 62
  Voir aussi fiançailles, mariage

L

Lettre
  Conseils, 10
  Pour bien écrire, 23-25
  Présentation, 11-15
  Lettre (suite)
  Lettre dactylographiée, 17
  Lettre manuscrite à un intime, 16
  Lettre manuscrite à une relation, 16
Licenciement
  Annulation pour raison de grossesse, 184
  Contestation auprès des prud'hommes, 181
  Demande d'explication, 184
  Licenciement abusif, recours auprès de l'inspection du travail, 181
  Licenciement économique, réembauchage prioritaire, 190
  Licenciement pour faute grave, convocation, 183
  Licenciement pour faute grave, notification, 183
Liquidation d'une pension, 258
Listes électorales
  Changement de circonscription, 275
  Inscriptions, 275

Livraison
  Retard (achat), 229
  Retard (automobile), 238
Location
  Accord pour délai de paiement, 210
  Ajout à l'état des lieux, 208
  Congé donné par le locataire, 214
  Contestation des charges, 212
  Délai de paiement, 209
  Demande de précisions, 220
  Demande de réparations, 213
  Demandes, 218
  Entreprendre des travaux, 213
  Établissement d'un bail, 208
  Justificatif des charges, 212
  Meublé pour étudiant, 220
  Mise en demeure pour loyer
  non payé, 211
  Offres, 217
  Réclamation pour
  loyer non payé, 210
  Refus de congé donné par le
  propriétaire, 215
  Refus de hausse de loyer, 211
  Refus pour délai de paiement, 210
  Relance de demande
  de réparations, 214
Location saisonnière
  Annulation, 253
  Demande de précisions, 250
  Demandes, 250
  Offres, 249
  Réclamation pour faux
  renseignements, 251
  Renseignements auprès
  d'une agence, 248
  Réservation, 253
Logement
  Achat, 218
  Annonces immobilières, 217
  Annulation de la réservation pour
  vente sur plan, 221
  Conseils, 198
  Plainte pour non-respect
  de la propriété privée, 223
  Recherche, 217
  Vente, 219
  Voir aussi copropriété, dépôt de
  garantie, excuses, location, quittance
Loisirs, demande d'autorisation
  de visite, 246

M

Maisons de retraite
  Renseignements généraux, 266
  Renseignements pour une
  admission, 266
Maladie
  D'un ami (pour exprimer
  sa sympathie), 74
  Voir aussi dossier médical,
  ordonnance
Mandant, 296
Mandat (justice), 281
Mandataire, 296
Mariage
  Carte pour accompagner des fleurs
  ou un cadeau, 83
  Faire-part par les enfants
  des mariés, 79
  Faire-part par
  les futurs mariés, 78-79
  Faire-part par les mariés, 79
  Faire-part par les parents, 77-78
  Félicitations à réception du
  faire-part, 81
  Félicitations et réponse négative
  à l'invitation, 82

Félicitations et réponse positive
à l'invitation, 81-82
Invitation par les futurs mariés, 80
Invitation par les parents, 80
Télégramme le jour même, 83
Voir aussi remerciements
Maternité, déclaration
à l'employeur, 174
Média, 248
Médiateur de la République, 281
Médiateur de la République,
intervention auprès
du député, 290
Minimum vieillesse, 265
Minute (justice), 281
Municipalité, intervention, 289
Mutation
Demande auprès de l'employeur, 185
Refus par le salarié, 185

N

Naissance
Félicitations
(par lettre), 86
Félicitations
(sur carte de visite), 86
Naissance, annonce, 85
Non-gage, certificat de, 237
Notaire
Envoi d'informations pour dossier
en cours, 286
Relance pour une succession
qui tarde, 286
Nourrices
Voir crèches
Nuisances sonores
Voir bruits excessifs

O

Obsèques, prise en charge sur
le compte du défunt, 69
Office de tourisme, 247
Ombudsman, 281
Ordonnance, renouvellement
auprès du médecin, 75
Ordre d'achat en Bourse, 303
Ordre de virement, 299
Ordre de virement automatique
Annulation, 299
Demande, 299
Organismes sociaux
Aide exceptionnelle à un fonds
de secours, 262
Conseils pour écrire, 257
Non-paiement pour cause
de déménagement, 267
Retard de paiement, 267
Voir aussi aide familiale,
allocations familiales, assurance
maladie, bilan de santé, chômage,
employeur, minimum vieillesse,
retraite

P

Pair (jeune au), 101
Parrainage
Acceptation, 59
Demande pour une cérémonie
religieuse, 59
Refus, 60
Passage dans le primaire avant
l'âge requis, 108
Pension alimentaire
Réclamation, 92

Recours auprès d'un huissier, 93
Retard de paiement, 93
Révision, 94
Pension de réversion (décès), 71
Permis de construire, 199
Perte ou endommagement
de bagages, 234
Pétition au maire, 277
Police d'assurance, 311
Politesse, formule, 27-29
Préjudice, 311
Prélèvement automatique
de factures, 278
Prélèvement libératoire, 323
Prêt d'argent
  Acceptation, 304
  Annulation, 297
  Délai de remboursement, 306
  Demande auprès d'un particulier, 304
  Demande auprès de la banque
  ou d'un organisme de crédit, 297
  Réclamation
  du remboursement, 307
  Refus, 305
  Voir aussi remerciements
Prime d'assurance (décès), 71, 311
Procuration sur un compte bancaire
  Annulation, 300
  Lettre d'accompagnement, 300
Promesse de vente, annulation
pour refus de prêt, 221
Promotion, demande, 186
Protecteur du citoyen, 281

Q

Quittance de loyer
Demande, 209

R

Reconnaissance de dette, 305
Reconnaissance de dette (avec
  conditions de remboursement) 306
Recouvrement, 323
Redevance TV, exonération, 327
Remariage, invitation, 81
Remboursement
  D'un vêtement abîmé à la
  teinturerie, 231
  D'un vêtement abîmé
  au restaurant, 232
  D'une marchandise perdue
  chez un réparateur, 231
  Pour tromperie sur l'état
  d'un véhicule, 238
  Pour tromperie
  sur la marchandise, 230
  Rappel pour vêtement abîmé
  au restaurant, 233
Remerciements
  À des vœux de Nouvel An, 96
  À l'animateur d'un centre
  de loisirs, 104
  À un enseignant par les parents, 114
  À un médecin, 76
  À un professeur par son élève, 115
  Des parents pour un stage, 120
  Pour condoléances (par lettre), 67
  Pour condoléances
  (sur carte de visite), 67
  Pour la présence à un mariage, 84
  Pour un cadeau d'anniversaire, 58
  Pour un cadeau de mariage
  (par lettre), 83
  Pour un cadeau de mariage
  (sur carte de visite), 83
  Pour un cadeau de naissance, 88

Pour un chèque à l'occasion
d'un anniversaire, 58
Pour un chèque à l'occasion
d'un mariage, 84
Pour un dîner, 88
Pour un entretien accordé, 87
Pour un prêt d'argent, 305
Pour un séjour chez des amis, 87
Pour un stage par le stagiaire
lui-même, 120
Pour une recommandation
à un emploi, 164
Remise de chèques, 298
Rendez-vous
    Annulation, 89
    Confirmation du lieu
    de rencontre, 89
Rendez-vous avec un professeur, 113
Résilier, 311
Responsabilité civile, 315
Restaurant
    Voir remboursement, vêtement
Retard de train, 233
Retraite
    Demande officielle
    d'allocations, 264
    Majoration pour conjoint
    à charge, 265
    Possibilité de travailler, 265
    Rectification du relevé
    de cotisations, 263
    Relevé de compte, 263
    Renseignements pour allocations, 264
RIB, 296
Rôle (impôts), 323

S

Salaire
    Contestation du bulletin de paie, 189
    Demande d'augmentation, 189
Scolarité
    Comment s'adresser aux chefs
    d'établissement ?, 108
    Critique d'un professeur auprès
    du chef d'établissement, 117
    Notation d'un devoir, 114
    Orientation, 105
    Voir aussi bourse, examens,
    excuses, inscriptions
Séjours linguistiques
    Demande de changement
    de famille, 126
    Précisions sur le séjour, 124
    Renseignements auprès d'un
    organisme, 123
Service national
    En entreprise, 162-164
Sinistre, 311
Solde de tout compte
    Contestation du solde, 187
    Reçu de solde, 186
Stage
    Conseils, 155
    Contrat de qualification, 158-159
    En entreprise pour un(e)
    collégien(ne), 119
    Formation professionnelle
    en alternance, 160-161
    Pour sa fille à une amie, 119
    Préparation à un CAP, 156-157

T

Tacite reconduction, 311
Taxe d'habitation, exonération, 326
TEG, 296
Teinturerie
  Voir vêtement
Télécopieur, 49
Téléphone, contestation
  de facture, 278
Téléphone ou courrier ?, 57
Terminer une lettre, formules
  de politesse, 27-29
Terrain
  Achat, 219
  Vente, 219
Testament, demande auprès
  du notaire, 72
Ticket modérateur, 258
Tiers payant, 258
Tiers provisionnel, 323
Train
  Voir retard
TVA, 323

V

Vente
  Article reçu mais
  non commandé, 230
  Échange de marchandise pour
  non-conformité à la commande, 229
  Voir aussi achat, automobile,
  logement
Vêtement
  Abîmé chez le teinturier, 231
  Disparu au restaurant, 232
Viager, 219
Vœux de Nouvel An
  À un ami au chômage, 96
  À une amie vivant au loin, 95
  Cartes, 95
Vol
  Dans un véhicule, 242
  De carte bancaire, 301
  De chéquier, 301
  De véhicule, 241
  Déclaration auprès
  de l'assurance, 314
Voyage
  Annulation d'un contrat assuré, 254
  Annulation par suite de modification
  du voyage, 254
  Documentation auprès d'un
  organisme, 247
  Réclamation auprès
  d'une agence, 252
Voiture
  Réparations mal faites, 244
  Valeur d'indemnisation
  d'un véhicule, 242
  Voir aussi accident, assurances
  automobile, casse, contravention,
  non-gage, vol

Impression MAME, Tours (n° 02032135)
Flashage numérique CTP
Dépôt légal : janvier 2002 - 560274/02
10094757 (V) 99 (OSBT 100) juin 2002